これが

関西学院高等部野球部だ！

1999年8月から2012年11月までの歩み

関西学院大学出版会

1998（平成10）年

第70回記念選抜高校野球大会

阪急西宮北口駅にこのような看板を出していただき感謝です。
本当にびっくりしました。

苦労して作っていただいた
高等部生による「K.G.」の人文字です。

現在はG号館がある関西学院の広いグラウンドで
高等部生に人文字を作っていただきました。

西宮市はじまって以来の
ダブル出場校の激励会に感激しました。

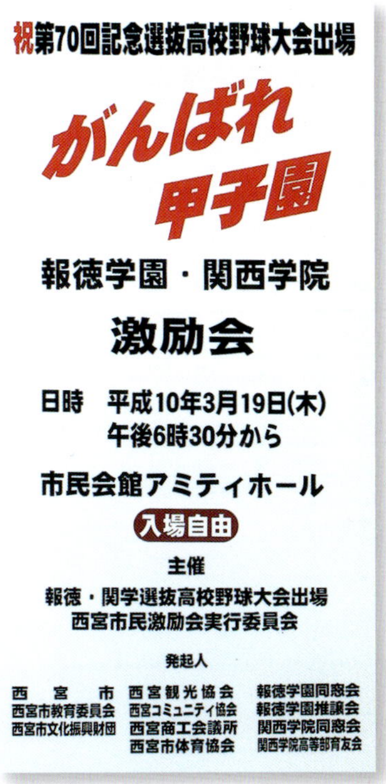

関学高等部主催の激励会を開いていただき
ありがたいかぎりでした。

郡　山
関西学院

一 二 三 四 五 六 七 八 九 十 計 H E
関 学 001100000 2 6 2
高 鍋 00000310X 4 7 0
MBS
Fantastic Step with
MoonStar

2009（平成21）年

第91回全国高等学校野球選手権大会

三日月の応援を背に力投。

オール関学の力強いサポートに感謝・感謝！！

日鉄住金鋼板

KG
KWANSEI

2

KG
KWANSEI

KWANSEI

KWANSEI

KG

12
KG
KWANSEI

優勝チームの中京大中京に互角の対戦中！！

日新火災
TDK
KWANSEI

KWANSEI

KWANSEI

KWANSEI

KWANSEI

KG

KG

KG

KG

KWANSEI

兵庫県高野連主催の壮行会の記念撮影です。

2009（平成21）年7月29日明石球場にて。
育英に4-1で勝利し昭和14年以来70年ぶりに夏の兵庫を制しました。
写真は優勝後のリラックスした選手たちの1コマです。

夏甲子園1回戦　対酒田南（山形）で
7-3で快勝し、70年ぶりに甲子園で
校歌「空の翼」をグラウンドで高らかに歌っている
かけがえのないシーンです。

練習風景

春の選抜時のメンバーは丸刈りではなく
長髪の選手もいました！

KG
KWANSEI

K
57

NAIGAI
13
18
16
1
17
12
HOKURYO

K

目次

はじめに

関西学院高等部野球部
記念誌編纂委員会
委員長　広岡義之
（1976〈昭和51〉年高等部卒業）

関西学院高等部野球部OB会の発案により、2010年に「関西学院高等部野球部記念誌編纂委員会」が発足し、芝川又美部長および広岡正信監督に編纂委員会顧問に就任していただきました。それは、本書『これが関西学院高等部野球部だ！』を関西学院大学出版会から出版・販売するためです。そこでこれまでの本書成立のいきさつを少し説明させていただきます。

1999（平成11）年11月に関西学院大学野球部と高等部野球部の「合同100年部誌」が刊行され、その後さらに十数年が経過するなかで、関学高等部野球部は2度も甲子園全国大会に出場するという栄誉に輝くことができました。そのために、「合同100年部誌」以降の記録を公にしようという声が高等部野球部OB会から出てきました。野球部OB会でアンケート等の調査をおこなった結果、書籍を出版することによってその活躍の功績を称え、報告するのがふさわしいという結論に至りました。2010年1月29日、有馬宏昌野球部OB会会長、松垣吉彦幹事長、大西忠治会計と広岡義之とで「合同100年部誌」以降の記念誌の出版について話し合いが持たれ、そこで筆者が「関西学院高等部野球部記念誌編纂委員長」に指名され、後の詳細については一任され、身の引き締まる思いで記念誌作成の重責を引き受けさせていただきました。有馬会長の希望として、若いOB等も応援してほしいとの思いを受けての出発となりました。

こうした野球部OB会の意向を受けてこのたび「高等部野球部」と「高等部野球部OB会」との共催で本書を出版する運びとなりました。この10年間に、春と夏の甲子園全国大会にも出場することができ、こうした記録も含めての記念誌を発刊するために、2010年2月21日に、関西学院高等部にて芝川又美部長、広岡正信監督、OBの岡崎誠吾氏、東條恵司氏、そして委員長の広岡義之で大枠の打ち合わせをおこない、編纂委員の選定をおこないました。（委員の方々のお名前等は後ほど紹介いたします。）それを踏まえて、3月27日に、関学高等部会議室で、関西学院高等部野球部記念誌編纂委員会が開催され、いよいよ記念誌作成に向けての第一歩が踏み出されたのです。

本書作成のもう一つ大きな理由は次の点にあります。すなわち、2013年3月は、長年にわたって野球部のために尽力してくださった部長の芝川又美先生と副部長の神谷邦彦先生が同時に定年退職を迎えられるという節目の年に当たります。そのために本書の出版は、お二人の先生のご退職記念を兼ねるものにしたいという思いがありました。

関西学院高等部野球部という大きな組織からみた本書成立過程については、おおよそこうした公的な説明になるのですが、編纂委員長を

引き受けさせていただいたもう一つの動機は、やはり、母校関西学院への熱い思いにあるのだろうと思います。おそらく一つの高等学校の運動部が、クラブ単位の営為として、（非売品としての記念誌ではなく）全国に流通する書籍の形で出版するということは極めて稀な事例であろうと思います。それではなぜ、こうした全国流通を前提とした本書出版が実現しえたのでしょうか？

それは、「関学高等部野球部」が、そうした高度な企画運営を可能にする組織体であること、また「関学高等部野球部」という存在とその活動が歴史的にみても伝統と実績を積み重ねて現在に至っていることが主たる理由です。換言すれば、「関学高等部野球部」の活躍を単行本にして、一般社会という外部の方々へも報告できるだけの充実した社会教育的・文化教育的内容を合わせ持っているからに他なりません。

関学高等部野球部のここ十数年の活躍には目を見張るものがあります。それはもちろん、関学高等部野球部関係者の方々の気も遠くなるようなボランティア精神に支えられたものであることを率直に感じています。そうした野球部関係者の方々の公私にわたる奉仕のおかげで、現在の関学高等部野球部があることはまちがいのない事実でしょう。

他方で、広岡正信監督も本書中に触れていることでもありますが、関学高等部野球部の現役の選手たちは、他の受験生と同じように高等部の入学試験と対峙する努力をしています。つまり中学の時には、クラブ活動をしつつ、かなりの勉学をしておかなければ、高等部に入学できないわけです。関学中学部出身の選手も中学受験をしたわけですから、受験時期に違いがあるものの、同じことだと思います。高校受験という学力試験に合格したものだけが高等部に入学が許され、勉学と野球の両立を目指すことになります。ここにまた関学高等部野球部の存在意義も見出されるのです。いわゆる「野球学校」ではないということ

です。これは関学高等部の他のクラブ活動にも同様のことが言えるわけですが、ここに関学高等部の外部評価の高さの核心があると筆者は理解しています。ちなみに、「全国高校偏差値ランキング　兵庫県版2012年」という受験産業のデータがネットで紹介されています。その客観的な資料によれば、兵庫県で高等学校等が約215校ある中で、関西学院高等部は「偏差値68」で、なんと13位（学科制を除外して高校の順位で計算すれば11位）に位置しています。このような偏差値データをみただけでも、真の学力がなければ、関学高等部へ入学できないのは歴然としているのです。

この原稿を書いている朝、朝日新聞の朝刊（2012年5月9日版）に興味深い書籍の広告が掲載されていましたので紹介しましょう。タイトルは『偏差値70の野球部』（小学館文庫）で、松尾清貴という新人作家の作品です。全4冊ものの新刊でキャッチコピーは、「目指すのは甲子園か？

それとも、やはり東大か？」です。これが文庫本になって注目されるのであれば、「偏差値68」で毎年、甲子園を狙える位置にあって、文武両道でがんばっている関学高等部野球部の存在意義もまた大きいと言えるのではないでしょうか。

関学高等部全体の存在意義とその外部評価の高さについても詳細に論じたいのですが、これは紙幅の関係で後日、別の機会にゆずらなければなりません。しかしながら少なくとも、関学高等部の一部分を構成

する関学高等部野球部の活動と活躍を本書で紹介することは、ひとえに母校愛に基づくものでもあり、これはけっして母校を自慢したくておこなっているわけではありません。こうしたクラブ活動を、実際に私学人として実践している教育者の方々が存在するということを広く紹介したいこと、そしてその思いに応えたいと頑張っている現役高校生やその保護者がいるということ、さらにはその背後にOB会が熱心に援助して結束しているという厳粛な事実の報告でもあります。

ほとんどの野球部の選手は関西学院大学へ進学し、社会人としてりっぱに巣立っていますが、野球で身を立てることを目指していない高校の一クラブが、どうして10年の間に2度も甲子園へ出ることができたのでしょうか。さらに全国大会まであと一歩という戦績を含めるとかなりの確率で甲子園出場に手が届いているのが現状でもあります。しかも高校生活では勉学とクラブ活動をしっかりと両立させつつ、学友会（生徒会）等で活躍しつつ高校生活を誠実に守っている選手もいるほどです。

そうした意味からも、関学高等部野球部だけでなく関学高等部の他の運動部・文化部等もまた高度に洗練された「クラブ活動」を実践されています。その分、当然、教員の正規の仕事以外のクラブ活動への関わり方や負担の大きさたるや、推して知るべしです。それゆえ、筆者が本書の題名を『これが関西学院高等部野球部だ！』にこだわり続けた理由をご理解いただけるかと思います。特に私学には「建学の精神」というものがあり、関学の場合「奉仕のための練達」（Mastery for Service）で、その精神に沿って課外活動に当たることになれば、担当者の熱意しだいで、むしろ現在の関学高等部野球部のあり方が必然となるのかもしれません。それゆえ、どこの高校でも真似ができるというものでもなくなり、そこからあこがれや希少価値も生まれて、若者が高等部に集まり、おのずから外部評価も高まることにもなるのだと考えられます。「勉強もしたいけれども、甲子園にも本気で出場したい！」というガッツのある若者が競い合って入学してくるのですから、当然、そこには活気と強烈なエネルギーが生まれ、結果として高等部全体にも良い影響を及ぼさないわけがないのです。少し長くなりましたが、こうした私たちの熱い思いをご理解いただいたうえで、本書を楽しんでいただければ、記念誌編纂委員長冥利につきるというものです。今後とも関西学院高等部野球部ならびに関西学院高等部の応援をよろしくお願いいたします。

なお、本書制作に関しては、高等部野球部OB会および高等部野球部より、多くの資金援助を賜っております。そのことに対して深く、謝意を表したいと思います。また資料提供に対して快く応じていただいた関西学院の関係の方々、さらには関西学院高等部野球部記念誌編纂委員の方々にも深く感謝いたします。

——2013年3月10日

関西学院高等部野球部記念誌編纂委員会一覧

編纂委員会顧問

芝川又美（野球部 部長）

広岡正信（野球部 監督）

編纂委員会長	卒業年度
広岡義之	1976（昭和51）年度

編纂委員

五島 浩	1979（昭和54）年度
丸山博之	1980（昭和55）年度
岡崎誠吾	1981（昭和56）年度
東條恵司	1981（昭和56）年度
松原敏文	1984（昭和59）年度
本荘雅章	1989（平成元）年度
大森則良	1992（平成4）年度
石塚充弘	1994（平成6）年度
立花 司	1996（平成8）年度
中山貴人	2000（平成12）年度
松岡祐弥	2002（平成14）年度
田嶋康次郎	2003（平成15）年度
来田智史	2005（平成17）年度

ご挨拶

Thanks for the Past, Hope for the Future

関西学院院長
ルース・M・グルーベル

In 2014, Kwansei Gakuin will celebrate the 125th anniversary of its founding, and in the same year, we will mark the 115th anniversary of the High School baseball team. This means that the baseball team has given encouragement and joy to the members of our school for most of its history. Through its disappointments, challenges, and triumphs over the years, the High School baseball team has taught us about endurance, character, and hope.

For nearly one-third of the team's history, Shibakawa Sensei served as a teacher at Kwansei Gakuin, and was the long-time baseball club director, watching over the victories, as well as defeats. Many generations of team members have precious memories of their experiences with Shibakawa Sensei, as well as Kamiya Sensei, who served as assistant director. Both Shibakawa Sensei, who was at the High School for 38 years, and Kamiya Sensei, who was here for 20 years, retired at the end of the 2012 academic year. We wish them good health, bright new goals, and warm memories of their time with the baseball team. Thanks to their efforts, we were able to experience the excitement of Koshien, and to welcome many wonderful members to the team.

The best way to celebrate the long history of the Kwansei Gakuin High School baseball club and the contributions by Shibakawa Sensei and Kamiya Sensei, is to look to the future with new endurance, strong character, and high hopes.

一般財団法人
兵庫県高等学校野球連盟
理事長　笠間 龍夫

110年を超える長きにわたって

関西学院高等部野球部が、日本における野球黎明期に創部されて以来、110年を超える長きにわたって兵庫県高校野球の中核として大活躍され、同時に教育としての高校野球の健全なる発展に大いに寄与されてこられたことに感謝致しますとともに、心からお慶び申し上げます。

1916年～1918年の全国選手権兵庫大会3連覇を始め、同大会での優勝は7回を数え、甲子園で行われる全国選手権大会には6回出場、第6回大会では決勝戦で慶応普通部を大差で破り全国優勝の栄冠に輝きました。また、選抜大会の出場も6回あり、第5回大会で優勝しています。1939年の第25回全国選手権大会出場以後は県大会で活躍するものの甲子園には届かずという状況でしたが、芝川部長、神谷副部長、広岡監督という指導体制になってから、1998年に63年ぶりの選抜大会出場、そして2009年に70年ぶりとなる選手権大会への出場を果たし、全国にその雄姿を見せてくれました。

関学高等部野球部は全国有数の部員数を誇ります。卒業するまで部を継続する部員がほとんどで、部長をはじめとする指導者皆さんの指導の細やかさやその理念がうかがえます。「のびのび野球」「全員野球」ということばで表される通り、ベンチに入る選手を全員で盛り上げ、そして決して野球一辺倒になるのではなく、あくまでも高校生活における学習をはじめとする活動の一つとして野球に取り組むその姿勢を今後も続けていかれる中で、さらなるご活躍を心より祈念しております。

「そればかりでなく、苦難をも誇りとします。
わたしたちは知っているのです、
苦難は忍耐を、忍耐は練達を、
練達は希望を生むということを。」
——ローマの信徒への手紙　5章3－4節

関西学院高等部部長
石森 圭一

1998年の春先、私は当時の生徒部主任であった坂下先生とともに、春の選抜大会出場を果たした野球部の応援体制を企画し、教師になって未だかつてないことに胸躍らせながら準備していたことを思い出します。「スタンドいっぱいに三日月を描く」夢を追い求めて、知恵を出し合い、みんなの祈りと協力を得てそれを実現させていきました。選抜大会では、関大一高との古豪ダブル出場が大いに話題となりました。夢の甲子園での大会当日は、注目したのはグラウンドの選手はもちろんのことですが、ひとり応援席から離れて反対側のスタンドに行き、どんな三日月になっているか確認したことがとても印象深く心に残っています。その時果たせなかったことが、試合後にみんなでセンター後ろのボード上を見上げて校歌「空の翼」を歌うことでした。しかし、その願いは2009年の夏の甲子園で見事に果たされました。酒田南高校との熱戦に勝利し、スタンド全体で大合唱した「空の翼」は、高等部のみならず同窓の方々を含めた関西学院全体の大きな喜びとなりました。

2012年も野球部は先輩たちの伝統を受け継ぎ、夏の選手権では県大会準決勝まで駒を進めています。惜しくも決勝戦進出はなりませんでしたが、続く秋の大会でも代替わりした新野球部が西阪神地区大会に優勝し、県大会でも進撃を続けてくれています。関学野球部はこのように、古豪から強豪へと変わっていったのです。これは選手たちのがんばりを保護者、OBや同窓の方々が支えてくださったおかげですが、長年野球部の部長を務められた芝川先生と副部長の神谷先生が、監督の広岡先生と力を合わせて部の運営・指導にあたってこられたことを忘れることができません。グラウンドの選手とスタンドの選手が心を一つに合わせ、「全員野球」を実現してこられたことに、あらためて敬意を表します。本年度をもって高等部を退職される芝川、神谷両先生に対し、厚く御礼申し上げます。本当にありがとうございました。

最後になりましたが、ここまで高等部野球部を育ててくださいました本当に多くの方々からのご支援、ご協力を賜りましたこと、心から深く感謝申し上げます。

第I章

関学野球部と私

広岡正信

この章は、広岡監督が長年野球部監督として培ってきた観察力と経験を基盤として、まさに「野球社会学」と言える内容となっています。日本の特に関西の野球文化に関して、「関西学院高等部野球部」という切り口から現象学的に鋭く考察しているのが特徴的な章です。「兵庫県高校野球の現状」分析から始まり、「兵庫県高校野球の歴史」を振り返り、そのうえで関西学院高等部野球部の「OB会と保護者会」の構成と組織について詳細に解説しています。一般読者にとって読みごたえのある内容になっているだけでなく、全国の高校野球関係者にとっては自らの野球部運営をするうえで、大いに参考になる事例が満載されています。

1節　兵庫県高校野球の現状

関西学院高等部野球部監督
広岡正信

加盟校は160校を超えてはいるが、近年の生徒数の減少等、さまざまな社会的要因により学校の統廃合がおこなわれ、やや横ばい、ないし減少の傾向がみられる。日本そのものが、景気の停滞、少子高齢化の急速な伸び、それによる社会構造の変化、人々の考え方の変化等、だれもが予想できない不透明な、閉塞感を感じざるをえない今日の状況である。政治経済分野での東京一極集中、それにともなう関西の地盤沈下、そのような現実からの脱出をねらう「大阪維新の会」の躍進など近未来は予測がむずかしい。さらに、教育界をめぐる議論もにぎやかである。公立校の復権、大阪の私学の授業料無償化等、ここ数年激震が走っている。関学高等部のある西宮地域も数年前から総合選抜制度が廃止され、学校間の競争にも変化の兆しがみられる。高校野球を考えるとき、基本の学校制度が大きく現場に影響を与えていることを忘れてはならない。

さて、瀬戸内海から日本海まで広い面積を有する兵庫県は、人口バランスが圧倒的に都市部に集中する。前述の東京集中の縮小版と考えられる。阪神間、神戸に人口が偏り、交通網や道路の整備等で人の流れも加速している。その結果、都市部の学校数は多く、関学のある甲東園駅は、県西宮、報徳学園、仁川学院と徒歩圏内に共存している。2012年現在、兵庫県高等学校野球連盟（以下、兵庫高野連と略記）では、県内を17地区に分けている。一地区約10校の計算である。選挙区同様、むずかしい問題がここにある。文化圏、行政区でうまく分けることができればいいのだが、地区割りの線引きが微妙なのである。もちろん、時代により区割りは変化しているが、現状は、約20年以上変わっていない。隣の大阪は、最近になって北と南に大きく二つに分けてはいるが、基本的にはオープン抽選、ノーシード制である。府の面積、交通網の観点から兵庫では、この形を導入することはむずかしい。

淡路島の学校数は少ないが、立地からみて一つ。但馬は広いが人口も少なく、学校数の減少の影響を大きくうける地域だが、地区割りは問題なし。丹有地区も三田市と丹波市で問題なし。ただし、勢力図には変化がみられている。福知山線の利便性が向上し、従来の三田学園の独走時代に「待った」がかかっている。これも、男女共学の影響が直接表面化した。関学もしっかり、頭に入れておく必要がある。反対に私学の経営の柱として、野球部の強化を図っている三田松聖が急速な伸びをみせている。三田学園の反対で、女子校（湊川女子）の共学化で有力生徒を確保している。ただ、これも将来は不透明である。公立の伝統校、柏原、篠山鳳鳴、さらに三田のニュータウンの学校もここに入る。西播、姫路、東播地区もわかりやすい地区割りだ。阪神間も伊丹、川西の北地区、尼崎の東地区は問題なし。さて、西阪神と南阪神が複雑な構図になっている。関学は西阪神。定義は宝塚と西宮北部。南阪神は芦屋と西宮南

部。関学と仁川は西。報徳は南。同じ駅を利用する学校で地区が別になっている事実は一般の人々には理解しにくい。それも仁川と報徳は駅を降りて、どちらも東へ歩く方向も一緒。さらに、大変なのが南地区の学校の変化。市立芦屋がなくなり、芦屋南が一貫校となり野球部活動がなくなるという時代の波をまともに受けた形。西地区の11校に対し南は10校だったバランスが8校にまで偏ってしまった。従来の高野連の秋季大会は地区から2校の代表であったが、3校に1校の割で出場できるようにという1票の格差の是正政策により、地区の学校数の数がそれぞれの思惑に複雑に絡み合う。南地区では、兵庫県実績ナンバーワンの報徳が他を圧倒している。春、秋の報徳甲子園出場での推薦による地区大会不参加や、3枠そのものの有利さの考え方もできるので、学校数だけの問題でもないのが現実である。学校間の数の是正のため、どこの学校が西から南へ移動するのかを、だれがどのように決めるのか、本当にむずかしい。それだけに、今後地区割りの大改革がおこなわれるのは必至だ。

同じようにむずかしいのが神戸地区。地下鉄開通にともない、西神地区を創設したが、開発とともにどこまでが沿線か、従来から存在する学校との兼ね合いが出てくる。さらに、神戸国際と育英の同地区の問題。神港学園や市立神港のように学校とグラウンドの離れているケースが増加してきたこと。ここも、線引きがむずかしい。

このように選挙区同様、学区同様、時代とともに変化は必然だ。学区の拡大にともない、地区割りはオール阪神、オール神戸を目指すことになる。そうすると、今までおさまっていた他地域も校数、その他の力学で不公平が生まれてくる可能性がある。今後の課題だ。

以上、地区割りについて紙面を割いてきたが、現状の17地区には、それぞれ有力校が約2校ずつあり、しのぎを削っている。甲子園出場に近い学校と思われる。兵庫県はシード制を採用していることもあり、ここ数年はほぼ夏の大会のシード校に選ばれている。これは、春の県大会のベスト16に与えられているので、先ほどの説明を参照してもらいたい。最近20年の関学のある程度の安定した成績は、ここに大きな原因があると思っている。

2節　兵庫県高校野球の歴史

兵庫の高校野球の歴史を簡単に振り返っておきたい。詳しくは、別の機会にひもときたいと思っている。戦前は、学校数も本当に少なく、中等学校野球大会の優勝校は当然伝統校になる。神戸二中の第1回大会の優勝をスタートとする。準優勝は関学中。会場は関学グラウンドであった。その後、6回のうち4回が関学中、2回は神戸一中が優勝。大正末期より第一神港商の4連覇、甲陽中の優勝と、時代を感じさせる。昭和7年に明石中が優勝。10年に育英が、12年に滝川が優勝。14年に関学中が優勝。真珠湾攻撃（昭和16年）の前の話である。戦後、芦屋中、24年からは、県芦屋の黄金期をむかえる。21年の準優勝は関学。このことは、関学高等部野球部OB会の松本吉彦先輩、三田喜英元会長からよくお話を伺った。昭和30年代に入ると、県尼崎、滝川、育英の活躍が目立つ。そして、36年に報徳が優勝。倉敷工との逆転の神話が生まれた時である。40年代に入ると報徳の安定期と東洋大姫路の登場。昭和50年から60年にかけて洲本、市神港、市尼崎、明石南、明石など公立勢の優勝もみられるようになる。昭和の最後から平成に入ってからは、滝川第二、神戸弘陵、育英、神港学園、村野工の私学勢の優勝が続く。もちろん、報徳、東洋大姫路も優勝校の常連である。そのなかで、平成21年、第91回大会において70年ぶりの出場で、関学高等部が優勝した意義は極めて大きい。

鳥瞰図的に優勝校の変遷をみてきたが、社会との関係の深さを改めて感じざるをえない。戦前は、限られたところで、限られた人によりおこなわれていた中学生の野球が、全県的に、いや全国的に普及していったことがよくわかる。日本におけるスポーツの歴史の特殊性、野球の特殊性、中等野球から高校野球への連続性、学校体育のあり方、クラブのあり方、日本という風土、アメリカのベースボールと日本の高校野球の融合等々。不思議な発展の仕方をしていると思う。関学の場合、宣教師によって紹

介されたベースボールが、港町神戸で発展することになった。サッカーやラグビーが同じく神戸で受け入れられるように、この神戸で、この関西で、高校野球がおこなわれ続けている不思議を改めて考えてしまう。

優勝校の変遷でわかることは、兵庫県だけでなく、私学優位が定着してきたことであろう。保護者の進路希望を考えると、私学と公立の比較は単純にはできないが、一般的には公立志向が強い。ただ、野球に限ればその限りではないということだ。兵庫県の西隣の岡山県は圧倒的に公立志向だ。東隣の大阪の私学はよく言われるように二極構造で、公立のトップ校の地位は高い。その中で、私学の野球部は模索している。特に大阪の私学の壁は、公立にとって途方もなく高い。それを緩和するのが、前述のノーシード制であろう。

我が兵庫県も公立優位は変わらないが、この阪神間に限っては、違う志向が長年存在している。首都圏と阪神間は、まれにみる教育特区と言える。最近注目の中学受験は早くからおこなわれており、灘中学を筆頭に、甲陽、六甲など名門が相次ぐ。もちろん、関学もここに含まれている。女子も神戸女学院を中心に、熾烈な競争が小学生から始まっている。最近では、そこに関学初等部もでき、競争の低年齢化も、また小学生間の生徒の取り合いも水面下で動いている。ただし、このことは、直接高校野球には関係しない問題と考えている。ただ、間接的には、さまざまな影響を与えていくであろうことは、しっかり押さえておきたい。

この特殊な立地の兵庫県、阪神間、神戸の私学も少子化の中で生き残りに必死だ。特色ある学校を目指すが、最大のテーマは、進路実績だ。だが、ここも時代の変化が急速である。受け皿の大学そのものの生き残りも熾烈だからである。関学大も例外ではない。学部を増やし、定員を関大、同志社、立命館に近づけようとしている。初等部も他大学同様につくった。関大北陽、立命館宇治のように系列校も増やした。ここにも間接的変化の要素が存在する。関学高等部のまわりの環境は激変した。高等部硬式テニス部の顧問の松田均教諭が指摘するように、高等部は例えれば、ディズニーランドのオフィシャルホテル化を目指すのが良いのかもしれない。つまり大学と同じキャンパスの立地を最大限利用することを忘れてはならないと思う。

進路実績から高等部の現状を考えたが、他の高校の野球部の様子もみておきたい。野球の実績に応じて、またその実力に応じて、進路が開かれている場合があることは、周知のとおりである。東京六大学をはじめ、東都リーグ、関西学生野球などで活躍している高校球児、景気の低迷で採用がきびしい社会人野球での活躍に出身校の名前が常についてくる。兵庫県の場合、報徳、東洋大姫路の東西の名門の他、最近では、神戸国際大附属に実力のある選手が集まる傾向にある。青木尚龍監督の指導者としての魅力、中学校との太いパイプなどがその要因と考えられる。神港学園、滝川第二、神戸弘陵、育英、市川など多くの私学も努力を続けている。

私学の独走を阻むために公立学校も特色ある取り組みをしている。センバツに出場した経験のある社、野球の熱心な尼崎地区の市立尼崎が体育科を設けた。それぞれ、専用球場をはじめとする、素晴らしい施設、環境を有し、努力と工夫を重ね、地区のリーダー校としての地位を確立している。さらに、最近では、明石商業が新しい取り組みで多く部員を集めている。平成23年春季大会優勝で結果も残した。

このように、優勝校の変遷から現在の強豪校を紹介してきたが、時代の変遷と社会が要求しているものの変化が複雑に絡み合っているのがよくみえてくる。いわゆる「野球どころ」の四国で有名な徳島商業、松山商業、高松商業、高知商業の圧勝時代が遠くなったことを引き合いに出すまでもない。ここに、関学高等部の現実があるのかもしれない。

3節 高校野球とメディア

高校野球は観るがプロ野球は観ないという人もいると聞く。高校野球は、夏休み、春休みにNHKを中心にテレビやラジオで実況中継されている。高校野球に携わっている者としてはうれしい限りだが、世間の注目を浴びるということは、当然、功罪両面あるのは否定できない。ここにも時代の変化が影響する。以前の野球中継と言えば、巨人戦中心の日本テレビ（関西では10チャンネル）。「巨人、大鵬、卵焼き」の時代だ。王、長嶋、高度成長の時代だ。パリーグは、人気がなく、阪急ブレーブスの西宮球場は満員になることが少なかった。南海、近鉄、西鉄と電鉄会社のチームは名前が消えていった。そのようななかで、阪神タイガースだけが、今も関西では、大きな人気を持続している。Jリーグもできた。バスケットのBJリーグも、バレーボールのプレミアリーグもできた。しかし、有難いことに、NHKは、教育テレビも使い完全中継。朝日、毎日もBSやCSを使い、ラジオも併用で中継している。高校ラグビー、高校サッカーも冬の風物詩となって久しいが、高校野球の中継の歴史は古い。

人気の阪神をロードに追いやって、開催される夏の選手権は特に、注目度は高い。最近では、地方大会の準決勝あたりからテレビ中継されている。テレビ中継をするためには、勝ち残った野球部の資料づくりが必要となり、地方大会の準決勝の前段階から、強い学校は注目されている。テレビだけでなく、新聞、（一般紙、スポーツ紙）、野球関係雑誌、これは特殊だが、アイドル化されたスター選手の場合は、女性雑誌や甲子園のネット裏で、全国各地からの取材合戦が繰り広げられている。大会そのものが、春は毎日新聞、夏は朝日新聞主催ということで、各社総力をあげて取り組んでいる。夏は一県一校制度になってから、（もちろん現在の記念大会をはじめとする東、西代表もあり）郷土の代表ということもあり、夏の帰省時期とあいまって、自然と興味を引き付ける。「今年の代表校はどこだった。」という感じだ。それだけに、地元の人気校の出場、話題校の出場は喜ばれる。関学高等部の甲子園出場は話題校の代表のような感がした。夏は70年ぶり、春は63年ぶり。そして、関大一校とのダブル出場。当時の関大一のエースは、現阪神タイガースの久保康友投手。横浜高校の松坂大輔、鹿児島実業の杉内俊哉というそうそうたるピッチャーがそろっていた。おもしろいことに、主催でない読売新聞も最近では、大きく取り上げるようになり、全紙の取材合戦は凄まじい。兵庫県の地元の神戸新聞は、担当が運動部記者ということで、取材や記事の内容もよく吟味されており、安心して読むことができるし、その資料価値もしっかりしている。

さて、このようなマスコミにおける露出はさまざまなことを生み出す。高校野球は注目されているので、当然、それを目指して、小さいころから子どもたちは努力する。そして、これは高校野球の不思議なところだが、部員全員が参加できるようになっている。最後の大会は、ベンチ入りできなくても、スタンドで大きな声援を送ることができるし、負ければ、それで終わり。次のステップへ進むことになる。一般的に言って、次は受験勉強。ここが、むずかしく、またおもしろい。関学高等部の場合、入学するのはハードルが高いが、この野球に思いのたけ集中できる環境が人気の秘訣なのだろう。しかしながらそのことは、50年前から変わっていないのだが。

マスコミを通しての郷土愛は、母校愛へとつながる。同窓会、OB会へとつながり、年を重ねるにつれて、その思いは深まる。郷里に帰り、冷房のなかで家族や旧知の人々と語らうなかで、テレビから流れてくる郷土の高校球児の活躍は、ノスタルジーそのものである。NHKの長寿番組である『のど自慢』とよく似たポジションにあると思う。トーナメント戦のため、勝ち進んでいけば、連戦になることもあり、選手名も顔もおなじみとなり、応援にも力が入る構造になっている。高校野球は特に、ドラマ性が強く、見るものを引き付けることが多い。PL対横浜、伝説の星陵対箕島、三沢対松山商などの名勝負が頭をよぎる。だれにでも母校があるから夏は、地方大会の結果というものに少しは関心を持つ。朝日放送でも『甲子園への道』という番組で大会を盛り上げている。

サッカーもこれに近い形で冬に取り組んでいるが、野球と事情が違う。どちらが良いという問題でなく、NHKの完全中継の影響の大きさを改めて感じてしまう。ここでも、その歴史や現状、今後、のすべてが違うのだ。サッカーは見事に国際基準のなかにある。FIFAの存在、日本の組織、そこに高校体育連盟（以下、略して高体連）がかかわる。高体連の試合が冬におこなわれているのだが、組織がピラミッドだけに、最近では、ガンバユースなどクラブチームを選択し、そこで活躍する高校生も多いし、そのレベルは高い。冬の選手権に、本当に技術の高い高校生が集まっているわけではないのである。それと、冬の時期だ。高校生の進路の関係で多くの受験校は春から夏のインターハイ予選で引退する。よって、3年生中心で最後まで戦える学校は限られている。野球との違いは、このようにさまざまな部分でみられる。メディアと高校野球という観点は、高体連と高野連の別組織という大きな、そして、大切な問題へと発展していく。同じく冬の都大

路を駆け抜ける高校駅伝もNHKで放送する。地方予選も地方局で放送している。兵庫県は駅伝王国と言っていいだろう。男子の報徳、西脇工業の二強時代、さらに、須磨学園の台頭。女子駅伝の登場。須磨学園の大躍進。ただ、この駅伝には困った問題がある。留学生問題である。兵庫県は被害をうけているほうだが、アフリカ勢のレベルの高さが段違いということ。この制限をめぐって、関係者は頭を悩ましている。高校野球には、現在のところ、国際的な問題は存在しないが、国内に複雑な問題がある。地方留学の問題とそれにからむ特待生問題だ。選手獲得競争で中学校との関係も新たな火種だが、中学野球の現実は後述したいと思う。

このように大きな影響を持つマスメディアだが、この分野に関学高等部のOBの活躍が目立つ。男子学生のあこがれの分野である放送局、アナウンサー、ディレクター、新聞社、広告代理店等に進んでいる先輩たちが、後輩を温かい目で見守る良い構図となっている。91回の兵庫県大会優勝時の新聞代表インタビューは、報知新聞の田中昌宏記者だった。彼も高等部野球部で汗を流した。スポーツニッポンの佐藤安博記者も、日刊スポーツの佐井陽介記者も野球部で大活躍した。山陰でアナウンサーをしている橋本航介氏は、華麗な守備の遊撃手だった。夏の朝日放送のディレクターをしている田嶋康次郎氏は、副主将を務めてくれた。ラジオの解説を一緒に担当した時は、感慨深かった。中学部で野球、高等部ではラグビーで活躍した藤井慎也氏は、母校の甲子園出場を我がことのように喜んでくれた。このような花形の先輩たちが目に見えない形で応援してくださる。これが、関学の力なのだろう。

ご縁で、春と夏の甲子園実況で、テレビとラジオで解説をさせていただいている。もちろん、レベルの高い試合を近くで観ることができることも大きな収穫なのだが、このために、全国から集まった監督の方々と交流を持てることも大きなメリットである。関学高等部の監督になって3年が過ぎたころ、当時の横浜商業の古屋文雄監督から、「横浜においでよ」と声をかけられたことがある。思い切って、横浜遠征を実現させた。当時は、今と違い部員もそれほど多くなく、新幹線を使っての移動だった。静岡の名門、掛川西とY校で知られる横浜商業と対戦した。左腕石塚充弘、下手投げ森田健、速球派上原啓一投手らの好投もあり、連戦疲れのみえるY校に連勝してしまった。まさか、の結果にやや気まずい空気が流れた思い出がある。その結果に自信をもったチームは、秋の大会において快進撃をみせ、県ベスト4に進出した。準決勝も終盤まで姫路工業を追い詰め、近畿大会まであと少しのアウトというところまでいった。メディアの力を背景に、我がチームは着実に力をつけていった。現場の様子からOB会再結成の動きが出てきたのもこの試合が分岐点となる。

4節 OB会と保護者会

OB会と保護者会の存在はどこの学校でも位置づけや運営がむずかしい。関学高等部の場合、良識の組織として続いていることが、他校から羨望の的である。さすが、関学である。何が問題なのか。どの部分で問題が発生するのか。一番大きな問題を生ずるのは、「お金」であろう。

OB会の運営は独自でおこなわれているが、基本は、「金は出すが、口は出さない」というスタンスがとられている。だれでも、「金は出さずに、口は出したい」ものである。事の起こりは、前述の秋の大会の久方ぶりの活躍にOBが動き始めたことだった。しかし、それまで、地道な活動をされていたグループがあった。地味ながら、小規模ながら、保護者会が夏の大会前に激励会を開催していた。そこが、このOBのある集まり、(KG中村会という組織)に声をかけた。中村泰男氏が高等部の監督をされた時の選手たち(矢形勝洋、石原一興、井上久雄氏ら)のグループだ。何も言わず、現場にまとまったお金を寄付される。そのような時代が数年続いていた。そのグループの下の年代の伊藤卓朗氏らの学年、さらに声を広げて、再結成へと熱意はあっという間に実現された。手元に、朝日新聞の特集記事がある。

タイトルは『ぼくら65回生』。みだしは、「強豪復活を願うOBら」、である。横沢三郎氏の名前で始まり、三輪梅松関学大野球部OB会長の名前も出てくる。三輪氏は、昭和41年に高等部野球部のテコ入れと、OB会結成を提案した頃の思い出を語っている。入試がむずかしくなって、いい選手を集めることができないのなら、せめて指導者をつけたり、金の世話をしたかったのだが、話は煮詰まらないまま立ち消えになったという。「かつては、技術も金もOBが頼りやったが、最近は、親が息子のため、といっては金を出す。OBの出る幕はおません」と述懐する。

それに代わって、昭和49年に創設されたのが、部員の父母を中心にした野球部後援会。会費は用具代に充てられるが、同会を発足させた松阪大賀志氏は、「大会に出ると負ける息子らだったが、お前らを見守ってる人間もおるんやぞと励ましたかった」と述べておられる。この年は、昨年に続きシード校に選ばれ、西脇工業と北須磨の勝者と2回戦で対戦している。OB会と保護者会の関係を示す貴重な資料である。

OB会は、中村会を核に会長に三田喜英氏を選出。実務は石原幹事長がきめ細かく心配りをされた。春の選抜出場に際しての支援、大学野球部との協力で関学野球100年祭を見事に関学会館で開催し、100年の記念誌をつくりあげた。さらに、2000年の夏の準優勝の際も、KG会館で、感謝の会を持っていただき感激したことを思い出す。その際、保護者を招待するなどOB会と保護者会の関係は良好である。

その後、有馬宏昌会長にバトンタッチ。幹事長に松垣義彦氏が就任。若返りを図る。それでも、従来からの先輩たちが支え続け基本路線は変わらない。OB野球を夏に開催し、親睦を深めたり、Tシャツを現役にプレゼントしたり、新企画も登場している。大学のOB会も大西忠会長、竹内利行幹事長、藤野真副幹事長と、高等部OBが重要なポストで活躍されているため、高等部OB会と大学の関係もすこぶる良好である。学内にも、立ち上げに大きく貢献された井上久雄氏のような存在が増えてきた。大学の監督を務めたこともある本荘雅章氏、皿谷敦氏、大森則良氏、立花司氏と若手も学院に戻り、OB会に力を与えている。近年、関西学院同窓会にも西馬一平氏が戻って大きな働きをみせている。

さらに、佐々木康雄氏を中心に東京でもOB会支部ができ、活動に広がりをみせている。甲子園出場年の夏の遠征に関東を選んだのもこの支部の存在が大きい。桐蔭学園、早稲田実業のグラウンドで現役の活動を見ていただいたことが、本当に良かった。今まで、話だけで知っていた

のと、大違いであった。百聞は一見にしかず。コーチの存在、保護者会の活動。一気に現実を知っていただけた。OBの役割、保護者会の役割、それぞれが考える良い機会になった。実はこの後、もう一度、東京へ行き、私は幹部の方たちに最近の流れを説明する機会を持ったのだ。OB会、保護者会の原点を確認するには、大切な時だったように思う。

保護者会の歴史は長い。松坂太賀志氏たちが組織されたものが、今日まで続き、ある意味では、いち早く取り組んでいたのかもしれない。野球は他のスポーツに比べ、お金も時間も空間も多く必要だ。学校からの支援、生徒会からの補助もごくわずかである。

関西学院は民主的な学校だけに、普通は、野球部が多く配分されるお金もここでは、基本的に平等である。その歴史のなかで、野球部を支え続けたのが保護者会である。強い時も、弱い時も、部員の少ない時も支え続けたのだ。どこの学校も、運営にかかる費用はよく似たものだ。だから、保護者会が結成される。そこで、会の運営をめぐって問題が起きる。この図式が一般的だ。10年前ぐらいから部員が急激に増え、ますます運営は大変になってきている。任意の団体とは言え、すっかり組織が強化され、工夫と努力を重ね、年々強力な会に成長をみせている。多くの兄弟、3兄弟が野球部に所属する事例も複数組を数えることもあり、よき保護者会の伝統が成熟しつつある。集大成が送別会であろう。ノボテルホテルを会場とする最近の会では、300名を超える参加で、広い部屋も窮屈に感じられるほどであった。うれしい限りである。それだけに、保護者の方々の献身的な働きに感謝のみである。歴代会長の特色ある運営を振り返ると歴史を感じてしまう。親と子が全力で野球に取り組む1年いや3年間をそれぞれの立場から運営を支えてくださる保護者会。その存在を長い目で温かく支援してくださるOB会。この両輪がバランスをとって関学野球部を動かしている。

5節　中学野球を取り巻く現実

高校野球は花形である。メディアの取り上げ方が特別だ。それだけに、そこでの活躍を夢みて、中学時代に野球をどこでするのか、大いにむずかしい問題である。日本の土壌は、学校体育優先の文化だった。戦後、時代が豊かになるにつれ、娯楽、趣味、生き方も多様化したが、子供の遊びは、野球が圧倒的に多かった。空地で三角ベースをして、よく遊んだものだった。親子のキャッチボールもほほえましい光景だった。今日では、遊ぶ場所さえ探すことがむずかしくなり、公園でボール投げは禁止になっている。中学生になって野球部に入り、軟式ボールで活動するのが定番になっていた。学校の先生は練習が厳しく、水は飲まない、カエル跳びは当たり前だった。当然、熱心な学校は強豪になり、西宮の場合、市内大会、阪神大会、県大会へと駒を進めるために努力していた。いつしか、教育現場もさまざまな教育問題が生じるようになり、「落ちこぼれ」等という言葉が生まれ、体罰は厳禁、愛のムチ

はありえない時代に入っていった。教師は熱心にやればいいものではなく、バランス感覚、特に人権に配慮しながら指導しなければならなくなった。もちろん、それは昔から当然配慮されていたと思うが。選手の交代も人権に配慮しながら、となるとなかなか簡単ではない。学校では、クラブ活動だけに集中することがむずかしくなりだした。ケガでもすると、安全管理がどうだったのかが問題視され、クラブ指導もやや、一歩引いた形にならざるをえない。

そのような背景で登場してきたのが、社会体育、クラブ組織である。そこでは大人がしっかり支え、運営し、よい環境で野球に取り組めるようにバックアップする体制が敷かれている。国際化の波にも乗り、軟式のゴムボールと違い、アメリカのリトルリーグと交流を持つようになった。最初はごく一部で受け入れられただけだが、今では地域にしっ

かり根ざしている。リトルのお兄さんがシニアリーグ。そこから、枝分かれしたボーイズリーグ、さらに兵庫を中心に新組織ヤングリーグができた。その他、ポニーリーグ等々細分化された。細分化されると今度は、それを結びつける交流戦もおこなわれている。塾と同じで、良い選手の獲得合戦、親同士の主張の食い違いなど、組織運営のむずかしさが構造的に存在している。学校でのクラブ活動は、背後の中体連という大きな全国の教育組織が歴史を重ねてきただけに、しっかり根づいている。大人の組織のクラブチームはグラウンド確保をはじめ、多額の費用が発生する。ボランティアで支えられているとしても、現実の負担は相当重い。一方、学校体育は、費用は比較的安価であるが、上手な選手が流出して、野球が成立しにくい状況がみられつつある。地域差はあるものの、硬式に流れは大きく傾いたと言える。

関学高等部でも、硬式経験者の割合が急速に増えている。中学部が軟式であるため、甲子園出場の中軸、高馬啓城選手も外部で硬式野球をやっていた。ここ最近も毎年、外部で硬式ボールを触っていた中学部生が入部している。保護者会活動が変容しだしたのは、ここに大きな要因があると私は考えている。中学部の軟式経験者の保護者たちが、うまくこの差異を柔軟にしかも早く理解されている。これが、他の学校との違いと考える。

地域の硬式チームの指導者の方々も関学野球に選手をよく紹介してくださる。どのチーム、どの地区、という偏りは少ない。無理せず、自然体で高等部入試の説明をしてきた継続的な努力が実ったものだろう。勉強をすることの大切さを死守した関学高等部の入試制度変革の恩恵を受けた形だ。中学校での3年間の地道な学習成績を重視する現在の入試制度で、関学野球部も、関学高等部も大きな変化をみた。良質の生徒を受け入れることができたために、学校が本当に豊かになったと実感している。

「あの先輩の学校に行きたい」との思いで地元西宮から、阪神地区から、神戸から、明石、加古川、姫路、淡路、丹有、丹後からと多くの生徒が集まっている現状が、今後も継続してほしいと願っている。

どの学校も良い人材が来てほしいと願っている。私学は特に経営に直接関係する事柄である。そこで、「特待生」という考え方が出てくる。従来から、大なり小なり、推薦のような形で存在していた。公立でも内申書に「野球をしておれば配慮する」旨のことは、新聞等でもオープンにされてきた。幸い、関学高等部野球部では、選手の争奪戦とは比較的無縁で今まで過ごしてきたが、それでも、中学校の担任や進路の先生方と数多く連絡をとってきた。今後も、地道な努力と、この関学高等部の正攻法の広報活動を一歩一歩ていねいに続けていきたいと思っている。

6節　高等部野球部のめざすもの

今まで長々と文章を書いてきたが、以上のことを踏まえて、高等部野球部が目指すものを提示したい。

まず、良いクラブでありたい、ということである。学生の本分である学業優先は当然のことである。さらに、挨拶をはじめとする礼儀、作法の重視である。ここ数年、野球部をはじめ、特にラグビー部の活躍はめざましい。両部を中心に学校内外で気持ちの良い挨拶が響きあっている。その影響で、ほとんどの部が良い方向に向かっている。相乗効果であろうか。クラブ加入率も他の学校を圧する割合だけに、率先して野球部が良い伝統をさらに続けていってもらいたい。学校の中心となる部にふさわしい行動を目指している。この学校生活でも模範的でありたいし、卒業後もそれぞれの進路で自己実現をしてもらいたいと願っている。たとえば、センバツ出場時の捕手は、現在、弁護士で活躍されている。また、国立の医学部に進学した部員もいる。多くの会計士や税理士も輩出している。その他にも多くのものが、社会の一線で、また、それぞれの大切な分野で良き働きをしている。まさに「マスタリー・フォー・サーヴィス」(Mastery for Service)の実践だ。私の先輩で甲子園まであと一歩のところまで勝ち進まれた学年には、パイロット、医者、野球指導者等になられてそれぞれの分野で活躍されている。このような先輩方の伝統は、現在もまごうことなく脈々と受け継がれている。

部員数も各学年、毎年50名を超えるようになり、一大勢力になっているのは事実だが、その現実を重く受け止め、日々精進しなければならないと思っている。今は、間違いなく黄金時代と言えるだけに、より謙虚さが求められる。学友会(生徒会)の運動総部長も例年、野球部員のだれかが務める等、学校の土台をしっかり支えていきたい。さわやかさを忘れず、「24時間練習」をこれからも掲げていきたい。他の強豪校のように練習時間を長くすることはできないが、与えられた環境をフルに生かし、工夫と集中力でこれからもアタックしていきたい。

次に、強いクラブでありたい。関学高等部の兵庫県での実力は、前述のとおりだが、なぜ、安定したレベルを保っているかと言えば、以下の理由が考えられる。

①部員の数と質：中学校からの受験者の多さ、関学高等部で野球をしたい生徒の増加が挙げられる。受験者が増えれば、ある程度、合格者も増える。以前は、ほとんど、野球経験者は合格できなかった。これには、少子化と入試制度の変更が大きな要因となっている。さらに、優秀な先輩が合格すれば、一緒のところで野球がしたい、と後輩が慕って受験するようになり、好循環が生まれるのである。中学の硬式チームとのパイプと中体連の先生方との連携による現状は本当に有難い。

②コーチの存在：ここ数年、学生コーチが多く部に残って後輩を指導してくれている。中学部でビッグブラザーシステムと呼ばれている大学生コーチが多数活躍しているが、高等部野球部でも大切な自分の時間を割いて、後輩の指導を熱心にしてくれている。2年続いて、主将がコーチになっていることも大きい要素である。甲子園出場組も5人コーチとして活躍中。社会人も休日にはグラウンドに顔を出してくれる。OB風を吹かさず、学生コーチにも気配りを忘れない。

③3人顧問体制：少ない専任教師の中で、高等部では野球部顧問に3人を割り当てていただいている。これにより、3か所で練習試合を行うことが可能になった。多くの部員もその実力、地域性などさまざまな要素を絡めながら、毎週末、実戦練習に励むことができている。

④関学中学部の存在：何よりも、高等部野球部OBである安田栄三中学部長（校長）の存在が大きい。中学部野球部の基礎を構築されて、上手に谷口薫教諭にバトンタッチされた。ここにも、OBコーチが活躍を見せる。熱心な指導と、何よりも、精神性を重視する学生野球の本質を学ぶ場となっている。センバツ出場時の主将平野雄也二塁手は、中学部から引き続いての主将。

⑤OB会の存在：一般的に実は、有難いようでむずかしいのがOB会の存在。名門校ほど運営が困難である。偉業を成し遂げたOBは、自分たち同様、最高峰到達を要求する場合がある。昔はこういうやり方で優勝した、とか、こうしないと勝てないよ、とか、俺たちのやり方を聞く耳がないのか、とか、俺のいうことが聞けないのか、果ては、OBの派閥争いで運営がギクシャクしている例は多く耳に入ってくる。

ところが、さすがは関学である。基本的に全員紳士的な態度でOB会に参加していただいている。「金は出すが、口は出さない」理想的な運営が続いている。親睦に重きをおいて昔話に花を咲かせる、なごやかな雰囲気をいつまでもと願っている。

⑥何よりも大きな存在である保護者会：前述のような経緯で作られた父母会だが、間違いなく、時代を先取りしていたように思う。今で

は、ほとんどの学校で現場支援の保護者の活動がみられる。規模といい、内容といい、日本のなかでトップクラスといつも、私は発言している。普通の学校では、応援はするもののやはり我が子が中心となる。これでは、我が子がダメな時は運営がうまくいかない。最近では関学高等部の保護者会は、チームの応援というより、チームの運営の大きな原動力となっている。野球は、物心両面での負担が大きい。移動も含めて、ケガの予防、初期対応、精神的支え等、多方面にきめ細かい配慮が続く。「全員野球」の神髄がここにある。

⑦最後の要素である学校の後押し：これは言い換えると、学院の野球部への深い理解、グラウンドなどの環境の整備改善を含む。関学全体でも自由に使用できる空間が減少し、緑豊かな学院に、キャンパスの建物が増加してきた。それでも、元の広いグラウンドの半分を高等部が使用できるようになった。コンパクトになったとはいえ、高等部専用グラウンドで野球部が使用できるのは、有難いことである。他のクラブ等との「調整」も以前に比べてかなり改善された。さらに、「新グラウンド」（第二運動場）がラグビー場として整備され、ラグビー部も「新グラウンド」を活動拠点としたことにより、基本的にアメリカンフットボール部との調整だけですむようになった。バックネットの設置、その上部をネットでカバー。内野の黒土導入。ダッグアウトの設置、外野フェンスの充実。本部席、スコアーボード、SBO設置と、施設は飛躍的な充実ぶりだ。私が着任した時と比べると、現在のグラウンドは夢のような環境である。「せめて、近隣の公立並みの施設を！」と学院に要求した日がつい先日のように思える。

施設だけでなく、学院の高等部への後押しも大きな力となっている。部員たちは、敏感にそのような空気を感じ取っている。緩やかで穏やかな順風の現状に甘えず、現場は頑張るのみである。

以上の①から⑦がうまく融合して今日があるように思う。融合の中身、さらに①から⑦の細部については、別に述べる機会が来ると思う。「24時間練習」と「全員野球」を旗印として、学生野球の本分を守りたい。自由で歴史ある関学高野球部の部員たちに、今後も上ヶ原の地でひたむきに白球を追いかけてもらいたいと、私は切に願っている。

——2012年4月13日

第2章

2000年（平成12年）からの各学年の記録と文章

本章は、2000（平成12）年以降から現在の学年までの各学年の記録を、思い出とともに戦績を中心に回顧した内容になっています。資料としては、学年の全部員名、および春夏の公式戦記録がスコアボード風にアレンジされています。本書に収められている十数年間の野球部の実績を振り返ると、2度の甲子園出場に加えて、さらに「あと1勝すれば甲子園出場」という事例を含めれば、かなり高い確率で甲子園を狙える野球部であることが容易に理解できるでしょう。

その意味でも関西学院高等部は、文武両道の学校として極めてユニークな特徴を持つ高校です。その中の一運動クラブとして関西学院高等部野球部があり、そこでのこうした実績が「勉学にも励みたい・甲子園も本気で狙いたい」という元気印の男子生徒や、その保護者たちから高く評価されている理由の一つかもしれません。しかしそれ以上に大切なことは、「甲子園に出る・出ない」、「背番号をもらえる・もらえない」を超えたところで醸し出される関西学院高等部野球部のモットーである「全員野球」の雰囲気がどの章からも感じられることです。編者としては、部員全員が貴重な野球部部員であることの確認ができるための章とすることを目指しました。

文責 **中山貴人**

あと一歩だった夢の大舞台。
二けた安打も遠かった本塁——。

夏の大会に向けた最後の練習試合を戦っている最中、柴田主将がグラウンドに姿を現した。この日は夏の兵庫大会の組み合わせ抽選会が行われており、それに参加するため合流が遅れたのだ。若干緊張した面持ちで主将から発せられた言葉は「1回戦、アマキタ」であった。全員の顔が引きつったのを今でも鮮明に覚えている。ご存知のように、尼崎北は公立校ながら甲子園の常連校であり、前年の秋季県大会でも四強まで勝ち進んでいる。のちに関学大に進学する「最速140km左腕」水野を擁する強豪校だ。このときほど主将のくじ運を恨んだことはない。だが、冷静に組み合わせ表を見て、全員の気が引き締まった。同じブロックのシード校に、秋、春の地区大会で苦杯をなめた仁川学院があったからだ。「尼崎北を倒し、仁川にリベンジする！」気持ちを一つにし、夏の県大会が始まった。

ノーシードから続く長い戦い。1回戦屈指の好カードと謳われた尼崎北戦は、下位打線の活躍が光った試合であった。1点をリードされた4回一死三塁。同点機で6番舘森が制球に苦しむエース水野の置きに行った高めの直球をとらえ、左中間への三塁打で同点に。6回に2点を勝ち越し、7回は一死満塁から山本の2点タイムリーヒットで突き放した。投げては先発の橋本を6回から援護した山本が尼崎北打線を抑えきり、5−1で快勝。好投手の水野を擁する尼崎北に完勝したことで一気に波に乗った。

2回戦の多可戦は、先発全員安打の13安打、12得点で圧勝。しかし、続く3回戦の尼崎小田戦は苦しい試合となった。2−2の同点で迎えた延長10回二死二塁から2年生佐井が右前へ二塁打を放ち、二塁走者・柴田が生還、サヨナラ勝ちで何とか勝利をつかんだ。サヨナラ打を放った佐井は「僕らは接戦が多いので焦りはなかった」と話した。

そして4回戦は運命の仁川学院戦。序盤から関学・橋本と仁川・益田の息詰まる投手戦が続き、6回まで両チーム無得点。7回に仁川・山下の左越

2　0　0　0

本塁打で先制されたが、8回に同点に追いつき、9回、疲れが見え始めた益田から2四球を選び一死一、二塁と好機を広げた。その後、交替したエース大野から主将・柴田が値千金の右前打で逆転。さらに大会初スタメンの山下が「大野は『兵庫タイガース』時代からの仲。打てない気はしなかった」という気迫の2点タイムリー。終盤で底力を発揮し、見事「三度目の正直」となるリベンジを果たした。

5回戦の市神港戦は、5－2で迎えた9回表。1点を返され、なおも一死二、三塁のピンチ。5回途中から登板した2番手の山本が、左翼線へ痛烈な当たりを許した。抜ければ同点の場面。山本はマウンド上でガク然とし、ひざまずいた。全員が一瞬あきらめかけたが、この回から守備についた伊藤がミラクルダイビングキャッチ。美技で窮地を救った。さらに離塁の早かった三塁走者を刺してダブルプレーでゲームセット。一瞬のうちに地獄と天国を味わい、歓喜の渦の中、ベスト8進出を決めた。

準々決勝の神港学園戦は7回に代打・山下の犠飛で逆転。5－4でなんとか競り勝ち、準決勝の津名戦はエース橋本が無四球完投で白熱の投手戦を制した。

ノーシードからの快進撃も、ついに頂点まであと一つ。相手は甲子園常連の育英。明石球場の一塁側の応援席は多くの父兄、同級生、OBの方々で埋め尽くされた。身上の「全員野球」でたどり着いた頂上決戦。しかし、61年ぶりの甲子園出場の夢は叶わなかった。今まで勝機を見出してきた得意の接戦に持ち込むことができなかった。0－2で迎えた3回までは、全員が「まだ行ける」という思いがあった。しかし、4回、一挙4点を失う。これまで最大のビハインドは準々決勝（対神港学園）の3点。栗山（現・西武）ら役者揃いの育英の前では、あまりにも重い荷物を背負ってしまった。だが、引き離されても土壇場まであきらめなかった。試合開始前からグラウンドに吹き荒れた強風に悩まされながら、集中力を切らさずに持ち味の堅守とともに無失策で切り抜けた。攻めても9イニング中8イニングで走者を出し、安打数も二けたを記録した。9回二死走者なしの場面で、最後のチャンスが訪れた。代打浜田が放った右前安打と「打率10割」の大庭の四球で一、二塁。序盤から「まず1点取っていこう」と人さし指を立てて応援していた選手全員が両手の人さし指をグラウンドに突き出して叫んだ。「奇跡の11点攻撃いこう！」ベンチの盛り上がりは最高潮に達した。だが、詰まらされた打球は遊撃手のグラブに収まった。

「みんなで支え合って、決勝戦まで戦えた。これを誇りにこれからの人生の支えにしよう」。試合後、選手全員が集まったロッカー室に、柴田主将の言葉が響いた。全員の日焼けした顔に、ようやく笑顔が戻った。

メンバー29名

●主将　●副主将

○マネージャー

投手	●	**永瀬芳明**
		山本隆史
		樋口勇志
		泉川貴史
		門田俊亮
		橋本龍
捕手		**澤野晋弥**
内野手	●	**柴田啓太**
	●	**小城智**
	○	**辻本剛典**
		舘森広明
		山田利博
		辰巳善是
		松永大典
		中島均
		中溝健一
外野手	●	**塩飽行平**
	○	**島谷幸治**
	○	**中山貴人**
		木村雅人
		山下稔裕
		横山謙太
		伊藤健吾
		大庭裕也
		小松宣彦
		田中裕基
		谷光治郎
		山内誠
		生島玄之助

あれから12年の月日がたち、僕らも今年30歳を迎える。当時のメンバーの半分以上が結婚をし、なかには子どもがいる者もいる。みんな見た目は老け込んでしまったが、思い出はずっと色褪せない。全員で一つの目標に向かっていったあの夏の経験は、今でもひとりひとりの胸に刻まれ、それぞれの人生の財産になっている。

文責 **佐井陽介**

柴田主将率いる前年度チームが夏の県大会で準優勝。準優勝メンバーから主将辻本、副将佐井、竹田、濱田が残り、悲願の甲子園チケットを託されたチームは船出から苦しんだ。準優勝という成果を手にし、どこか漂う満足感。フワフワした雰囲気の中、真夏の豊岡合宿、鳥取遠征でナインは一丸になりきれなかった。伝統の「全員野球」を完全には確立できないまま、秋季地区大会では苦戦を強いられる。初戦となった2回戦宝塚西戦は2−1の辛勝。宝塚北との3回戦も5−2と何とかモノにしたが、決勝戦は仁川学院に打ちのめされた。怪力主砲カルロス、140km超の速球を誇る益田が軸のライバルに対し、6回を終えて0−9。7回に濱田の押し出し四球から4点を返すが、4−10と大敗した。

センバツへ、巻き返しを図った秋季県大会初戦は投打がガッチリ噛み合った。1点先制された直後の1回裏、辻本から大江そして竹田の3連打に濱田のセフティーバントも決まり、2得点であっさり逆転。佐藤の好投も光り、7−1と完勝した。しかし、2回戦の相手は1年生エース坂口（現オリックス）を擁する強豪、神戸国際大附属。格の違いを見せつけられた。0−0の3回表、まずは3番向良の右越2ランで先制を許す。5回にも坂口に右越3ランを浴び、突き放された。先発坂口は投げても140km前後のキレの良い直球、大きく鋭く曲がるスライダーが冴える。関学打線は手も足も出ず、新阜の初安打でノーヒットノーランを逃れるのが精一杯。7回コールドの0−8と完敗を喫した。坂口からスライダーで空振り三振を喫した某選手は「ボールが消えた……」とポツリ。近くて遠い甲子園。聖地への夢は夏に持ち越された。神戸国際大附属は順当に近畿大会出場を果たし、準決勝で野間口（現巨人）率いる関西創価に敗れはしたがセンバツ出場を当確させた。エースで4番真田（現横浜）が軸の姫路工もセンバツ出場が決定的となった。

この年、兵庫の強豪校は神戸国際大附属、姫路工、仁川学院だけではなかった。夏に甲子園ベスト4に入ったチームから主砲栗山（現西武）が残る育英。後に3年春のセンバツで全国制覇を成し遂げることになる1年大谷（現ロッテ）が台頭していた報徳学園も存在感があった。並大抵の努力では甲子園までたどり着けない。冬、関学は打倒・神戸国際を胸に秘め、地道な基礎トレーニングに汗を流した。何度となく重ねたミーティングからチームの結束を図った。3月の加古川合宿を終えたころには、真のまとまりが生まれつつあった。4月の春季地区大会。初戦の2回戦は宝塚西に5回コールドの13−3、3回戦は宝塚北に7回コールドの11−0で完勝。秋季地区大会で苦戦した2チームを相手に進化を見せつける。決勝ではまたも仁川学院に2−6で敗れ、春の県大会進出はならず。とはいえ互角に近い試合内容に夏への手ごたえをつかみ始めた。夏の大会が近づくと横手投げ右腕の福田がエース格に成長し、本職は三塁の牧もスライダーを武器に猛スピードでリリーフ投手の軸へ。中堅手の佐井は捕手も兼ねるように

メンバー32名
●主将 ●副主将
○マネージャー

投手		佐藤完
		葉山勝大
		福田裕也
		元辻佑介
		吉住拓朗
捕手	●	玉置哲也
	○	佐々木啓
		森英樹
内野手	●	辻本充
	●	魚谷昌史
	○	寺畑浩司
	○	菅藤浩希
		石井嗣人
		三浦甲太
		小寺康博
		田中真史
		山本剛史
		青木雄策
		貝原徹也
		牧繁行
		新阜恒久
		野口展生
		濱田裕一
外野手	●	佐井陽介
		大江浩一
		村田光俊
		岡本圭介
		橋本元樹
		藤原健太
		大上裕之
		新谷智昭
		竹田真基

2　　0　　0　　1

なった。6月の滋賀遠征を経て、チーム戦力は充実。層の厚さも増した。そして、いよいよ最後の夏が始まった。

ノーシードからの長く辛い戦い。初戦となった三木戦は九死に一生を得た。1点ビハインドで9回一死。敗色ムードが漂い始めるなか、2番濱田が中前打。二死から4番新阜が四球を選び一、二塁。ここで2年生の5番富山が右中間逆転2点二塁打。起死回生の1打で関学は波に乗った。春日球場に舞台を移し、2回戦の相手はシード校の三田学園。横手投げエース山本歩（元西武）に強力打線を誇る、春季県大会準優勝の強豪だ。下馬評は不利。それでもエース福田が5回1失点と踏ん張った。2番手牧も4回を1失点と熱投。2−2で迎えた9回裏一死一、二塁、最後は1番佐井の左前サヨナラヒットで劇的勝利を飾った。試合後、福田は「打たれてもともと。逆に相手に強気に向かって行けた」と話し、佐井は「投手の頑張りに打線が応えないといけないと思った」とコメント。チームの勢いはさらに加速した。3回戦の川西緑台戦も福田、牧の継投で2−1と競り勝ち。鈴蘭台との4回戦は4番新阜の2点ランニング本塁打を含む3安打の活躍もあり、富山から吉住の継投で7回コールドの8−1と快勝。16強に進出し、次の相手はクジに託された。結果は……。主将辻本は神戸国際大附属を引き当てる。「また国際と試合できるんや」。副将玉置は興奮を隠せなかった。

運命の5回戦。投手陣が国際打線に打ち込まれ、またもや坂口に右越弾を浴びた。2回を終えて0−6。また秋と同じ大敗かと思われた3回、関学は意地を見せた。3番大江の適時三塁打などで3得点。秋は1安打に抑えられた先発坂口を3回⅔でマウンドから降ろした。4−9で敗れて8強進出はならなかったが、主将辻本は「みんなと一緒にここまで来られたので主将として心がいっぱい」と力を込めた。「よく押し返した。胸を張れる敗戦と言っていい」。普段は厳しい広岡監督もナインに温かい言葉を贈った。ベスト16。結果以上に成長を感じ取れた夏は、1年生左腕アンがすい星のように登場した東洋大姫路の県大会優勝で幕を閉じた。今でも脳裏に焼きついて離れないのは、神戸国際大附属戦後のナインの表情。悔し涙の印象は薄い。みんな、笑顔、笑顔、笑顔。力を出し切った証拠だった。

文責 **松岡佑弥**

1年生時に柴田主将率いるチームが夏の全国高校野球選手権大会兵庫県大会準優勝、2年生時には辻本主将率いるチームもベスト16と入学時から「強い関学野球」を先輩方に教えていただいた。松岡主将が率いるわれわれのチームも「全員野球」「ハートのある野球」を体現し、甲子園を目指して2002年夏、チームはスタートを切った。

しかしながら、チーム結成時から「このチームは弱い」と広岡監督からも言われ続け、自分たちにもその自覚はあった。夏の豊岡合宿、練習試合を重ねたが、思うようにチームがまとまらない。試合に出場する先発メンバーには下級生の名前が並び、最上級生がプレーでチームを牽引してきた過去2年の先輩方のチームとのギャップに苦しんだ時期もあった。

そんななか、初の公式戦である秋の阪神大会が開幕した。初戦となった2回戦の宝塚東には4−0で勝利。3回戦の甲山には6−0で勝利したが、決勝では、仁川学院に1−9と完敗を喫した。秋の兵庫県大会出場への切符は手にしたものの、県大会初戦の村野工業戦では、粘りを見せるも2−4で敗れることとなった。

その後も“主力”を2年生が占めるなか、チーム作りに苦しむ。そんなチームに広岡監督や河野コーチからも厳しいお言葉を幾度となくいただいた。

2 0 0 2

冬のトレーニングを乗り越え、春の加古川合宿ではそのチームの弱さが出た。活気がない3年生。チームがチームとして機能しない状況に、強烈な焦燥感を覚えた。合宿後、夏の選手権までのチームのスローガンとして、3年生が出した答えは「チームのために」であった。ひとりひとりがチームのためにできることを、そのなかで輝けることを信じてやりきるという共通の思いのなか、チーム結成から半年以上がたっていたが、ようやくチームは一つの方向に動き出す。

春の阪神大会では、2回戦で宝塚北に4−3、3回戦は宝塚に6−5と接戦をものにし、秋に敗れた仁川学院との決勝でも6−2で勝利。県大会に駒を進めた。県大会初戦では、社に2−6で敗れるも、確実にチームの成長を感じることができた大会となる。

そして迎えた選手権兵庫大会。ノーシードでの戦い。同ブロックのシード校は強豪の育英というなかで、甲子園を目指す戦いが始まった。1回戦、西宮北には固さもあったが1−0で辛勝。2回戦の県立芦屋には5−4と接戦を制した。チームは1点差ゲームをものにすることで力強さを増し、グラウンド、ベンチ、スタンドが一体となった素晴らしい戦いを繰り広げることができた。3回戦の相手は、シード校の育英を延長戦の末、劇的な勝利で破った福崎。波に乗る福崎の勢いに序盤から圧倒される。バント失敗、エラー、チャンスを作るもダブルプレーで無得点と思うような展開にもちこめない。そんななか、多くの保護者の皆様、先輩方、他部の同級生のスタンドからの声援を受け、一時は逆転に成功する。しかし、福崎の勢いを止めることができず、粘りを見せるも最後の打者、松岡主将のセカンドゴロでゲームセット。3回戦で姿を消すこととなった。多くの声援とサポート、ご指導いただいたすべての方々に感謝をしつつ、最後は全員涙と笑顔で、次の前田主将率いるチームに「伝統の関学野球」のバトンを託した。

メンバー21名
●主将 ◎副主将 ○マネージャー

投手	◎	**小寺雄基**
		宮崎亮輔
		藤田翔
内野手	●	**松岡佑弥**
	◎	**安藤太**
	○	**松中純也**
		石川洋輔
		中孝史
		清水庸一郎
		冨山佑希
		町田良
		前田卓紀
		高橋幹人
外野手	◎	**西村圭史**
	○	**亀井俊宏**
		松谷健一
		丹後哲
		楓清宏
		北島征爾
		島田悠司
		坂田悠

文責 前田 竜

秋季大会

2002年（平成14年）夏、前年の松岡主将の代よりレギュラーで出ていた選手が7名いたこともあり、新チーム結成への流れは比較的スムーズであった。新チーム結成後、夏合宿、岐阜名古屋遠征と練習試合を重ね、試合に出る選手・出ない選手関係なく、ベンチワークを含めてとにかくチームが「勝つこと」にこだわってチーム作りを進めた。秋季地区大会、初戦より順調に勝ち上がったが、地区大会決勝戦では仁川学院を相手に2－5で敗れ、地区2位での県大会進出となった。県大会では1回戦、飾磨工業相手に9－0で勝利。2回戦では好投手濱野を擁する津名を相手に、9回まで3点リードしていたものの、そのリードを追いつかれ延長15回を引き分け。再試合では7回まで2－2と競った展開であったものの、8回に2点を奪われ、2－4で敗退。目標であった春のセンバツは絶望となった。この大会の優勝は育英、準優勝は神戸国際大附属、3位は東洋大姫路であった。

冬場の練習、春季大会

残された甲子園へのチャンスは1回のみ。チーム一丸となって甲子園を目指すべく、グラウンドでの走りこみ、筋力トレーニング、甲山でのトレーニングなど肉体を追い込み、鍛え込んだ。迎えた春シーズン、徳島遠征・加古川合宿と練習試合を積み重ね、試合勘を磨いていった。春季大会では順調に地区予選を勝ち上がり、またケガをしていたエース竹川が戻ってきていいムードで県大会へ出場することができた。県大会ではくじ運に恵まれず夏のシード権獲得とはならなかったが、1回戦で豊岡に4－1で勝利。無事、夏のシード権を獲得することができた。続く2回戦、相手はその直前の春のセンバツでベスト4まで勝ち上がった東洋大姫路。エースには1年の夏から甲子園のマウンドに上がるなど実績実力ともに十分のアンがいた。この試合、2回に先制されるものの、5回に追いつき、6回表には2点を奪い逆転に成功。しかしその裏に4点を奪われ再逆転される。8回に1点を返すものの、9回からマウンドに上がったエースのアンに抑えられ、4－5で惜敗。勝ち切れなかった悔しさはあったが、センバツベスト4の東洋大姫路を相手にここまでの試合ができたことは自信にもつながり、兵庫県内でも十分に戦っていけることを知ることができた試合であった。

第85回全国高等学校野球選手権記念　兵庫大会

シードを獲得しながらも抽選の結果、ブロック内には秋季県大会ベスト8の市西宮や加古川南、強豪の村野工業といった厳しい相手が集まった。初戦の相手は加古川東。加古川合宿でも競った戦いをしてきた相手であったが、初回から着実に加点。7回には1点差まで詰め寄られたものの、その裏に小城の三塁打などで5点を奪い8－2で無事勝利。戦い方が難しい初戦ではあるが、良い形で勝利することができた。

2　0　0　3

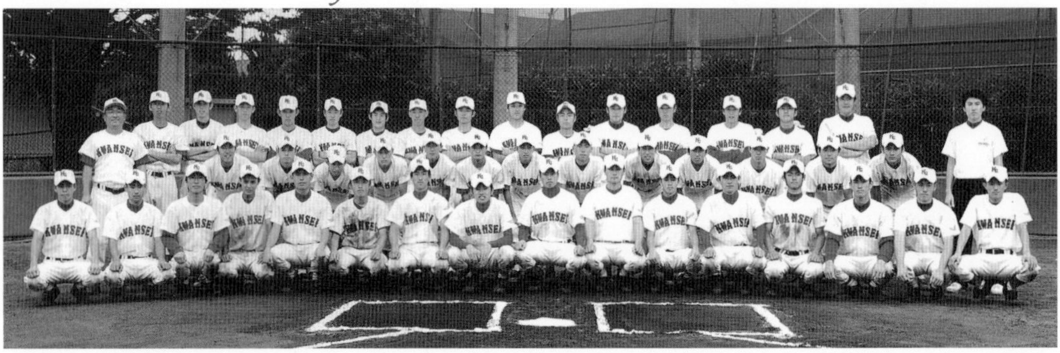

3回戦の川西明峰戦では、序盤から膠着状態が続く展開となったが、4回に先制したあと、5回、6回と追加点を重ね5−3で勝利。ベスト16をかけて村野工業と戦うこととなった。その村野工業戦、0−0で迎えた5回に青山の先制タイムリーで均衡を破ると6回には浜田、小松の1・2番の連続二塁打で2点を加点。エース竹川も粘りのピッチングで相手に流れをわたさず、3−1の完投で無事ベスト16へ進出を決めた。

5回戦の相手は県立農業。初回に青山の満塁ホームラン、3回には森口のソロホームランと県立農業をベスト16まで引っ張った好投手黒澤を打ち崩し5−3で勝利。全得点がホームランによる得点という大味な試合になったが、ベスト8に進出した。

準々決勝の相手は秋季県大会優勝校の育英。初回、4番今井のタイムリーなどで2点を先制、3回には小城のタイムリーで3点をリード、強豪校相手に上々の滑り出しを見せた。しかし育英もそう簡単には試合を進めさせてはくれない。4回に2点、5回に2点を奪われ逆転されると7回にも2点を奪われた。その裏小城のタイムリーなどで2点を返し1点差に迫って食らいつくものの、育英に8回、9回と加点され計9点を奪われた。最終回も二死一、二塁とチャンスを作ったものの後続がなく、5−9で敗れベスト8での敗退となった。

その後育英は、準決勝でセンバツベスト4の東洋大姫路に敗れ、その東洋大姫路を決勝で破った神港学園が甲子園出場を決めた。

メンバー44名

●主将 ●副主将

○マネージャー

投手 ○ 平田寛志
竹川満
松永晴光
宮崎太平
柳原直之
矢野一斗
山田拓志

捕手 ● 今村晋太郎
甲斐慎平
藤井俊介
正井祐次

内野手 ● 田嶋康次郎
○ 安達公平
○ 佐野真二
上殿信
片山貴裕
小城博
芝崎信治
清水恒平
末弘奉央
谷添良太
中堂和亮
中溝亮介
中邑大地
難波厚
長谷川渓史
原田崇
番場勝昭
森口駿吾

外野手 ● 前田竜
井上誠
猪原匡史
内田雄基
梅田貴裕
小松亮
巽正幸
玉田裕紀
西尾浩紀
浜田翔吾
増田敏夫
松田直樹
森下昌宏
山下義弘
和田雅史

新チーム結成以降、甲子園を目指して、とにかく「チームが勝つためにどうすべきか」ということにこだわってチーム作りを進めてきた。最後の夏はベスト8という結果で終わり非常に残念であったが、部員122人、支えてくださった保護者やOB、応援してくださった方々とともに一つの目標に向かって一丸となって闘えたことはまさに「全員野球」であったと思う。この大会のキャッチフレーズ「忘れられない、夏になる」のとおりの夏であった。

文責 西尾公希

2003年(平成15年)夏、キャプテンを今井とし、新チームがスタートした。例年、夏休みにはチーム作りのために数多くの練習試合が組まれており、この年も遠征(岡山)、豊岡合宿など、厳しいスケジュールであった。練習試合から常に勝ちを意識し、取り組んでいたが、サインミスやバント失敗など課題ばかりが目立ち、なかなか勝つことができず、チーム作りには時間がかかった。守備からリズムを作ること、つないで点を取ることを意識し、少しずつではあるが、試合に勝てるようになってきた。特に守備面では岸・坂戸の両左腕には安定感があり、大会での活躍が期待された。

センバツへの出場がかかる秋季地区大会では、準決勝で仁川学院に敗れたものの、敗者復活戦を順調に勝ち上がり地区3位で県大会出場が決定した。

そして県大会、初戦は神戸西。守備でリズムを作ることができ、つなぎの野球で勝ちきることができた。夏休みの練習試合、地区大会での経験が十分に生きた試合であった。また、県大会での応援には熱が入り、グラウンドとスタンドが一つになる「全員野球」であった。2回戦は優勝候補の一つである報徳学園。報徳では1年生エースで4番の片山が注目されていた。長身左腕から投げ下ろされる直球・変化球ともに一級品で打ち崩すことが難しい。最小失点で切り抜けなければならなかった。試合当日は雨。最小失点にこだわったプレッシャーからか、継投でつないでいくも報徳打線を抑えきれず、10－2で敗れた。

兵庫県大会の結果は、優勝は育英、準優勝は報徳学園、社が3位だった。

秋季大会が終わってから、甲子園に出場する最後のチャンスである夏の大会に向けて、猛練習をした。冬練では強豪校に勝つために徹底的に走り込んだ。まずは、夏のシード権を得るために、春季兵庫県大会に出場することである。3月には、遠征(四国)・加古川合宿など数多くの練習試合をこなし、春季大会に備えた。1日に4敗するなど、一時は不安になることもあったが、徐々にチームは仕上がり、万全の状態になった。

一方、第76回センバツへは、報徳学園・社が出場した。報徳学園は初戦敗退であったが、社は1年生投手大前が健闘し、ベスト4入りを果たした。兵庫県代表である社のベスト4は誇らしいことではあったが、同時に、強力なライバル校がより強くなることでもあった。

春季大会地区予選、秋季大会で惜敗した仁川学院へのリベンジである。春は夏のシードがかかっており、秋季県大会とは違い、春季県大会に出場できるのは、地区で1校だけである。準決勝で仁川学院に8－3で勝ち、その勢いのまま西宮北に12－1で勝利し、地区予選を突破した。

春季県大会初戦(2回戦)、八鹿を相手に11－4で勝った。3回戦、加古川南との試合では、ロースコアで厳しい試合展開となったが、投手を中心に守りきり、2－0の完封勝利。4回戦(準決勝)、選抜に出場した報徳学園を倒し、勝ち進んできた洲本との試合。

メンバー42名

●主将 ●副主将

○マネージャー

投手		西尾公希
		生嶋輝之
		馬場与志
		岸敬祐
		船職万裕
		小西達也
		山前浩典
		坂戸圭介
		芝野淳一
		砂原広樹
		田村浩夢
		長畑浩一
捕手	○	大久保貴博
		田中章博
		堀江大一
内野手	●	橋本慎志
	○	片山翔太
	○	高木琢也
		青山佳敬
		西島愛治
		遠藤雄大
		大西健司
		岡本貴志
		福島雄樹
		奥野真人
		藤田遼
		北山寛人
		久保田将
		山中良太
		中澤正輝
外野手	●	今井健太
	●	西田圭吾
	●	林田健太
	○	中原一磨
		藤井脩平
		岸本泰貴
		松村達紀
		北田和樹
		村上大喜
		矢野竜一
		斉田陽一
		清水祐樹
		豊倉昌浩

2004

この年の春季近畿大会は兵庫県で開催されるため兵庫県からは3校が出場できる。近畿大会がかかった重要な試合であった。継投により多くのピンチを切り抜け、5－4で洲本に勝利し、近畿大会への切符を手に入れた。69年ぶりの春季近畿大会出場である。決勝戦、滝川第二戦は、5－2で敗れて準優勝。

春季大会は、秋季大会とは違った高校が勝ち進むことになった。ほかにも、神戸国際大学附属・東洋大姫路など力のある高校が多く、夏の大会では激戦が予想された。近畿大会は初戦で和歌山県代表の南部に惜敗するも、県外の強豪校と試合ができ、貴重な経験となった。

そして、夏。初戦、村岡戦は2本のホームランを含む猛攻での21得点により、21－2で勝利。夏の初戦は番狂わせが多い。村岡とは力の差があったが、油断することなく良い緊張感をもって試合することができた。

3回戦、多可戦は甲子園球場での試合であった。近年、県大会で甲子園球場を使用することはめったになかったが、今大会では2試合のみ試合が組まれていた。

試合開始直後は、球場の雰囲気にのまれつつも、7－0で勝った。ブロック決勝（4回戦）は、秋季大会でも対戦した神戸西であった。秋季大会よりも楽な試合展開となり、8－0で勝った。ベスト16である。抽選により、次は、東洋大姫路に決まった。

東洋大姫路は前年度、センバツに出場した選手も残っており、甲子園も十分に狙えるチームであったが、投手陣が粘りをみせ、4－3で勝利した。

ベスト8である。関西学院は強豪私立といわれる高校との試合はあと一歩のところで敗れることが多く、東洋大姫路に勝つことで、よりチームが一つになった。

準々決勝の相手は市立尼崎である。東洋大姫路に勝った勢いをそのままに市立尼崎に挑んだが、2－4とあと一歩が届かなかった。決勝戦は報徳学園が市立尼崎を倒し、兵庫県大会を制した。報徳学園は春・夏連続出場となった。

文責 粟田智史

2004年（平成16年）7月26日。われわれ29名の上級生を中心とした菅井主将率いる新チームが始動した。夏の県大会で8強に進出した前田主将、今井主将のチームと比べ、人数的にも体格的にも小粒な新生関学高等部野球部の、甲子園出場という大きな夢への挑戦が始まった。

新チームの船出は思うようにはいかなかった。8月の豊岡合宿のミーティングでは、技術云々よりも野球に取り組む姿勢が問われた。続く鳥取遠征ではチームとして成長の兆しを見せ、好試合を展開。守備から流れを作り1点差で勝ちきるという方針が何とか形となり始め、翌春のセンバツへとつながる秋季西阪神地区大会を迎えた。

新チームでの初めての公式戦。宝塚西との初戦は、最終回に4点を奪われ8－9でまさかのサヨナラ負け。いきなりの窮地に立たされた関学は、続く敗者復活戦で県西宮を8－2、代表決定戦で宝塚東を7－0で下し、辛くも地区大会を突破。続く県大会は、初戦で三木北に6－4で勝利するも、2回戦で明石南の好投手柴谷を攻略できず0－7で敗北。甲子園への道は事実上閉ざされた。兵庫県からは神戸国際大附属と育英がセンバツ出場を果たした。

2005年3月。秋の悔しさをバネに冬練を乗り越え、成長が期待された加古川合宿。ふたを開けてみると、まるで新チームが始まったばかりであるかのようにまとまりに欠けていた。ミーティングでは各々がチームに足りないものや自分にできることを考え、ノートに思いを記した。春の仕上げとなる岡山遠征を乗り越え、4月の春季西阪神地区大会を迎えた。

初戦で宝塚北に12－5、2回戦で県西宮に8－4と勝利し、県大会出場をかけ決勝で仁川学院と対戦。投手陣が1失点で踏ん張り3点リードで迎えた最終回、劇的な逆転サヨナラ満塁本塁打を浴び4－7で敗北。県大会出場と夏のシード権を逃した。

しかし、ここからが真骨頂だった。6月の滋賀遠征では、彦根東、八幡商、近江兄弟社といった強豪校に無敗の戦いを演じ、練習試合でのちに鳥取大会を勝ち抜き甲子園に出場した鳥取西に競り勝つなど、チームとして大きな成長を見せ、最後の夏に臨むこととなった。

2005年7月9日。167校166チームが参加し、第87回全国高等学校野球選手権兵庫大会が開幕。片山（報徳学園）、若竹（育英）、大西・有元（神戸国際大附属）、大前（社）、乾（東洋大姫路）など、左右の好投手が揃い、例年以上の激戦が予想された。

1回戦は、武庫之荘総合との対戦。3回に1点を先制されるも、4回に菅井の本塁打で同点に。しかし、6回、8回と1点ずつを奪われ、徐々に追い詰められる。迎えた8回、菅井の二塁打を足掛かりに代打萱野が中前打でつなぎ、塩澤の二塁打、青山の適時打、西尾卓のスクイズで一挙3点。終盤でついにリードを奪った。9回の相手の攻撃を0点に抑え、4－3で何とか初戦を突破。土壇場での控え選手の活躍もあり、総力戦で夏の1勝をつかんだ。

2回戦は、準シードの市神港との対戦。塩澤がテンポの良い投球で

メンバー29名
●主将 ●副将 ○マネージャー

投手	●	森本祐希
		天津悠介
		井上聡志朗
		尾形明宣
		塩澤直樹
		三上範敏
捕手	●	森實晋也
	○	加治木健剛
		新見遥平
内野手	●	徳永純平
	○	尾西晋伍
	○	曹祐仁
		宇多田周斗
		萱野雄介
		坂井裕紀
		巽英昭
		西尾卓
		橋本航介
		松井航佑
		松岡靖人
		山本健太郎
外野手	●	菅井裕介
	○	野村卓也
		井上泰英
		岩田惇
		尾嶋潤一
		粟田智史
		竹内知治
		南裕哉

流れを作り、打っては、初回、中山、塩澤の連続適時打で2点を先制。4回には山本の適時打などで2点を追加。6回に菅井の2点適時打で突き放すと、8回にも1点を奪いコールド勝ちを収めた。初戦とは打って変わり、投打が噛み合い7－0で快勝。7回まで1安打無失点と好投したエース塩澤、効果的に得点を重ねた打撃陣。チームとして大きな1勝で3回戦に駒を進めた。

3回戦は、1点差の接戦で神戸村野工業を押し切った西宮南との対戦。初回に1点を先制した後、2回に追いつかれるも、3回、西尾卓、青山の連続二塁打などで4点を奪い、試合の主導権を握る。5回に2点、6回に1点を追加し、7回にも駄目押しの3点。西宮南の反撃を振り切り、11－4で2試合連続のコールド勝ちを収めた。苦しかった初戦と快勝した2回戦を経験したことでチームが一つになり、非常に良い状態で4回戦に進出した。

4回戦は、2試合連続で10点以上を挙げてのコールド勝ちで勢いに乗るシード校、飾磨工業との対戦。初回に1点を先制され主導権を握られるも、3回に徳永の適時打、塩澤の二塁打など長短打を集め3点を奪い逆転。4回に菅井、徳永の連続適時打で2点、7回にも2点を加え、そのまま7－1で押し切った。塩澤が2回以降ほぼ完璧な投球で完投。終わってみれば集中打でシード校を圧倒し混戦のブロックを突破、16強に名を連ねた。

5回戦は、3試合で31得点、全てコールド勝ちと、危なげない戦いで勝ち上がった洲本との対戦。両者譲らぬ息詰まる熱戦のなか、5回に1点を先制される。関学もその裏、菅井の執念の打撃ですぐさま同点に。6回、関学バッテリーが洲本のスクイズを上手く外したものの、走者が残り、そこから洲本に連打を浴び始める。必死の継投も洲本打線の勢いを止められず一挙10失点。無念のコールド負けで、甲子園を目指した戦いは幕を閉じた。

関学が姿を消したあと、夢を託した洲本は準決勝で敗退。8強のうち7チームが公立校という大混戦は、決勝で姫路工業が神戸国際大附属に競り勝ち、甲子園出場を決めた。実力校では、報徳学園が5回戦で龍野実業に敗退、東洋大姫路も4回戦で滝川第二に、神戸弘陵は初戦で市西宮に敗れるなど、夏を勝ち抜く難しさを改めて思い知らされた。一方、前年秋の集中豪雨で大きな被害を受けた豊岡が初戦を突破、明るい話題となった。

第87回全国高等学校野球選手権大会で姫路工業は初戦で酒田南（山形）に敗退、兵庫県勢の夏が終わった。当時2年生の田中投手を擁する駒大苫小牧（南北海道）が史上6校目の大会連覇を達成、全国4137校の頂点に立った。

2005年7月24日。高砂球場を背景に撮った集合写真には、夏の太陽よりも輝く29名の晴れやかな笑顔が溢れている。

2005

2　0　0　6

文責 田中宏昴

2005年（平成17年）7月25日、上級生39名の中から選ばれた山田悠介主将を中心としたわれわれの学年が始動した。われわれのチームは、前年から主軸を打つ中山・青山の両外野手のほか、投手の西尾と捕手の北村など、夏の兵庫大会ベスト16で散った前チームからの経験が豊富であった。

新チームのスタートと言えば8月上旬にある恒例の豊岡合宿だ。3日間で出石球場と二つに分かれ、計12試合をこなした。過酷な豊岡合宿後は毎年遠征を行っているが、われわれの学年は奈良・和歌山へ遠征した。奈良・和歌山の古豪と試合を行い、郡山（奈良）と伊都（和歌山）の2チームには西尾の粘投でともに1－0で勝利を収め、チームとしての手ごたえをつかんだ。

そして8月の下旬、秋季県大会出場権をかけた西阪神地区大会が始まった。初戦から地区内では最大のライバルである仁川学院との対戦に。特に相手エースの阪本は球威抜群の好投手であった。しかし自慢の打線がつながり仁川に勝利。その後の県宝塚、宝塚東との試合にも快勝し、決勝ではバッテリーを中心に好選手が揃った甲陽学院相手に中山の同点本塁打に延長戦の末、菅原のサヨナラタイムリーで見事西阪神地区を1位通過した。

県大会の1回戦では篠山産業相手に下級生の飛嶋が先発し、中山の本塁打もあり6－2で勝利。2回戦の神戸西には西尾の投打にわたる活躍と青山の本塁打で7－0と快勝。そして3回戦の神港学園戦。強力打線どうしの対戦であった。先手をとったのは関学。神港学園先発の福泉（2010年ドラフトにて読売ジャイアンツに育成枠3位指名）の立ち上がりを攻め、3回を終わって4－0でリード。しかし、神港学園の逆襲もあり5回を終わって6－5で1点リードに状況が変わる。グラウンド整備後、さらに神港の猛攻を食らい最終的には8－13で惜敗を喫し、センバツへの夢が閉ざされた。

冬のトレーニングを乗り越え、3月のシーズン再開を迎える。加古川合宿、岡山遠征を行ったが、けが人も多く出てチームとして調子がなかなか上がらなかった。そのようななか迎えた春季西阪神地区大会。エース西尾、主砲中山をけがで欠き苦しいチーム状況に変わりはなかった。正田・飛嶋の下級生投手陣を頼りに勝ち進んでいったが、県西宮戦に9回二死から逆転3ラン本塁打を打たれ6－8と惜敗。夏のシード権を逃す。

春の悔しさをバネに、夏までの3ヶ月間多くの練習試合をこなしチーム力を鍛えた。そして抽選の結果、東洋大姫路ブロックに入った。

大会前の前評判では、中山・青山・山口の三枚看板はここ近年の関学のなかでは最も強力であると言われた。また、1番高見、2番樽井の上位打線も得点源になった。一方エース西尾のけがが響き整備が急がれた投手陣も、下級生の正田・飛嶋を中心に経験を積み戦う準備ができた。

2006年7月9日、第88回全国高等学校野球選手権兵庫大会が開幕。当時の兵庫県は、レベルが非常に均衡しており、逆にどの学校にも甲子園出場のチャンスはあった。本命と言われたのがセンバツ出場を果たし、関学が秋に敗れた神港学園。報徳学園、東洋大姫路、神戸国際大附属といった私学勢を中心に展開していくのでは、と言われた。そのなかに関学の名前もあり、3回戦で当たる東洋大姫路戦が序盤の山場だと考えられた。

7月16日、夏の暑い日差しが差し込むなか、春日球場にていよいよ関学の初戦。相手は神戸北。初回から小刻みに点を重ね、5−2とリードをして5回を終える。しかし7回の表。このイニングを抑えれば試合成立。そう思った瞬間、大きな雷鳴が鳴り出した。試合は一時中断。選手が引き揚げてまもなくして大雨が降りだした。約1時間後、試合はノーゲームとなり神戸北との試合は仕切り直しとなった。さらに連日の雨で神戸北との再試合が6日も伸びて7月22日となった。コンディションの調整が非常に難しかったが、再試合は中山のけがからの復活三塁打もあり7−0で快勝。

そしていよいよ7月24日。シード校である東洋大姫路と姫路球場にて、つまりアウェーのなか、戦いの火ぶたは切られた。東洋大姫路は、乾投手と林崎内野手といった投打の軸を中心とした優勝候補であった。試合前は「関学の打線vs東洋の投手陣」と言われ、低い雲が漂う姫路球場には、天気とは裏腹に試合前から両校の熱い応援団が盛り上がっていた。

関学の先発は正田。一方、東洋大姫路の先発は2年前、今井主将のチームが5回戦で東洋大姫路を破ったときに1年生ながら先発してノックアウトを食らった乾。リベンジに燃えていたであろう。関学は後攻。試合が動いたのは2回表。一死一、二塁から7番井上に正田が痛恨の左翼3ラン本塁打を打たれいきなり3失点。2回の裏、関学もすかさず反撃。二死一塁から先発正田に代打主将の山田。乾の渾身のストレートを打ち返しレフト線に二塁打。二死二、三塁となり1番高見が遊撃手に強烈な打球を放つ。これを東洋大姫路の林崎が後逸。ランナー二人が返り2−3と1点差に。二番手として上がった飛嶋が東洋大姫路打線をキレのあるスライダーで抑える。しかし関学も乾の緩急ある投球に苦しみ追いつくことができず、7回に痛恨の追加点を奪われる。試合は最終回へ。9回死一塁から途中出場の稲場が強烈なゴロを遊撃手へ放つ。しかし、これを林崎が今度は捕球し、まさかの併殺打によって東洋大姫路に2−4で敗れた。

われわれの甲子園出場をかけた戦いは3回戦というあまりに早すぎる終わりであった。しかし、東洋大姫路はその後の兵庫県大会を勝ち上がり甲子園に出場し、昨秋は敗れた神港学園もセンバツに出場した。そのような両チームと接戦の戦いができたことを誇りに思う。

その後の全国大会は早稲田実業の斎藤や駒大苫小牧の田中の活躍で近年の高校野球ブーム再来を呼ぶ大会となり、早稲田実業が初優勝を遂げて第88回の夏は幕を閉じた。

メンバー 34 名

●主将 ●副主将

○マネージャー

投手		石田一樹
		泉川卓也
		富井和哉
		西尾範洋
		津田浩平
捕手	●	北村康祐
	○	中谷純
内野手	●	芝野悦郎
	●	高見翼
	○	樽井聡佳
		姉川卓司
		飯田恭平
		石川信也
		菅原一真
		瀧川修生
		竹田幸平
		田中宏昂
		中野太郎
		吉川周希
外野手	●	山田悠介
	○	高田芳真
	○	林亮介
		青山紀之
		青山寛史
		稲場啓輔
		岸本大輔
		小林優友
		宗和佑磨
		高橋良典
		中野雅也
		中山慎一郎
		西蔵悠
		福田晃史
		山口拓哉

2007

文責 **贄川誠史**

「チームワーク」。
人生の中で大切なことを教えてもらえた貴重な時間でした。

高校野球。そこには多くのドラマがあり、喜びや悔しさ、感動を先輩方の数々の試合を見るたびに感じ取っていた。そして前年度チームからバトンを受け継いだ7月22日、私たちは甲子園出場という先輩方の想いを胸に船出をした。前年度チームから両エースの飛嶋、正田、捕手の布施が残り、守りを中心に豊岡合宿では12勝1敗。東海遠征では、東邦などの強豪に互角以上の戦いをするなど充実の内容で秋季大会に臨んだ。西阪神地区大会は危なげなく連覇し、自信をもって県大会を迎えた。対するは、西播の雄、龍野。ここまでの仕上がりが順調に来ていただけに少し浮かれていたのか、試合前のアップから何かまとまりに欠けていた。「このままでは負けるかもしれない」と副将の中根がポツリ。その言葉どおり、右のエース飛嶋の制球が定まらない。甘いボールを痛打され、試合の主導権を握られる。焦りからいつもの動きが見られず、ボール打ちが目立つ。野手もエラーが続き、追加点を奪われる。一つのアウトがなかなか取れない。代わった左の速球派正田も痛いダメ押し点を与える。意地の反撃はみせたものの、悔いの残る敗戦であった。甲子園への切符は夏へ持ち越された。今大会、1年生エースの近田(現ソフトバンク)を軸とした報徳学園が圧倒的な総合力を見せつけ、順当に近畿大会出場を果たした。決勝では中田(現日本ハム)が一世を風靡していた大阪桐蔭に5－1で勝利し、センバツ出場が決定的となった。また、八木主将、左エースの河津を中心とした市川もセンバツ出場が確定的となった。

上には上がいる。近畿大会を終え、痛感した。ただどこかで可能性も感じていた。なぜなら、今のチームの課題が明確になっていたからである。個々の身体能力が優れていただけに「我」を主張したプレーが目立ち、しっかりアウトを一つ取ることや、ボール球を振らないなど、基本的なことが疎かになっていた。そして何より一番の課題であったことは「チームワーク」。その一言に尽きた。

冬。気持ちを新たに、基礎練習を多く取り入れたメニューに汗水を垂らし、体を鍛え上げた。そしてそのなかでミーティングを繰り返し行い「全員野球」という言葉が毎日のように飛び交うなか、チームの方向性を確かめ合いながら底上げを図った。

冬が明けると四国遠征、さらには毎年恒例の加古川合宿が行われた。このとき、試合のなかで「一つずつ、一つずつ」といった声やファーストストライクから積極的に打っていくなどといった秋には見られなかった姿を見てとることができた。まとまりが生まれはじめていた。

4月。春季地区大会が始まった。初戦の2回戦、西宮甲山に11−0、3回戦宝塚北に7−0。決勝戦では宝塚東に10−0で勝利した。危なげなく全試合コールド勝ちを収め昨秋に続き優勝し、県大会出場を決める。その県大会でも、初戦の加古川北戦では1点ビハインドのなか、藤野のセーフティーバントから流れをつかみ逆転勝利に結びつけた。2回戦では優勝候補の神港学園と接戦を演じ、惜敗したものの地力の底上げができた。

5月、6月と夏が近づくにつれチームは実力を伸ばしていった。素材の良い2年生の活躍が目立ち、3年生との良い意味での刺激が生まれていた。2年生と3年生のバランスが課題になったが、このころには最大のテーマである「チームワーク」に気づいていた。皆がチームのために何ができるかを考え、主体的に動いていた。特に6月は強豪との対戦が多く、仕上がりを確認する良い時期であっただけに目の色は変わった。社、洲本など県内の有力校に競り勝ち、春の滋賀チャンピオンの彦根東、京都大会優勝の立命館にいずれも連勝し、チームは波に乗った。間違いなく一つの方向を向いていた。

抽選も決まり、シード校の関学のブロックには、中堅公立校の多くが集まった。腰をおとして、しっかり立合いをすれば上位進出も可能だ。チーム発足以来「県内ベスト4に入れる地力のあるチーム」とおっしゃっていた広岡監督の言葉が現実味を増していた。最後の夏はやってきた。

飛嶋、正田の完封リレーで2回戦の宝塚東、3回戦の宝塚西に勝利。4回戦も前試合の飛嶋に続き、中根の強烈な本塁打が飛び出し、8−1で7回コールド勝ち。ベスト16に進出し、再度抽選が行われ、5回戦は公立の好チーム福崎との対戦。5−2で完勝した。

準々決勝の明石南戦、序盤から猛攻をしかけ、ゲームの主導権を握る。エース飛嶋が3安打完封、13奪三振の快投で危なげなく7年ぶりのベスト4入りを決めた。この試合前のキャッチボール中、準決勝の対戦相手のアナウンスが流れていた。報徳学園。優勝最有力候補だった。「勝利する確率は1%」と広岡監督。全員でぶつかるしかなかった。運命の準決勝。3回に田中、桜井の安打で先制。夢の舞台に近づいたと思われた。だが、その裏に反撃を浴び、力及ばず敗退。ベスト4という結果に終わったが、試合後のメンバーの表情はすがすがしかった。この大会で応援賞をもらうことができたことは、メンバーのために必死になって応援し全員が一つの方向を向いていた証だと、悔いのない「全員野球」を物語っていた。報徳学園の優勝で幕を閉じた今大会、人間的に一まわり成長し、仲間の大切さを身にしみて感じた。人生の大切な財産になったことは間違いない。139名全員に感謝。

メンバー39名

●主将　◍副主将

○マネージャー

投手		片山竜太			辻本健太
		津田薫			岡田涼佑
		林祐也			久米純貴
		藤幸太			櫻井武人
		藤川僚介			井藤健太
		飛嶋真成			黒木龍作
		正田暁之			田中秀和
		北山大輔			臼井博輝
		関拓磨			藤本翔
		福冨治輝			米谷斗志
捕手	◍	布施雅士	外野手	●	贄川誠史
	○	西脇雅人		◍	中根遼
		鈴木大樹		○	小原一真
		奥野勇人			塩見謙人
		水口翔太郎			渡真利真央
内野手	◍	上田浩之			藤野貴
	○	竹本大介			垣添悠太
	○	武内唯史			永井和義
					中川景一朗
					鈴木圭悟
					萬代吉浩

文責 **石井孝典**

「全員野球」これが私たちのチームモットーである。自分が試合に出る出ないに関係なく、自分がチームのために、何ができ、何をしなければならなのかを考え行動する。これが「全員野球」である。また自分たちは、多くの人たちの支えのなかで野球ができているという『感謝』の気持ちをもって、日々練習に取り組んできた。

私が3年生になった年には、私を含め39名の3年生がおり、全学年を合わせると130名を超える大所帯であった。ひとりでこのチームを牽引していくことはとても大変なことである。しかし、私には、頼りになる仲間がいた。一緒になってチームを引っ張り、またチームについて悩んだりもした。どうすれば試合に勝つことのできるチームを作れるのか語り合った。主将は私ひとりではなく、3年生39人全員が主将であった。すべては甲子園で野球をするためであった。

私たちが始動したのは、7月29日である。8月に入ってすぐ北陸へ遠征をした。初戦の相手は、福井工大福井。甲子園にも出場した強豪校である。勇んで臨んだ第1戦、コテンパンにやられてしまった。新チームとしては手痛いスタートとなった。その後も、遊学館や高岡第一といった名門校と試合をした。どれも厳しい試合ではあった。しかし、その分チームや自分自身の課題を見つけることができた。遠征後、豊岡合宿を経て秋の地区大会を迎えた。決勝で県立西宮に3－9という大差で敗北した。遠征、合宿を通して、自分たちの課題は見えていたはずである。しかし、それを克服できていなかった。自分たちはまだまだ弱いと痛感した試合だった。

兵庫県大会は準々決勝まで進むことができた。しかしあと一歩のところで神戸弘陵に2－3で敗れベスト8。スタンドの皆を甲子園に連れて行きたかった。結局その年は、東洋大姫路がセンバツに出場した。

もう負けたくない。そう思い、オフシーズンは例年よりも走りこみ、チームについて話し合った。結果、悔いのない練習ができ、選手ひとりひとりの力がつき、またチームの層もよりいっそう厚くなった。

待ちに待った春の地区大会。私たちは順調に勝ち上がり、決勝戦へと駒を進めた。決勝の相手は秋の地区大会決勝で敗れた県立西宮である。春の地区大会は1校しか兵庫県大会に出場できないので、絶対に負けられない。野球部員一同気合を入れて決勝に臨んだ。しかし、その気合が空回りしてしまったのか、初回から一方的な攻撃を受け、5回を終わって0－9とコールドすれすれのゲーム展開だった。途中で雨が降り始めた。6回裏の攻撃でやっと2点を返し2－9の7点差。雨も次第に強くなり始め、迎えた7回裏の攻撃。この回に1点でも取られたら7点差でコールド負けとなる。スタンドの声援がまた一段と大きくなった。その声援が私たちグラウンドにいる選手たちに力を与えてくれた。「こんな雨の中、必死でオレたちのことを応援してくれてるんや。あいつらのためにも絶対勝つ」。グラウンドにいる選手皆が強く思った。すると今まで噛み合っていなかった歯車が一つ、また一つと噛み合い始め関学野球部本来の力を取り戻した。これまで静かだった打線も勢いを取り戻し、この回に2点を返しコールドゲームを避けることができた。9回表に1点を失い4－10で9回裏最後の攻撃を迎えた。監督の指示は「0アウト満塁を作る」。勝つにはそれしかなかった。先頭打者が塁に出た。次の打者もしぶとくつなぐ。次の打者も。塁はランナーで埋まり、本当に「0アウト満塁」を作ることができた。スタンドのボルテージは最高潮に達した。攻撃の勢いは止まらず、1点、また1点と点を返していった。関学の応援歌が鳴り止まない。一死満塁。私は三塁ランナーだった。そして、そのときが来た。バッターが打った打球は右翼手の頭を越えていった。私は同点のホームを踏みサヨナラのランナーを迎えた。11－10のサヨナラ勝ち。私たちは最大9点差あったゲームをひっくり返したのだ。このゲームは、誰かが活躍したからではなく、チーム全員が、グラウンドとスタンドが一体となり、部員全員の力で勝利をもぎ取ったものだ。試合後スタンドの仲間たちと抱き合い、喜びを分かち合った。あのような雨の中、傘もささず、最後まであきらめず、必死で応援してくれたチームメイトには本当に感謝の気持ちでいっぱいだ。この先何があってもあの日のことは忘れないだろう。

兵庫県大会の初戦の相手は加古川北だった。私たちは自分たちのチカラを十分に発揮することができず1−3で敗れた。

これはまずい。このままでは夏の大会に勝ち上がることができない。私たちはミーティングを重ね、さまざまな実践練習を試みた。すべては夏の大会に勝ち、皆で笑うためだ。大会が近づくにつれ、練習できるメンバーが限られてきた。しかし、そんなことにもかかわらず、皆自分がチームのために何ができるかを考えて動いてくれた。

夏の甲子園大会はその年で90回目を迎え、地元兵庫県は東西二つに分かれ、2校甲子園に出場できるというビッグチャンスである。

皆で甲子園に行きたい。その思いをもって夏の大会に臨んだ。しかし、現実は思った以上に厳しかった。4回戦で伊丹西に敗れ、私たちの夏は終わった。スタンドで必死に応援してくれた仲間たちに申し訳なかった。でも皆は笑顔で「キャプテンお疲れ様」と言ってくれた。こんな最高の仲間にめぐり会え、一緒に野球ができたことを誇りに思う。私は幸せ者だ。

この年、私たちは「全員野球」の象徴とも言える応援賞を獲得することができた。

私が、1年間主将としてチームを引っ張ってこられたのも、いつもそばにいてくれた仲間たちのおかげである。この野球部で、このメンバーで野球ができて本当に幸せだった。いつかまた、皆で集まって草野球でもしたいものだ。

最後になりましたが、私たちを温かく指導してくださった、澄田先生、芝川部長、広岡先生、コーチの方々。また、どんなに暑い日でも、寒い日でも、遠い球場へ足を運び私たちをサポートしてくださった保護者の方々、熱く応援してくださったOBの方々。私たちにこのような素晴らしい出会いと経験を与えてくださり本当にありがとうございました。

メンバー39名

●主将 ◎副主将

○マネージャー

投手		大城雄太
		岡崎晃典
		鍛治秀幸
		木本健太
		嶋井謙太
		田村彰久
		鳥内貴央
		中尾裕磨
		橋本港
		保宗大介
捕手	◎	廣田成則
		小溝啓文
		平子裕司
内野手	●	石井孝典
	◎	岡部恭介
	○	古川航己
	○	社翼
		有村祐貴
		荻野岬平
		尾野剛
		清見修也
		積光佑介
		瀬戸孝二郎
		高江直哉
		長谷川史貴
		田渕浩太郎
		灘井康裕
		西野祥平
		野元駿
		原田恭輔
		松井康二郎
外野手	◎	宮永翔太
	○	吉川由祐
	○	金丸拓
		伊藤央真
		中藤将太
		西川潤哉
		東野聖也
		松田隆宏

2008

文責 門田 玄

私たちのチームの最初の対戦相手は、夏の県大会決勝で当たることとなる育英であった。接戦をものにした、最高の船出であった。毎年恒例である豊岡合宿では、勝ち切ることのできない苦しい試合が続き、自分たちの未熟さを思い知った。関東遠征では、OBの協力もあり、神奈川の桐蔭学園や東京の早稲田実業など、名高い高校と試合を行わせていただいた。普段対戦しないチームとの試合で多くの刺激を受け、多くの収穫を得ることができた。豊岡合宿・関東遠征を経て臨んだ秋季県大会では3回戦、昨秋涙をのんだ神戸弘陵学園を相手に、我慢して我慢して競り勝った。迎えた準々決勝、滝川第二戦では、ミスもあり2－5で力負け。センバツの道は断たれ、残す甲子園へのチャンスは一度となってしまった。11月の下旬には、練習試合で滝川第二にリベンジマッチ。しかし、1－6と再び苦汁をなめさせられた。選手は各々、悔しさ・強い気持ちをもち、冬の練習に取り組んだ。互いが互いを刺激しあった、濃い冬の練習期間ではなかっただろうか。

冬を越えた加古川合宿では確実に力もつき、成長の大きさがうかがえた。直後に行った徳島遠征へは上級生のみで臨んだ。結果は全勝と、冬の努力が結果として現れた。春季県大会では、初戦にいきなり強豪東洋大姫路と激突。関学が先制し、追いつかれ、再び引き離すも最後はサヨナラ負け。行ったり来たりのシーソーゲームは、最後は東洋大姫路に軍配が上がった。最後のセカンドへ上がった小フライ、あと少しで捕れた数cm、その数cmがチームの団結力を深め、その後のチームを強くしたのは間違いないであろう。5月の初めには、関西学生野球連盟のご厚意を得て、甲子園球場で関大一高と試合をさせていただいた。大阪の強豪と最高の舞台で、最高のプレーのできた日であった。その翌日の三田学園戦では、チームのキーパーソンであり柱である、山崎裕貴が投手としてデビュー。ベンチを「あいつどこまで器用やねん」と唸らせるほどのデビューであった。6月中旬には滋賀において遠征を行った。初日には近江兄弟社と、2日目には彦根東と試合を行い、それぞれ1勝ずつを分け合った。このころから自分たちの力を認識し、チームとしての勝ち方を知り、チームの調子も上がっていったように感じられる。その後も練習試合を重ね、日々強くなりながら7月15日の選手権兵庫大会初戦を迎える。

初戦は昨秋県大会ベスト4の三木北。力のあるチームに対して、「全員野球」で対抗。9－4で初戦をものにした。3回戦の川西緑台を9－0で破り、4回戦は市川。豊岡合宿では勝ち切れなかっただけに、何としても勝ちたかった。結果は6－2と勝利。ブロック突破に成功した。無事勝ち残り、5回戦の相手が報徳学園と決まる。甲東園対決、秋に行った練習試合では6－5と勝利していた。そして迎える運命の対決甲東園決戦。ぱらぱら降る小雨模様の中、初回関学3点先制。ホームランなどで追いつかれるも、このチームの象徴とも言える、つなぐ「全員野球」、スクイズでほしかった点をもぎ取り、重要な局面での失点を防いだ。結果は5

2　0　0　9

−4、関学ナインはマウンドへ猛ダッシュ、スタンドは大勢の選手が大粒の涙。最大のライバルと最高の試合を繰り広げたことを物語っていた。試合後のミーティングでは、ライバルに勝利し笑みもこぼれる選手に主将の窪が、「今日勝って納得しちゃいけない。次勝たないと意味がない。気を引き締めていこう」。選手の顔は引き締まり、全員が次の一戦へ同じ方向を向いた。連戦となった準々決勝の相手は神戸弘陵学園。雨によるコンディション不良で試合開始時間が遅れたにもかかわらず、選手の集中力は途切れなかった。2回に2点を先制、4回にも1点を追加。8回、9回の相手の猛攻にも耐え、3−2とロースコアの接戦をものにし、準決勝へと駒を進めた。準決勝は秋に二度負けている滝川第二。強い相手ながら、三塁側スタンドにはOBの方々、選手保護者、そして在校生の大応援団。日本一の応援を一身に受け、まさに「全員野球」で立ち向かった。初回に四球を絡めて2点先制、その後点は取れないものの、必死の守備で点をやらず、終わってみれば2−0で勝利。兵庫県で1−3年生、全員で野球をするただ二つの高校に残った。

そして7月30日、迎えた決勝戦、相手は育英。2年生バッテリーが軸となる強豪。スタンドは満員。明石球場で兵庫の頂点を決める試合が13時に始まった。6回終了時点で0−0。しかし7回に2アウトからセンターオーバーのタイムリー三ベースで、今大会初めて先制点を許した。それでもその裏、値千金の同点スクイズ、8回には満塁でライトへタイムリー、さらにセンターへ2点タイムリー。4−1とした。そこからウイニングボールがミットに収まるまでスコアを書く手は震えていた。結果は4−1。70年ぶりに兵庫の頂点に立った。

優勝からめまぐるしく変わったまわりの環境。毎日報道陣がやってくる。OBの方に激励に来ていただく。あっという間に初戦の酒田南戦を迎える。注目の左腕から3回、連続二塁打で2点を先制、4回に2点を返され同点とされるも、6回に2点タイムリー、8回、9回にも追加点を挙げた。結果は7−3。アルプスに新月が浮かぶ中、70年ぶりに空の翼の大合唱を甲子園球場に響かせた。

私たちのチームのラストゲームは8月17日、中京大中京。誰もが知る名門。しかし名前負けすることなく、ベンチ・スタンドすべて一つとなって一つの「勝利」をもぎ取りにいった。最後は実にあっけない幕切れではあった。しかし、最高の舞台で最高の相手と、最高の仲間とともに、最高のラストゲームを飾ることができたのではないだろうか。

ここまで最後まで頑張ってこられたのは、多くの人の支えがあってこそのこと。「感謝」。監督がずっと私たちに言ってきたこと。私たちがずっと大切にしてきたこと。この場を借りて、支えてきてくださったすべての人に「感謝」の気持ちを伝えたい。

メンバー 47 名

●主将 ◉副主将

○マネージャー

投手
新川紘耶
高橋将
大西悟史
戸田耕太郎
平田優也
平野巴章
澤村俊輔

捕手
◉ 山崎裕貴
○ 安藤広貴
竹村綺将
中塚輝
柴田一輝

内野手
● 窪大介
◉ 山崎純意
○ 登坂彰識
○ 門田玄
○ 佐藤友耶
武田雅史
大塚淳
小原真人
喜多将太郎
西尾慶祐
栗花隆志
西川真史
濱口昌紀
斉藤裕之
境亮人
福岡高希
笹山大生
山本翔太郎
米谷公佑
良原有祐

外野手
◉ 髙馬啓城
青柳彰
安食拓海
梅本裕之
小縣準
鳥内将希
梶本長之
永井大希
中塚宗一郎
小池亮太
西山直志
小柳陽平
雑賀一馬
大和裕貴
清水章吾

文責 圓尾 優

関西学院高等部野球部の歴史として今後も語り継がれることであろう、窪主将率いる前年度チームの70年ぶり夏の甲子園出場。次々と続く快挙にわれわれの代の選手は心を躍らせた。中京大中京戦、左中間スタンドに吸い込まれる白球を、われわれはアルプススタンドで見つめていた。そして、その翌日から新チームとしてスタートを切る。甲子園チームからレギュラーとして活躍していた木下と黒木が副主将としてチームに残る。新チームがスタートを切った当初は、テレビの取材が続くなど周囲のわれわれに対する視線が変わっていたこともあり、チームのどこかに漂う満足感があったことを思い出す。毎年恒例の豊岡合宿、県外遠征も行うことができず、いつからかチームの中の満足感が危機感に変わっていた。練習試合も10試合程度しかすることができず、十分な準備ができないまま初の公式戦である秋の県大会に推薦校として臨むことになった。

そのころ、日本列島を新型インフルエンザの猛威が襲う。高等部内で学級閉鎖が増えていくなか、野球部のなかでも次々と感染が広がっていく。県大会初戦前日のミーティングで「何とか9人揃うことができれば……」という広岡監督の言葉が今でも忘れられない。初戦の県宝塚戦は、チームの大黒柱である黒木がインフルエンザで欠場する形となり、厳しい戦いを強いられた。前田（崇）の鋭い打球が右翼手の後逸を誘い5－4での辛勝であった。この試合、平國は打っては三塁打を含む2本のヒットを放ち、守っては捕手でスタメン出場し試合途中でレフトへ、そして最後はリリーフ投手として勝利に貢献。一人三役の見事な活躍であった。次戦の社戦では、黒木が復帰したものの主将の圓尾、3番に座る津田がインフルエンザにより欠場。復帰した黒木は試合開始までメンバーに帯同することなく、一人明石球場のブルペンで隔離されていた。チームに重苦しい雰囲気が漂うなか、試合は始まる。初回に4点を先制され、急きょ2回から黒木がマウンドに上がる緊急事態。初戦に続き厳しい戦いとなり、終わってみれば4－11の大敗を喫してしまった。大会までの準備不足に加え、思いもよらぬ敵に苦しめられたわれわれは満足な戦いをすることができなかった。この大会は神戸国際大附属の優勝で幕を閉じる。そして神戸国際大附属は近畿大会でも頂点に立ち、センバツ出場を当確なものとした。大阪桐蔭の中田（現日ハム）が記録した高校通算本塁打数記録を更新した伊藤の神港学園もセンバツ出場を決定的なものとした。

この年、神戸国際大附属、神港学園だけでなくほかにも強豪校が兵庫には存在した。この夏の決勝で対戦した育英は、関学打線を苦しめた堀田－井村バッテリーが残りチームを率いた。また、社を筆頭に公立校にも力があった。ライバル校も皆、強敵揃いであった。われわれは冬の地道なトレーニングを積み重ね、来るべき新シーズンに向け、チーム全員で心を一つにした。

そして新シーズンが開幕し加古川合宿、徳島遠征を実施。徳島チャンピオンである小松島にも引き分け、チームとして地力をつけてきた。そして4月、公式戦で初めて登録メンバー全員がベンチにそろった。初戦の宝塚東に対しては7回コールドの8－1で勝利を収めた。続く仁川にも8－2、準決勝では雲雀丘に7回コールドの11－2、決勝では県西宮を相手に黒木が2本の本塁打を放ち6－1の勝利、危なげなく県大会出場を決めた。県大会初戦の相手は豊岡。2年生投手神谷の速球が相手打線をねじ伏せ、4－0の完封勝利を収め、夏のシード権を獲得。次の相手は実力ナンバーワン校の神戸国際大附属、6回まで互いにチャンスを作るが両投手も踏ん張り、ほぼ互角の戦いを進める。しかし、7回に3番田中に明石球場のバックスクリーンに本塁打を放たれ、実力の違いを見せつけられた。だが、試合途中までの互角に近い試合内容は手ごたえをつかみ始める。それからの練習試合においても、龍谷大平安や東洋大姫路といった強豪校にも勝利を収め、よい備えができて

2　0　1　0

きた。6月の滋賀遠征を終えるころには戦力も充実し、メンバー争いが熾烈になった。そして、いよいよ最後の夏を迎える。

開会式で70年ぶりの優勝旗を返還し、連覇をかけたわれわれの夏の大会は始まった。初戦の三田祥雲館戦は4回に逆転されるが、相手の右腕対策として大会直前にメンバー入りした前田（大）の4打点の活躍で、9−6と勝ち越し勝利を果たす。3回戦の須磨友が丘にも6−0で勝利。ブロック突破をかけた六甲アイランド戦は逆転本塁打を放たれた直後の4回、先頭の代打大西のライトスタンドへの本塁打をきっかけにたたみかけ、8回コールドの13−3でベスト16へ進出する。5回戦の相手はクジに託され、副主将の山田は市川との一戦を引き当てた。

7月25日、灼熱の明石球場第3試合目。相手は投手荒池、萬の二枚看板を擁する市川。序盤は双方決め手なく終わるが、4回に1点を先制される。6回からはエース吉田（圭）が救援。再び先頭から始まる打線につかまり、一死満塁のピンチを背負う。しかし、中犠飛の1点に食い止める。何とかしたい関学は、8回に先頭の代打吉田（拓）がバント安打、二死二塁から1番辻本が執念の内野安打で一、三塁とすると、2番前田（崇）が左翼線を破る適時二塁打で1点を返す。ようやく関学に流れが傾いてきた。打者は3番大黒柱の黒木。だが、ここで相手選手が足をつるアクシデントが発生。長時間試合が中断された。スタンドからは中断中も絶えずベンチに入れなかった選手の大きな声援が聞こえてきていた。これぞ関学の「全員野球」の姿であった。黒木は敬遠され、関学打線は追加点を奪えず最終回の攻撃へ。9回裏、二死三塁のチャンスを作るが、あと1本が出ず試合終了。われわれの連覇への夢はここで終わりを告げた。連覇へのプレッシャーにも負けない誇れる「全員野球」だったと言える。試合後、ロッカールームから出てくる選手をベンチ外の選手が迎え、悔し涙を流すナインに温かい言葉をかける姿が今でも脳裏に焼きついている。

メンバー 39 名

●主将　●副主将

○マネージャー

投手	●	**山田亮**
		石塚公一朗
		小田陽亮
		黒田健太
		河野稜太
		清水大誠
		平國祐樹
		松本雅之
		吉田圭佑
捕手	●	**圓尾優**
	○	**喜多徹弥**
内野手	●	**木下岳**
	●	**黒木秀太**
	○	**金田一皓世**
	○	**西本峻一**
		東翔平
		太田將樹
		越生大貴
		菅康二郎
		谷一樹
		谷口雅俊
		津田佳祐
		藤原拓真
		前田崇裕
		山下大貴
外野手	○	**土岐優貴**
		石田翔士
		大西朋綾
		高橋遼平
		辻本航太
		寺嵜孔希
		西本泰基
		服部彬
		原田晋吾
		平野亮輔
		前田大輝
		松浦大祐
		松岡誠也
		吉田拓斗

文責 **石井智也**

私たちの長いようで短い3年間が始まった。

窪主将率いるチームが甲子園に出場し、その過酷な道のりを目の当たりにした圓尾主将率いるチームが夏の県大会5回戦ベスト8をかけた試合で市川に敗れ、その試合の先発を任された神谷、内田、稲岡が残り、上田主将率いる新チームが始動した。改めて甲子園出場の過酷さを再認識したチームは27人という少ない人数ながらも全員で結束し、悲願の甲子園出場を目指し練習に励んだ。そして、臨んだ豊岡合宿。合宿の初戦の相手は市川だった。チーム力としてはまだまだ未熟だったものの、打線がつながり見事に6−2とリベンジを果たすことができた。順調に見えたチームだったが、そのとき私たちはまだ自分たちの心の弱さに気づいていなかった。そして鳥取・岡山遠征を終え、秋季地区大会を迎えた。初戦の相手は甲陽学院。毎年優勝しているという実績もあり、私たちのなかには根拠のない安心感と自信が生まれていた。その自信とは裏腹に、初戦から苦戦を強いられることとなる。何とかチーム一丸となり勝利を収め、3回戦、決勝へと駒を進め県大会出場を決めた。秋季県大会初戦の相手は長身から投げ下ろす力強いストレートが武器の雑賀投手率いる神戸科学技術。その評判どおりのストレートに圧倒されながらも、7回終わりまでに1点ビハインドと奮闘した。そして迎えた最終回の攻撃、ここで初めてチーム全体が一丸となった。1番上田、2番内田が打ち取られ絶体絶命の場面、ここから3番中田、4番稲岡の連続ヒット。そしてこの試合ノーヒットの5番栄沢。高々とライト方向へ飛んだ打球はベンチ、スタンドの想いを乗せたかのようにライトの頭上を越えていく逆転2点タイムリーとなった。そしてこの試合勝利を収めることができた。しかしこの試合で私たちが失ったものは大きかった。エース神谷の腰のけがによる戦線離脱だ。エースを欠いたチームの次の相手は2011年の夏の甲子園に出場した東洋大姫路と兵庫県大会で2日間にわたる死闘を繰り広げることになる絶対的エース井上率いる加古川北だ。エースが投げられないという苦しい状況の中、初回に1点は取るものの、その後、強打の加古川北打線に圧倒され5−1と完敗という結果に終わった。このときに初めてチームとしての層の薄さ、団結力のなさを実感させられた。そしてチームは心を入れ替え、より高い意識をもちつつ新たなスタートを切った。その後、兵庫の強豪滝川第二、育英、のちの2012年のセンバツ大会に出場する洲本などと試合を重ね、勝利を収めるごとに自信をつけていった。そして冬季練習を迎えた。不完全燃焼に終わった秋季大会の経験を生かし、春に向け、そして夏の目標である甲子園出場に向けて過酷な冬の基礎トレーニングに汗を流した。エース神谷の治療が順調に進んでいるのがチームにとって大きかった。4月の春季地区大会。初戦の2回戦は県立西宮に5−2、準決勝は宝塚東に中盤まで苦しみながらも代打石井のタイムリーなどで逆転し5−2、決勝では宝塚西に5−0と勝利し、春の県大会出場を手に入れた。

新1年生を迎え100人を超える大所帯で、夏の甲子園を目指し日々の練習に励んだ。迎えた春季県大会、初戦の相手は市川。7回を終わって1−3、8回裏関学は、上田、稲岡、八木の3連打で1点を返し、代打高橋の犠飛で同点に追いつく。だが、延長11回に勝ち越され延長11回の末に3−6で敗れた。自分たちの甘さが出てしまい、夏に向けてもう一度自分たちを見直すきっかけとなった。

2 0 1 1

夏の大会が近づき、上田主将を中心にチームが一つになり、6月の滋賀遠征を経て、3年生、そしてチームがまとまった。そして、いよいよ3年生最後の夏の大会が始まった。

初戦の相手は尼崎産業。まさに死闘と言える試合であった。5回を終わって1－4、プレッシャーからなのか普段の力が出せない。6回、代打石井、八木のヒットなどでついに試合をひっくり返す。しかし、粘る尼産は7回に追いつくと、8回に2点を勝ち越す。しかし、関学ナインは焦らなかった。8回、一死満塁から、2番内田が中前にはじき返し1点差。さらに、3番瀧上が押し出し死球で再び同点に。次の4番稲岡の二ゴロが本塁悪送球となり再逆転。5番高橋も中前2点適時打を放ち、尼産を突き放す。9回の攻撃を抑え、熱戦に終止符を打った。まさにスタンドと一つになった「全員野球」であった。続く3回戦の相手は姫路飾西。5回を終わって0－3。チャンスは作るがあと1本が出ない。初戦の流れそのままに関学打線は反撃を開始する。7回裏関学、代打三好が四球を選び、犠打で一死二塁。左飛で二死となるが、2番内田が中前安打で続き、二死一、三塁。ここで、3番石井が内野安打を放ち1点を返す。8回に1点を追加され、1－4で迎えた9回、しぶといバッター9番織田が死球、1番八木が左前、2番内田が中前打として無死満塁とする。ここで代打山平が練習どおりの見事な右打ちで1点を返す。一死後、5番栄沢の叩きつけた打球が相手のフィルダーズ・チョイスを誘い1点差、二死となり迎える打者は、主将上田。部員全員の想いを乗せた打球は相手のセンターのグローブに収まった。ゲームセットの瞬間、ナインは泣き崩れた。あと一歩まで迫ったが及ばなかった。目指していた甲子園出場はならなかった。この夏はエース原率いる東洋大姫路とエース井上率いる加古川北との決勝戦は再試合となり、最後は原擁する東洋大姫路が甲子園出場を手にした。悔し涙で終わった夏だったが、3年生全員にとってはもっている力をすべて出し切った夏だった。2011年の夏はこの先忘れることのない夏となった。「このメンバーで野球ができてよかった」と皆が思えるチームであった。

メンバー27名

●主将 ●副主将
○マネージャー

投手 ● 切原俊
安宅大史朗
神谷朋宙
小林昂太郎
後藤優希
橋本肇

捕手 ● 稲岡拓之
三好一生

内野手 ● 織田大輝
○ 松岡貴博
○ 山平真輝
内田健吾
栄沢省吾
高橋明大
武田大樹
土田拓馬
常森雄也
富満直斗
濱名敦至

外野手 ● 上田裕貴
○ 印藤泰徳
○ 丸吉洸太
石井智也
井上将志
瀧上壱博
西川拓毅
松本喬太

文責 鈴木太陽　河合祐輝
　　 新村亮太

新主将には鈴木が、副主将に江川、河合、武田がそれぞれ選出された。そんな新チームは出だし好調、豊岡合宿を好成績で終え、東海遠征でも古豪・強豪との連戦でチームは経験を積み、成長していった。昇り調子で迎えた初の公式戦となる秋季地区大会では投手の活躍が光った。初戦の宝塚を2−0、主戦木村の初完封で下すと、2回戦、宝塚東戦は序盤リードを許す展開になるが、二番手石丸の好投と打線の粘りで10−3、8回コールドでの決勝進出を決めた。迎えた仁川学院との決勝では中軸の活躍と木村が完投し、6−1で危なげなく勝利。地区大会優勝とともに県大会出場を決めた。

悲願のセンバツへ向けて関西学院は県大会でも力を発揮し勝ち進んだ。初戦の北条戦をバッテリー中心とした固い守備を見せて2−1で勝利し、2回戦明石戦では中盤までリードされる展開も、石丸・長谷の好リリーフと久保のファインプレー、小技を絡めた攻撃で5−3の逆転勝利を収めた。3回戦の相生産業との試合では、相手のエース清水に投打で苦しめられるも、山﨑、上田哲、木村の下位打線がチャンスを作り、上位が返す展開に持ち込み、投げても先発木村が踏ん張り1失点完投、3−1で勝利した。準々決勝、滝川戦では好左腕・玉井に対し江川、河合が活躍し、苦手としていた左腕を攻略、木村が完封で抑え2−0で完勝した。

そして近畿大会出場をかけた準決勝を迎えた。相手は強打を誇る育英。初回に1点を先制され、木村も早い回に降板。関学としては初回から苦しい展開になったが、二番手石丸が伸びる直球を武器に育英に傾きかけた流れを引き戻す。さらに石丸は5回裏の攻撃でチーム初安打となる2点適時二塁打を放ち逆転した。その後は関学・石丸と育英・山下の投げ合いが続くが、7回裏に外されたボールに4番中田が飛びつきスクイズで勝ち越し。勝利をつかみかけたかに見えたが、8回表に相手打者にランニング本塁打で逆転される。迎えた9回裏の攻撃、二死となり敗北の寸前、関学は驚異的な粘りを見せる。江川、久保の連打で二死一、二塁とし、4番中田がボールカウント3−2からの6球目、ランナーが一斉にスタートを切るなか、打球はセンター前に転がり、見事に同点に追いついた。その後も代打鈴木の四球で二死満塁とするもあとが続かず、試合は延長戦へ突入。延長13回の激闘のすえ見事サヨナラ勝利を収めた。

翌日の決勝は好投手田村擁する報徳学園との試合となった。試合は両チームのエースの投手戦となったが4回裏報徳の攻撃、5番、6番に連打され、その後も守備の乱れを突かれ、この回3点を奪われた。関学は6回に中田の内野安打で1点を返すが田村を打ち崩せず、最終回も一死一、二塁のチャンスを作るが後続なく試合終了。惜しくも優勝は逃したが近畿大会出場権を得た。

勝てばセンバツ出場の可能性が大きくなる初戦の相手は抽選の結果、全国区の強豪・大阪桐蔭。プロ注目の藤浪（現阪神タイガース）を有する同校との対戦は圧倒的な力の差を見せつけられた。序盤から1番森、4番田端を軸とする強力打線に何本もの長打を許し、投手藤浪からわずか2本しかヒットを打てず、すべての面で圧倒され、0−7の7回コールドで敗れた。この近畿大会では兵庫県勢は3校ともに1回戦で敗れ、大阪桐蔭も藤浪投手の負傷もあり

２　０　１　２

次戦で敗れ、天理が近畿大会を制した。

春季地区予選がはじまった。初戦の宝塚との再戦を9－1、県立西宮戦は10－3、8回コールドで勝利、決勝の西宮北戦では序盤は大量リードを奪うも中盤以降追い上げられ苦しい展開になるが6－3で逃げ切り、優勝。県大会出場とともに夏のシード権を獲得した。その県大会では2回戦で淡路と対戦し、総力を尽くすも相手のエースに2安打完封を喫し、4－0で敗戦。攻守ともに多くの課題の残る試合となった。

そしてチームが一つになり迎えた夏初戦。相手は強打を誇る神戸第一。相手にとって不足はなかった。悪いムードでスタートを切ったが、すぐに2回表に代打鈴木の1打で1点を返す。その後も1点ずつ返していき、6回表に同点、逆転し6－4で苦しみながらも勝利した。続く3回戦の神戸科学技術戦では初戦と違い序盤からリードを奪い、6回にも代打鈴木、江川、辻本の3連打で追加点を挙げて3－1の接戦で勝利した。4回戦では春の地区決勝以来となる西宮北との再戦となったが、木村・長谷の完封リレーで4－0の完勝だった。5回戦では左腕投手有する篠山産業と対戦した。中盤に4点を取り全投手の継投で相手の追撃を抑え、7－3で勝利した。準々決勝では尼崎双・産・東連合と対戦した。試合は、投手戦となったが5回表に江川の犠牲フライで先制。さらに6回表に無死満塁から河合がレフト前ヒットを放ち追加点を挙げた。投げては先発木村が相手打線を抑え込み、3－0で完封勝利した。準決勝では抽選の結果、加古川北とほっともっとフィールド神戸で当たることになった。実力はほぼ互角、最高の球場で行われた試合は、初回、相手の走塁と守備の乱れが重なり、3点を献上。その裏1番江川が三塁打で出塁、そのランナーを生還させ1点を返す。しかし傾いた流れは変わらず、2回に足を絡めた攻撃で2点、4回にも1点を加えられる。関学も再三チャンスを作るが相手投手西嶋を打ち崩せず、代打の切り札鈴木を守備に残す攻撃的な陣形に変えて逆転を狙う。3番手の石丸がロングリリーフで相手打線を封じるも、最後まで西嶋をとらえきれず、1－7で敗れてベスト4に終わった。秋の近畿大会で敗れた大阪桐蔭が史上7校目の春・夏連覇と国体優勝を飾った。

芝川部長、神谷副部長の最終年を甲子園出場で飾れなかった3年生には悔し涙が光った。しかし兵庫最多数部員を率いた鈴木主将が「兵庫で最強にはなれなかったけど、最高のチームだった」と語り、広岡監督が「こんなチームはなかなかない」と評したチームは笑顔で芝川部長を胴上げし、幕を閉じた。

メンバー52名

●主将 ●副将

○マネージャー

投手	●	武田悠輝
		石丸和志
		池田将
		木村聡志
		新澤祐貴
		田代健泰
		寺本彩人
		長岡賛
		中岡一真
		能勢和真
		前田有輝
捕手	●	河合祐輝
	○	川畑良行
	○	外山玲
		森博昭
内野手	●	江川遼治
	○	安達勇太
	○	松本伸也
		上田星
		大上司
		太田順也
		荻原汰二郎
		川口陽生
		北村翔
		根間大基
内野手		堺千尋
		坂本一樹
		新村亮太
		鶴留義基
		藤井大地
		松原徹
		三浦修平
		山口純平
		山﨑泰資
		吉川拓希
外野手	●	鈴木太陽
		太田慎也
		久保雄太郎
		小林領大
		小室祐樹
		坂本工宜
		佐々木大
		多岐龍星
		辻本岳史
		坪屋陽太郎
		中田盛太
		秦祐樹
		別府祥平
		宝田侑也
		八木直樹
		八木亮介
		横山就人

文責 勇 俊広

2012年(平成24年)7月27日、先輩たちの夏が終わった。次の日から新チームが始まった。選手たちは、先輩たちとの別れの寂しさ、自分たちのチームが始まったことに対する期待感などいろいろな心境だったが、何より不安が一番大きかった。強かった先輩たち。自分たちがあんな風に戦うことができるだろうか?

先輩たちに追いつこう。そんな意味も込めて、新チームの目標を近畿大会出場とした。そんななかで最初の練習試合を迎えた。相手は広島観音だった。そこで私たちはしっかり2勝することができた。翌日、春の甲子園に出場した鳥羽との試合にも勝利した。豊岡合宿でもまずまずの結果を収め、選手たちは自信をつけた。そして迎えた神奈川遠征。そこで私たちは地獄を見ることとなった。移動日として使われた遠征前日、選手たちはこれから予定されている強豪校との練習試合を楽しみにしていた。遠征初日、桐蔭学園との試合でいきなり0−8の3安打完封をくらった。完敗だった。翌日も慶応義塾に大差で敗れた。横浜商大との試合は1−1となんとか引き分けたものの勝つことができなかった。東海大相模にも大差で敗れた。「お前たちはひよこの集まりだ。お前たちのやっている野球は赤ちゃん野球だ」そんな監督の言葉からも感じ取ることができるように、まったくと言っていいほど関学の目指す野球ができなかった。遠征を終え、翌日の須磨学園との試合でも競り負け、チームはボロボロの状態だった。まわりの評価は別にして、選手たちは、地区大会で勝つことすら不安に感じていた。県立西宮との初戦は危なげなくコールドゲームをものにしたが、西宮北との2回戦、不安が的中した。4回に1点を先制されそのまま両チームがスコアボードに0を刻んだ。関学はチャンスを作るが1本が出ない、そんな展開だった。試合は8回まで進み、関学は追い込まれた。しかし、8回裏、2本のタイムリーで試合をひっくり返し、なんとか勝利を収めた。良い内容の試合ではなかったが、だからこそ、負けなかったことが大きかった。その後の宝塚戦、宝塚北戦でも勝利し、苦労しながらも西阪神地区1位で秋季県大会への出場を決めた。しかし正直に言うと、まだ、どうすれば勝てるのか、自分たちの戦い方をわからずにいた。県大会前最後の試合となった尼崎双星との練習試合。ここで私たちは自分たちの戦い方がやっとわかった気がした。4回まで点を取ることができない苦しい試合展開だったが、守りでしっかりと粘り、相手

メンバー57名
●主将 ●副主将
○マネージャー

投手
岩川明仁
勝野向陽
小林睦史
白須一世
中野椋
長谷篤
藤田潤哉
藤原拓磨
松本龍樹
丸田駿人
宮本駿
矢野優輔
吉田浩幸
吉野雄也

捕手
○ 岩崎亮祐
岡本健也
岡本拓海
● 片山薫平
辻尚也
○ 中村太一

内野手
荒井隆介
● 勇俊広
上田哲平
● 遠藤康平
小原生三
木山翔暁
阪口弘健
白井佑宜
高島大知
武林淩士
鳥羽俊臣
中井優人
中畑裕貴
中村祐嗣
能見俊吾
畑翔一朗
● 藤川直人
牡丹優輝
水田崇大
皆月祐也
○ 森井法行
山田将大
山本勝也

外野手
磯衛人
井上裕貴
伊原木翔
大垣智毅
尾崎岳
折田大晃
西田大志
樋口裕紀
藤井丈
本田達也
正木吟太
○ 三木春紀
三ツ野拳士朗
吉岡徳人

2 0 1 3

を0点に抑えていた。関学は5回に先制し、その後も効果的に得点を重ね結局11－0で勝利した。

自分たちの武器は集中力だ。粘り強く戦っていれば必ずチャンスがやってくる。そのようなことを確認して秋季県大会を迎えた。北須磨との1回戦、1－1の8回裏に勝ち越し点を挙げ勝利。2回戦、高砂に中盤で挙げた2点を守りきり勝利。市立尼崎との3回戦、0－0のまま9回まで試合が進み、9回裏、岡本健也のサヨナラヒットで何とか勝利した。福崎との4回戦、チャンスを作るが、なかなか点が入らない、いつもどおりの苦しい展開だったがエース長谷が延長12回を完封しベスト4進出を決めた。準決勝、報徳学園戦は、ここまで相手打線を完璧に封じ込め、チームを勝利に導いてきた長谷が前日12回を投げた影響で登板できないなか、選手たちは必死に戦い、14安打を放ち4得点と奮闘したが、守りの面で粘り切れず、4－8と敗れた。試合に負けたことは悔しかったが、報徳学園を相手に14安打4得点という結果を自信につなげ、北条との3位決定戦に臨むことを誓った。迎えた北条戦、3回に1点を先制したがその後、なかなか追加点が取れない苦しい展開だった。しかし全員でこの1点を守り抜き、見事に勝利した。こうして私たちは目標であった近畿大会出場を先輩たちに続き2年連続で成し遂げた。ここまで楽な試合は1試合もなかった。粘り強く戦っていればチャンスはやってくるという言葉を胸に、エース長谷を中心に集中力で勝ち進んだ。県大会を通して、自分たちの戦い方に磨きをかけ、チームとして成長できた。

秋季近畿大会の組み合わせが決まった。1回戦は履正社。昨年の近畿大会で対戦した大阪桐蔭と同じく大阪府大会の優勝校だった。しかし、選手たちの反応は前向きだった。「1回勝ったら甲子園やな！」そんな言葉が自然に出ていた。そして迎えた決戦の日。「誰もが履正社が勝つと思っている。失うものは何もないから一生懸命やるだけだ」。ミーティングでのそんな言葉を胸に選手たちは戦った。長谷の力投、レフトフェンスすれすれでの三ツ野の超ファインプレーなどもあり、相手に得点を許さなかった。しかし、攻撃面ではバントミスやチャンスでの1本が出なかったりと攻めきれずにいた。試合が動いたのは7回裏、履正社の攻撃だった。四球で出したランナーを二塁に置いてレフト前への先制タイムリーを許してしまった。長谷が52イニングぶりに取られた1点だった。0－1、屈辱の敗戦だった。悔しくて仕方がなかった。地区大会、県大会、近畿大会を通して自分たちの課題がはっきりとわかった。投手陣は底上げを図り、野手陣は得点力不足を解消することを誓った。冬を迎えた選手たちは、コーチの方々の助けも借りて、本当によく頑張っていたと思う。皆それぞれ、あの日の悔しさを忘れることはなかった。

そして、ようやくシーズンが始まった。私たちに残された甲子園のチャンスは、あと1回。たくさんの仲間たちと悔しさを味わい、冬の厳しい練習の日々を送った。だからこそ、全員で最後の夏、思い切り喜びを分かち合いたい。そして、たくさんの方々に支えられて野球ができているということを忘れてはならない。甲子園出場という形でその方々に感謝の気持ちを伝えたい。「履正社戦の、あの1点があったから……」いつか、そう言えるようになれれば良いと思っている。

文責 **河合大樹**

2012年(平成24年)、春。われわれは、関西学院高等部に入学。そして、野球部に入部した。入部当初、170人という部員数に皆が驚きを感じていたのではないかと思う。また、それぞれがさまざまな目標・希望・不安を抱いていた。

われわれが、初めて野球部として活動したのは、春の地区大会決勝戦の応援だった。関学のユニフォームに袖を通し、初めて先輩方を応援したことが印象に残っている。当日は、まだまだ会場に来る時間が遅く、遅刻する部員も多かった。試合終了後、指導係の先輩方から野球部のきまりや野球部員としての心得についての話があった。皆一様に、ぐっと顔が引き締まり、関学野球部員であることを新たに自覚した瞬間だった。

練習の初日には、大学のグラウンドで紅白戦を行った。この日に、お互いのプレーを初めて試合のなかで見たが、それぞれが部員ひとりひとりのレベルの高さを感じた。それと同時に、自分はこのなかでしっかりアピールしていけるのかという不安と、メンバーを勝ち取ってやろうという気持ちがよりいっそう高まった。そして、次の日からは指導係の先輩の指導のもと、応援練習や体作りのトレーニングが始まった。主に、甲山でのランやスタンドでの筋トレであった。毎日厳しい練習で、とても苦しい思いもしたが、それぞれが精一杯に頑張った。われわれはこの間に、「考えて行動する」ことを学んだ。自分たちは今、どのような立場で何をしなければならないのか。また、チームのために自分は何ができるのか、など、日々野球部で活動するなかで最も大切なことである。

7月を迎え、3年生最後の夏の大会が始まった。先輩方の好プレーに応援も一段と盛り上がった。そして、大会ベスト4という素晴らしい成績を残して引退された。3年生の皆さんは、まさにひとりひとりがチームのために動き、ベンチとスタンドの選手が助け合い一緒に戦う、という関学の「全員野球」になっていた。われわれも、このような「全員野球」を目標に、日々の練習時からチームのことを考えて行動したいと思う。

3年生の引退後、われわれはようやくボールを使った練習に参加できるようになった。そして、初めての合宿に参加した。集団活動の難しさを改めて感じた。ここでもまた、常に各々が周囲のことや次の動きを考えて行動することの大切さを学んだ。合宿終了後、秋の大会が始まった。われわれは、先輩方のサポートをしなければいけない立場だったが、なかなかうまく仕事をまわすことができず、まだまだ行動が甘かった。そんななか、2年生は兵庫県3位となり、2年連続で近畿大会に出場。初戦で敗れたが、甲子園まであと一歩のところまで勝ち上がった。われわれは、まだチームに対する貢献度が低いと思う。チームのために、もっともっと自分がしなければいけないことを考える必要があると感じた。

われわれ1年生全員で参加したのは、ルーキーズ大会である。この大会は、2学年前から開催され、公式戦をあまり経験していない選手が公式戦を体験できるように、という目的

2014

で行われている。過去2大会で、わが校の先輩方は2連覇という素晴らしい結果を収めていた。3連覇を目指し挑んだ第3回大会。初戦（2回戦）の対戦相手は、尼崎北。初めての公式戦ということもあり、うまく流れがつかめず、初回に先制され苦しい立ち上がりとなったが、2回に相田、久保田の連打で同点に追いつき、4回には勝ち越すことができ試合を優位に進めることができた。結果、投げては五十嵐が初回の1失点のみに抑え6－1で快勝した。

次の3回戦、北摂三田とはサドンデスでの決着となった。この日は朝から雨が降っており、チームの雰囲気も少し浮わついていた。そのせいか、フライが目立ちなかなか得点することができなかった。7回に一死満塁のチャンスを作るも、得点することができなかった。そして0－0で迎えた9回裏、北摂三田の攻撃。先頭打者の打球を河合が痛恨のエラー。ノーアウト二塁のピンチとなる。五十嵐がしっかりと踏ん張り、無失点で切り抜けサドンデスへ。稲岡がタイムリーを放ち、1－0でなんとか勝利した。

準々決勝の篠山産業戦では、豊田（大）のタイムリーツーベースで先制し、試合の主導権を握り得点を重ねた。投げては、五十嵐・大寺の完封リレーで4－0で勝利した。快勝だった。

そして、準決勝を迎えた。対戦相手は、三田松聖だった。グラウンドは、関西学院の大学グラウンド。この日も朝から雨が降っていたため、チームはグラウンドの水抜きの作業に追われた。皆が必死に作業し整えたグラウンドでの戦い。なんとしても勝利したい。皆がそう思っていただろう。しかしその反面、作業での疲労感が漂い少し嫌な雰囲気で試合がスタートした。初回、中西、久保田の連打で先制するも追加点をなかなか奪えず、流れをつかめずにいた。そんななか、3点を取られて2点ビハインドとなる。5回、8回の攻撃でなんとか追つくも、あと1本が出ず、勝ち越すことができなかった。9回裏に、長打を2本浴びサヨナラ負けを喫した。

3連覇を逃し、ひとりひとりが悔しさを感じる大会となった。また同時に、公式戦で勝つことの難しさを身をもって体験した。この悔しさを胸に、これからの大会にぶつけていきたいと思う。

われわれの代が第一に目指すは、秋の県大会出場。そして、3年連続の近畿大会出場である。またわれわれは、高等部が共学になる前の最後の男子校となる代である。なんとしても、甲子園に出場したい。

メンバー56名		**内野手**	**辰田耕征**
●主将 ●副主将			**中西恵吾**
○マネージャー			**深田開**
投手	**五十嵐裕汰**		**古澤裕介**
	池田正樹		**本庄梢吾**
	大寺晟司		**前垣内達哉**
	岡本弦大		**南秀太**
	梶佑太朗		**森下太郎**
	金志韓	**外野手**	**淡島良太**
	玉村光多郎		**安藤誠**
	平井裕人		**河合大樹**
	福元佑介		**北森聖士**
捕手	**上田陸人**		**小紫駿介**
	岡本崇晃		**杉岡兼太朗**
	籠谷健太		**髙橋伸太朗**
	喜田航司郎		**高山崚**
	下西光輝		**寺嶋杏祐**
	西村純		**豊田大晃**
	圓尾和穂		**豊田将己**
内野手	**相田誠二**		**中谷理暉**
	阿萬野友昭		**西本滉平**
	稲岡良紀		**橋本雄貴**
	大西祐輝		**廣島秀一**
	荻田一久		**星津崇人**
	奥井大貴		**松原奨**
	木下翔太		**松原毅**
	木綿勇人		**宮部康平**
	久保田卓		**山村浩平**
	酒井啓克		**弓岡敬太**
	生水義哉		

2 0 1 5

メンバー52名
●主将 ●副主将
○マネージャー

投手	飯田優気
	池下岳功
	竹下友馬
	昇祐樹
	舞田航
	前原大地
	湊瑞樹
	村上雄大
	安田怜央
	山崎佑斗
捕手	井澤寛士
	石田旭
	木山琢登
	谷川悠希
	並川大輝
内野手	勇威広
	岩根拓矢
	歌原成哉
	栄阪健太
	金谷健太
	河合駿佑
	木村知司
	久保謙太
	坂林慎平
	皿田将大
	島上恭翔
	下山逸平
	末武泰地
	高尾浩平
	髙倉康平
	長濱彰政
	中坊一成
	野上隼生
	水原貴樹
	妻鳥幹大
	薬師寺崇
	山下晃弘
	山本力也
	吉田紘基
外野手	金丸周平
	金原将佑
	古性孝陸
	阪本光
	高安亮太
	塚本泰成
	中口郁弥
	中山大夢
	原田雄登
	水方竜之介
	宮崎一樹
	山田大暉
	山本健登

文責　**広岡正信**

2013年入部生へのメッセージ

日本が直面する課題は少子高齢化。人口構成のアンバランスが社会福祉に不安を残す。同じことが、野球部でも心配だ。兵庫県有数の部員数はありがたいが、バランスに関して常に不安がつきまとう。それにもかかわらず、本年も厳しい入学試験を突破して多くの新入部員を迎えることができた。兄のあとを追う弟、全国中学校総体で優勝した主力選手たち、二けたの数の関学中学部生、総勢52名（2013年6月14日現在）が活動中。58名の3年生、56名の2年生と合わせて160名を超える部員がグラウンドをはじめ、学校周辺で汗を流している。すべての学年で50人を超えたことは、部員不足だったころを振り返ると、本当に隔世の感がある。「全員野球」の意味を噛みしめながら関学高等部の伝統の一ページに堂々と加わっていってほしい。これからの野球部生活に幸あれと祈りたい。

第3章

全体の記録・ランキング等の資料

本章を一瞥すると、関西学院高等部野球部がいかに歴史と伝統に育まれたクラブであるかが一目瞭然となります。関西学院発祥の地が近代西洋文明の入りやすい神戸であったという地理的なメリットにも恵まれて、野球部が日本でも相当早くから創設され、さらには諸先輩たちの活躍が積み重なって現在の実績へとつながっていくことがよくわかる資料です。

県秋季高等学校野球西阪神地区大会 1999（平成11）年

■1回戦…平成11年8月21日（土）

西宮北高〔西阪神〕（7回コールドゲーム）

TEAM	一	二	三	四	五	六	七	八	九	十	計
西宮甲山	0	0	0	0	0	0	0				0
関　学	1	5	0	2	1	0	×				9

西　小阪－鈴木

関　橋本、樋口、吉住、泉川－沢野

■2回戦…平成11年8月23日（月）

津門公園

TEAM	一	二	三	四	五	六	七	八	九	十	計
関　学	0	0	0	0	3	0	0	0	1		4
宝塚北	0	0	0	0	1	0	0	0	0		1

関　宮本－花谷

宝　樋口、橋本－沢野

■準決勝…平成11年8月26日（木）津門公園

TEAM	一	二	三	四	五	六	七	八	九	十	計
西宮北	0	0	0	1	0	0	1	0	0		1
関　学	0	0	1	0	0	0	2	2	×		5

西　宮本－花谷　　**関**　樋口、橋本－沢野

■決勝…平成11年8月31日（火）津門公園

TEAM	一	二	三	四	五	六	七	八	九	十	計
仁　川	0	1	0	1	0	0	2	0	0		4
関　学	0	0	0	0	3	0	0	0	0		3

仁　益田－北村　　**関**　橋本、泉川－沢野

秋季兵庫県高等学校野球大会 平成11年

■1回戦…平成11年9月12日（日）春日球場

TEAM	一	二	三	四	五	六	七	八	九	十	計
明石清水	0	0	1	1	0	0	0	0	0		2
関　学	1	0	0	1	0	2	1	0	×		5

明　岡田－三浦　　**関**　橋本、泉川－沢野

▽三塁打＝山浦（明）

▽二塁打＝末廣、稲葉（以上明）

松永、山下、柴田2、大庭（以上関）

■2回戦…平成11年9月23日（木・祝）尼崎記念

TEAM	一	二	三	四	五	六	七	八	九	十	計
関　学	0	2	2	0	0	1	0	2	0		7
姫路南	0	0	1	0	0	0	0	0	0		1

関　樋口、泉川－沢野　　**姫**　武内、鎌田－黒田

▽二塁打＝松永、沢野2、

大庭、樋口、館森（以上関）　田中（姫）

■3回戦…平成11年9月26日（日）明石球場

（6回コールドゲーム）

TEAM	一	二	三	四	五	六	七	八	九	十	計
関　学	2	3	2	0	3	1					11
東　灘	1	0	0	0	0	0					1

関　学	2	8	4	1	0	8	3
	振	球	犠	盗	失	残	併
東　灘	1	3	1	0	5	6	0

▽二塁打＝柴田、稲葉

▽暴投＝橋本、小園3　▽1時間36分

	関　学	打	安	点
④	松　永	4	2	2
4	小　城	0	0	0
⑥	辻　本	2	1	0
H6	塩　飽	1	0	1
⑦	山　下	2	1	1
⑨	大　庭	3	1	1
①	橋　本	1	1	1
H	永　瀬	1	0	0
1	山　本	0	0	0
H	鳥　谷	1	0	0
1	泉　川	0	0	0
⑧	樋　口	2	0	0
⑤	柴　田	3	2	0
②	沢　野	2	0	1
③	館　森	3	1	0
	計	25	9	7

	東　灘	打	安	点
④	大　当	2	1	0
⑧	1本山	2	1	0
②	陳	2	0	0
⑥	小　林	3	2	1
①8	8小園	2	0	0
⑦	笹　部	2	1	0
H	村　上	1	0	0
⑤	大　塚	3	2	0
⑨	森　山	2	0	0
③	貢　藤	1	0	0
H3	井　口	1	0	0
	計	21	7	1

■準々決勝…平成11年10月2日（土）姫路球場

TEAM	一	二	三	四	五	六	七	八	九	十	計
関学	0	0	0	0	2	0	0	2	0		2
東洋大姫路	0	0	1	1	4	1	0	0	×		7

関学	7	10	3	1	4	9	2
	振	球	犠	盗	失	残	併
東洋大姫路	2	6	5	0	0	7	2

▽三塁打＝米丸、小川、塩飽、佐々尾

▽暴投＝愛甲　▽2時間11分

関	学	打	安	点
④	松永	3	0	0
⑥	辻本	0	0	0
H6	塩飽	3	1	2
⑦	山下	0	0	0
R	田中	0	0	0
7	樋口	3	1	0
⑨	大庭	1	0	0
①8	橋本	2	0	0
⑤	柴田	4	0	0
⑧	伊藤	2	0	0
1	山本	0	0	0
1	泉川	1	0	0
②	沢野	4	0	0
③	館森	2	0	0
	計	25	3	2

東洋大姫路		打	安	点
⑥	佐々尾	3	1	0
④	米丸	3	2	1
⑨	鈴木	3	2	2
③	金谷	3	1	0
⑦	名田	3	0	0
⑧	田辺	3	1	0
②	小川	3	1	1
①	愛甲	2	0	0
1	山脇	1	0	0
⑤	永富	4	0	0
	計	27	8	4

県秋季高等学校野球西阪神地区大会 2000（平成12）年

■2回戦…平成12年4月2日（日）

仁川高ほか〔西阪神〕（7回コールドゲーム）

TEAM	一	二	三	四	五	六	七	八	九	十	計
西宮北	0	0	0	0	0	2	0				2
関学	0	0	0	5	1	1	2×				9

西　花谷、宮本－宮本、花谷

関　橋本－玉置

■3回戦…平成12年4月5日（水）

西宮今津高ほか［西阪神］

TEAM	一	二	三	四	五	六	七	八	九	十	計
関学	0	0	1	3	2	0	0	3	0		9
西宮甲山	0	0	0	0	0	2	0	1	0		3

関　福田、山本、牧－玉置、大庭

甲　小阪－鈴木

▽本塁打＝松永、大庭（以上関）

■決勝…平成12年4月7日（金）

津門中央公園［西阪神］（7回コールドゲーム）

TEAM	一	二	三	四	五	六	七	八	九	十	計
関学	3	0	0	0	0	0	2				5
仁川	5	1	2	1	0	0	3				12

関　泉川、橋本－玉置、大庭

仁　大野、益田－北村

第82回全国高等学校野球選手権大会 兵庫大会 平成12年

■1回戦　平成12年7月15日（土）高砂球場

TEAM	一	二	三	四	五	六	七	八	九	十	計
関　学	0	0	0	1	0	2	2	0	0		5
尼崎北	0	1	0	0	0	0	0	0	0		1

関　学	3	11	4	0	0	12	0
	振	球	犠	盗	失	残	併
尼崎北	4	2	2	1	2	11	2

▽三塁打＝館森　▽二塁打＝加島
▽捕逸＝宮本　▽2時間8分
○関学、中盤に決める

評　関学は1点を追う4回、館森の左中間三塁打で同点。6回に2点、7回には山本の2点適時打で試合を決めた。橋本－泉川－山本の好継投が勝因の一つ。尼崎北は水野が11四死球と崩れたのが誤算。6回、無死満塁の反撃機を無得点に終わったのが痛かった。

	関　学	打	安	点
④	松　永	2	0	0
⑤	柴　田	3	0	0
⑨	佐　井	0	0	0
H7	山　下	3	0	0
⑦9	竹　田	2	0	0
⑧	塩　飽	2	0	0
③	館　森	5	3	1
②	沢　野	4	1	0
①	橋　本	3	1	0
1	泉　川	0	0	0
1	山　本	2	1	2
⑥	辻　本	3	1	0
	計	29	7	3

	尼崎北	打	安	点
③	田中順	5	1	0
⑥	浅　尾	4	0	0
⑨	植　松	5	1	0
②	宮　本	4	1	0
⑤	加　島	4	2	0
⑧	三　浦	3	2	0
⑦	新　宮	4	2	1
①	水　野	3	2	0
④	有　田	1	0	0
H4	山　田	2	0	0
	計	35	11	1

■2回戦…平成12年7月20日（木・祝）
尼崎記念球場（5回コールドゲーム）

TEAM	一	二	三	四	五	六	七	八	九	十	計
関　学	1	0	10	1	0						12
多　可	0	1	0	1	0×						2

関　学	1	6	2	2	0	6	0
	振	球	犠	盗	失	残	併
多　可	5	4	0	0	3	7	1

▽三塁打＝橋本（多）
▽二塁打＝竹田2、竹本、大庭
▽暴投＝藤井　▽ボーク＝藤井　▽1時間28分
○12－2、関学5回コールド勝ち

評　力の差歴然、関学が先発全員安打の13安打で5回、12－2で5回コールド勝ち。1－1で迎えた3回、無死二塁から大庭の右中間二塁打で勝ち越すと、9長短打に2押し出し四球を絡めて一挙10点。

	関　学	打	安	点
④	松　永	2	1	2
⑤	柴　田	3	1	1
⑦	竹　田	3	2	1
7	伊　藤	1	0	0
⑨	大　庭	2	2	3
H9	島　谷	1	0	0
⑧	塩　飽	2	1	0
R8	佐　井	1	1	0
③	館　森	3	2	2
R6	辻　本	1	0	0
②	沢　野	3	1	1
①	橋　本	2	1	0
1	樋　口	0	0	0
1	泉　川	0	0	0
⑥3	小　城	1	1	1
	計	25	13	11

	多　可	打	安	点
⑧	藤　村	1	0	1
⑦	岡　田	3	0	0
⑨1	藤　井	3	0	0
③	藤本裕	3	1	0
⑥	橋　本	2	1	0
②	竹　本	3	2	1
④	藤本猛	1	0	0
H	藤原章	1	1	0
4	徳　平	0	0	0
⑤	竹　内	2	0	0
①9	島　田	1	0	0
	計	20	5	2

■3回戦…平成12年7月23日（日）
明石球場（延長10回）

TEAM	一	二	三	四	五	六	七	八	九	十	計
尼崎小田	0	0	1	0	0	1	0	0	0	0	2
関　学	1	0	0	0	0	0	1	0	0	1	3

	振	球	犠	盗	失	残	併
尼崎小田	5	3	5	1	3	10	1
関　学	4	4	4	1	1	9	0

▽三塁打＝大庭　▽二塁打＝西、沢野、佐井
▽捕逸＝西　▽2時間14分
○関学苦戦！。延長10回サヨナラ勝ち

評　関学が苦しみながらサヨナラ勝ち。2－2で迎えた延長10回二死二塁から佐井が右前へ二塁打を放ち、二塁走者の柴田が生還した。6回途中から救援した3人目の山本の好投も光った。尼崎小田は6回に鈴木太の中前打で一度は勝ち越したが、9回二死満塁の好機に決定打が出なかった。

関学・佐井外野手（殊勲のサヨナラ二塁打）「きょうは当たっていたので、決めてやろうと思った。打った瞬間から何をしたのか分からなくなった。接戦が多いので焦りはなかった」。

	尼崎小田	打	安	点
⑥	下　地	4	1	1
⑦	尾崎祐	5	1	0
①	上　原	4	1	0
②	西	4	1	0
⑧	鈴木太	4	3	1
③	高　島	3	0	0
⑨	河　村	2	0	0
9	魚　住	2	1	0
⑤	武　田	3	1	0
④	早　川	3	0	0
	計	34	9	2

	関　学	打	安	点
④	松　永	4	0	0
⑤	柴　田	4	1	0
⑧	竹　田	3	0	0
⑦	大　庭	2	2	1
1	泉　川	0	0	0
1	山　本	3	0	0
⑨	佐　井	5	3	1
③	館　森	3	0	0
②	沢　野	2	1	1
①7	橋　本	1	0	0
H7	山　下	2	0	0
⑥	辻　本	2	0	0
H	浜　田	1	0	0
6	小　城	1	0	0
	計	33	7	3

■4回戦…平成12年7月24日（月）尼崎記念球場

TEAM	一	二	三	四	五	六	七	八	九	十	計
関　学	0	0	0	0	0	0	0	1	4		5
仁　川	0	0	0	0	0	0	1	0	0		1

	振	球	犠	盗	失	残	併
関　学	6	11	0	1	0	10	0
仁　川	6	2	1	0	1	8	1

▽本塁打＝山下（仁）　▽捕逸＝沢野
▽2時間6分
○関学、9回に試合を決める4点

評　関学が9回、集中打で仁川を破った。1－1の9回一死満塁で柴田が右前打、敵失を誘って二者生還。さらに一死二、三塁から山下が中前打して、一挙4点。仁川は7回、山下の左越本塁打で先制したが、8回二死満塁であと一本が出なかった。

	関　学	打	安	点
④	松　永	5	1	0
⑤	柴　田	2	1	1
⑦	山　下	4	2	2
⑧	武　田	4	0	0
⑨	佐　井	3	1	1
③	館　森	5	0	0
②	沢　野	2	0	0
①	橋　本	4	0	0
⑥	辻　本	2	0	0
	計	31	5	4

	仁　川	打	安	点
⑨	中　尾	4	1	0
⑥	栄　森	3	0	0
⑧	坂　本	3	2	0
②	北　村	3	0	0
③	山　下	4	1	1
⑦	カルロス	4	0	0
⑤	山　田	4	0	0
①	益　田	3	1	0
1	大　野	1	1	0
④	久　我	3	0	0
H	平　畑	1	0	0
	計	33	6	1

■準々決勝…平成12年7月27日（木）姫路球場

TEAM	一	二	三	四	五	六	七	八	九	十	計
神港学園	3	0	1	0	0	0	0	0	0		4
関　学	1	0	0	0	2	1	1	0	×		5

投　手	回		安	振	球	失	責
登　喜	6		10	2	0	5	3
上　内	1		0	1	0	0	0
森	／		1	1	0	0	0

橋　本	9		12	2	1	4	3

▽本塁打＝谷川　▽三塁打＝後界、松永

▽二塁打＝登界　▽残塁＝神9、関8

▽1時間51分

○関学逆転勝ち、54年ぶりに4強へ

評　関学の逆転勝ち。1－4、4回を終わって2点をリードされていたが、5回沢野、橋本、辻本が3連打して満塁、佐井のタイムリーで2点を返し1点差に。6回には二死一、三塁から代打大庭が中前打を放って同点に追いついた。

勢いに乗った関学は7回決勝の1点を挙げる。無死一、三塁とし代打山下が左翼に犠飛を放って貴重な1点を奪い勝ち越した。結局これが決勝点になったのだが、6回に同点打を放った大庭、7回に決勝の犠飛を放った山下と代打策が的中したのが勝因の一つ。

関学先発の橋本は3回までに4点を失ったが、4回以後神港打線に適時打を許さず無得点に封じたのも勝利に結びついた。

神港学園は関学を上回る12安打を放ち快調の滑り出しを見せたが、中盤以降決定打を欠き1点差に泣いた。

	神港学園	打	得	安	点	振	球	犠	盗	失
⑨	野　上	4	0	2	0	1	0	1	0	0
⑦	井　上	4	0	1	0	0	0	1	0	0
④	谷　川	4	2	2	1	0	1	0	0	1
⑧	島　本	4	1	2	0	1	0	1	2	0
①31	登　喜	4	1	2	1	0	0	0	0	0
⑥	後　界	4	0	1	2	0	0	0	0	0
③	前　田	2	0	0	0	0	0	0	0	0
3	小　林	1	0	0	0	0	0	0	0	1
1	上　内	0	0	0	0	0	0	0	0	0
H	山　下	1	0	0	0	0	0	0	0	0
13	森	0	0	0	0	0	0	0	0	0
⑤	梅　津	4	0	0	0	0	0	0	0	0
②	林	4	0	2	0	0	0	0	0	0
	計	36	4	12	4	2	1	3	2	2

	関　学	打	得	安	点	振	球	犠	盗	失
④	松　永	5	1	1	0	0	0	0	0	0
⑤	柴　田	4	1	2	1	0	0	0	0	0
⑨	佐　井	2	0	1	2	0	0	2	0	1
⑦	竹　田	3	0	1	0	0	0	0	0	0
H7	山　下	0	0	0	1	0	0	1	0	0
⑧	塩　飽	1	0	0	0	1	0	1	0	0
8	伊　藤	2	1	1	0	1	0	0	0	0
③	館　森	3	0	0	0	0	0	1	0	0
②	沢　野	4	0	1	0	1	0	0	0	0
①	橋　本	4	1	1	0	0	0	0	0	0
⑥	辻　本	2	1	1	0	1	0	0	0	0
H	大　庭	1	0	1	1	0	0	0	0	0
R6	小　城	1	0	1	0	0	0	0	0	0
	計	32	5	11	5	4	0	5	0	1

■準決勝…平成12年7月29日（土）明石球場

TEAM	一	二	三	四	五	六	七	八	九	十	計
津名	0	0	0	0	1	0	0	0	0		1
関学	0	0	0	1	0	0	0	1	×		2

投手	回		安	振	球	失	責
浜野勝	8		7	2	7	2	2
橋本	9		5	2	0	1	1

▽二塁打＝小央、沢野

▽併殺＝津1、 ▽残塁＝津4、関10

▽1時間43分

○関学、接戦を制し61年ぶりに決勝進出

評 接戦に強い関学。この日も1点差ゲームを展開。きわどく津名を降した。関学・橋本、津名・浜野勝の好投で両校とも得点を奪えないまま序盤を終えた。関学が4回に1点を先行。すぐさま5回、津名が小央、高田の連続長短打で同点に追いつく。そして6回二死ながら一、三塁の勝ち越し機をつかみながら決定打を欠き逃したのが致命傷になった。

均衡が破れる気配が感じられないまま迎えた8回、関学は無死佐井が四球で出塁、館森の送りバントで二進、次打者沢野が右中間を破る二塁打を放って決勝点を挙げた。

津	名	打	得	安	点	振	球	犠	盗	失
②	飯田	4	0	1	0	0	0	0	0	0
⑤	相田	3	0	0	0	0	0	1	0	0
⑥	小柳	4	0	0	0	0	0	0	0	1
⑧	岩城	4	0	1	0	0	0	0	0	0
①	浜野勝	4	0	0	0	0	0	0	0	0
⑦	小央	3	1	2	0	0	0	0	0	0
⑨	高田	3	0	1	1	0	0	0	0	0
③	井高	3	0	0	0	2	0	0	0	0
④	西山	3	0	0	0	0	0	0	0	0
	計	31	1	5	1	2	0	1	0	1

関	学	打	得	安	点	振	球	犠	盗	失
④	松永	1	0	0	0	0	2	1	0	0
⑤	柴田	2	0	0	0	1	1	1	0	0
⑦	山下	4	0	0	0	0	0	0	0	0
⑧	竹田	4	1	1	0	0	0	0	0	0
⑨	佐井	1	1	1	0	0	3	0	0	0
③	館森	2	0	0	1	0	1	1	0	0
②	沢野	3	0	0	1	0	0	1	0	0
①	橋本	4	0	0	0	0	0	0	0	0
⑥	辻本	4	0	0	0	1	0	0	1	0
	計	25	2	2	2	2	7	4	1	0

■決勝…平成12年7月30日（日）明石球場

TEAM	一	二	三	四	五	六	七	八	九	十	計
育英	1	1	0	4	2	0	0	3	0		11
関学	0	0	0	0	0	0	0	0	0		0

投手	回		安	振	球	失	責
馬場	4		5	1	0	0	0
橋本	5		4	4	1	0	0

橋本	3		9	2	1	6	6
山本	1		2	0	0	2	2
泉川	3		4	2	2	3	3
樋口	1		0	2	0	0	0

評 育英の一方的な勝利。1回、川原が右越三塁打、藤村の内野ゴロで生還。2回には上野の左前打、馬場の右前打で一死一、三塁とし武田の右犠飛で1点と快調な滑り出し。

4回、育英は決定的と思える4点を挙げた。二死満塁で藤村が左線二塁打、栗山の中前打で“勝負あった”の計6点、橋本をKOした。5回にも育英の攻撃はつづく。上野左前打、山下右中間三塁打などで2点を加えた。8回にも3点を加えて11点。投げては先発した馬場が4回を6安打、無失点に抑え、5回からつないだ橋本は4安打、0点と完封リレーをやってのけた。

関学は再三、無死走者を出し、6回を除く毎回の10安打を放ちながら決定打を欠き10残塁の拙攻、1点も取れずじまい。61年ぶりの夏の甲子園を逃した。関学の決勝戦敗退は昭和21年以来のこと。

	育英	打	得	安	点	振	球	犠	盗	失
⑤3	川原	3	2	1	0	0	2	0	0	1
②	藤村	3	2	1	4	0	1	1	0	0
⑦	栗山	5	1	3	2	0	0	0	0	0
⑨	片山	5	0	2	2	2	0	0	0	0
⑧	小林	5	0	1	0	1	0	0	0	0
⑥	上野	4	2	2	0	0	0	0	0	0
6	堀	1	0	0	0	1	0	0	0	0
③5	山下	5	2	2	1	0	0	0	0	0
①	馬場	2	0	1	0	0	0	0	0	0
H	藤田	1	0	0	1	0	0	0	0	0
1	橋本	2	0	0	0	2	0	0	0	0
④	武田	3	2	2	1	0	0	1	0	0
4	小山	0	0	0	0	0	0	0	0	0
	計	39	11	15	11	6	3	2	0	1

	関学	打	得	安	点	振	球	犠	盗	失
④	松永	5	0	1	0	0	0	0	0	0
⑤	柴田	4	0	0	0	0	0	0	0	0
⑦	山下	4	0	2	0	2	0	0	0	0
7	伊藤	0	0	0	0	0	0	0	0	0
⑧	竹田	1	0	0	0	0	0	0	0	0
H8	塩飽	3	0	1	0	1	0	0	0	0
⑨	佐井	3	0	2	0	1	0	0	0	0
6	小城	1	0	0	0	0	0	0	0	0
③	館森	3	0	0	0	0	0	1	0	0
②	沢野	4	0	0	0	0	0	0	0	0
①	橋本	1	0	0	0	0	0	0	0	0
1	山本	0	0	0	0	0	0	0	0	0
H	島谷	1	0	1	0	0	0	0	0	0
1	泉川	1	0	0	0	0	0	0	0	0
1	樋口	0	0	0	0	0	0	0	0	0
H	浜田	1	0	1	0	0	0	0	0	0
⑥	辻本	2	0	1	0	1	0	0	0	0
H9	大庭	1	0	1	0	0	1	0	0	0
	計	35	0	10	0	5	1	1	0	0

県秋季高等学校野球西阪神地区大会 平成12年

■2回戦…平成12年8月23日（水）

津門中央ほか［西阪神］

TEAM	一	二	三	四	五	六	七	八	九	十	計
関学	0	2	0	0	0	0	0	0	0		2
宝塚西	0	0	0	0	0	0	0	1	0		1

関 冨山、佐藤－玉置

宝 大前、北野、沢田－阪下

■準決勝…平成12年8月28日（月）

津門中央ほか［西阪神］

TEAM	一	二	三	四	五	六	七	八	九	十	計
関学	0	1	0	1	3	0	0	0	0		5
宝塚北	0	0	0	0	0	1	0	1	0		2

関 福田、佐藤－森、玉置

宝 大前、北野、沢田－阪下

■決勝…平成12年8月31日（木）

鳴尾浜［西阪神］

TEAM	一	二	三	四	五	六	七	八	九	十	計
関学	0	0	0	0	0	0	4	0	0		4
仁川	1	0	5	0	2	1	1	0	×		10

関 福田、冨山－森、玉置

仁 杉本、鷲岡－西口

秋季兵庫県高等学校野球大会 平成12年

■1回戦…平成12年9月17日（日）春日球場

TEAM	一	二	三	四	五	六	七	八	九	十	計
龍野	1	0	0	0	0	0	0	0	0		1
関学	2	1	0	0	4	0	0	0	×		7

龍 原田、井戸－上野

関 福田、佐藤、冨山－玉置、森

▽二塁打＝大江（関）、小林（龍）

■2回戦…平成12年9月30日（土）

明石球場（7回コールドゲーム）

TEAM	一	二	三	四	五	六	七	八	九	十	計
神戸国際附属	0	0	2	0	4	0	2				8
関学	0	0	0	0	0	0	0				0

神 坂口－尾本

関 福田、佐藤、吉住、冨山－玉置、森

▽本塁打＝向良、坂口（以上神）

▽二塁打＝向良、大槻（以上神）

県春季高等学校野球西阪神地区大会 2001（平成13）年

■2回戦…平成13年4月2日（月）

津門中央［西阪神］（5回コールドゲーム）

TEAM	一	二	三	四	五	六	七	八	九	十	計
宝塚西	1	0	0	1	1						3
関学	1	3	0	5	4						13

宝 塚田、岡田－中井

関 宮崎、冨山－玉置

■準決勝…平成13年4月4日（水）

津門中央［西阪神］（7回コールドゲーム）

TEAM	一	二	三	四	五	六	七	八	九	十	計
関学	3	1	1	1	3	0	2				11
宝塚北	0	0	0	0	0	0	0				0

関 宮崎、冨山－玉置、森

宝 大前、北野、大前－阪下

■決勝…平成13年4月6日（金）鳴尾濱［西阪神］

TEAM	一	二	三	四	五	六	七	八	九	十	計
関学	0	1	1	0	0	0	0	0	0		2
仁川	1	1	1	0	2	0	1	0	×		6

関　吉住、牧、宮崎－玉置、森

仁　益田、杉本－西口

▽本塁打＝亀山、片山（以上仁川）

第83回全国高等学校野球選手権大会　兵庫大会 平成13年

関学高登録メンバー		
部長		芝川又美
監督		広岡正信
投手	③	福田裕也（武庫）
捕手	③	森英樹（魚崎）
一塁	③	新阜恒久（東浦）
二塁	③	浜田裕一（神戸長坂）
三塁	③	牧繁行（神戸長坂）
遊撃◎	③	辻本充（塚口）
左翼	③	橋本元樹（関学）
中堅	③	佐井陽介（明峰）
右翼	③	大江浩一（明峰）
補欠	②	冨山佑希（関学）
〃	①	小松亮（東浦）
〃	③	玉置哲也（安倉）
〃	①	中邑大地（浜脇）
〃	②	安藤太（学文）
〃	③	魚谷昌史（関学）
〃	③	三浦甲大（ゆりのき台）
〃	③	青木雄策（関学）
〃	①	藤井俊介（大原）

■1回戦…平成13年7月15日（日）高砂球場

TEAM	一	二	三	四	五	六	七	八	九	十	計
関学	1	1	0	0	0	0	0	0	2		4
三木	0	0	2	0	1	0	0	0	0		3

	振	球	犠	盗	失	残	併
関学	2	7	3	1	0	11	1
三木	8	1	2	0	1	6	0

▽本塁打＝森　▽三塁打＝福田（三）吉田、冨山

▽1時間37分

○関学・冨山が殊勲の逆転打！

評　関学が土壇場の9回二死から逆転した。1点を追う9回一死から浜田が中前打。二死後、新阜が四球を選んで一、二塁。冨山が2点二塁打を放って逆転。三木は3回森の左越え2ラン本塁打で同点。5回には小林も適時三塁打で勝ち越したが、追加点が奪えなかった。

	関学	打	安	点
⑧2	佐井	3	1	1
④	浜田	4	1	0
R	寺畑	0	0	0
4	青木	0	0	0
⑨	大江	5	1	0
③	新阜	4	0	1
⑤	冨山	4	2	2
⑦	橋本	5	0	0
②	玉置	2	2	0
HB	安藤	1	0	0
①	福田	0	0	0
H	藤原	1	1	0
1	牧	1	0	0
⑥	辻本	2	1	0
	計	32	9	4

	三木	打	安	点
⑨	森	4	2	2
⑧	小林	4	1	1
⑤	井上	4	0	0
②	福田	4	3	0
④	吉田	4	1	0
⑦	梶原	4	1	0
⑥	中田	3	0	0
③	山本	3	0	0
①	織田	2	0	0
H	松岡	1	0	0
	計	33	8	3

■2回戦…平成13年7月20日（金・祝）

春日スタジアム

TEAM	一	二	三	四	五	六	七	八	九	十	計
三田学園	0	0	0	1	0	0	0	0	1		2
関学	0	0	0	1	0	0	0	0	1	1	3

	振	球	犠	盗	失	残	併
三田学園	3	3	1	1	1	12	1
関学	6	5	3	2	1	9	0

三田学園		打	安	点
⑦	山田秀	5	0	0
⑤	西井	4	1	0
⑧	山本純	5	2	1
②	増田	5	2	0
⑨	小中	4	1	0
⑥	佐野	3	2	1
③	佐々木	4	1	0
④	安井	4	0	0
①	山本歩	3	1	0
	計	37	10	2

関学		打	安	点
⑧2	佐井	5	2	1
④	浜田	3	1	0
⑨	大江	3	1	0
③	新阜	3	3	2
⑦8	安藤	3	1	0
⑤	冨山	4	0	0
②	玉置	1	0	0
H	藤原	1	0	0
7	橋本	1	1	0
①	福田	0	0	0
H	魚谷	1	0	0
1	牧	1	0	0
⑥	辻本	3	0	0
	計	29	9	3

▽二塁打＝小中、大江、山本歩、山本純

▽2時間7分

○関学・佐井がサヨナラ左前打

評 関学がサヨナラ勝ちした。2−2で迎えた9回、先頭橋本が左前打、牧四球で一死一、二塁、佐井が左前にタイムリーを放った。9回までを2点に切り抜けた福田、牧の粘投が最後に報われた。三田学園は9回、山本純が二塁打を放って同点に追いついたが、12残塁の拙攻が響いた。

■3回戦…平成13年7月22日（日）

春日スタジアム

TEAM	一	二	三	四	五	六	七	八	九	十	計
川西緑台	0	1	0	0	0	0	0	0	0		1
関学	0	0	1	0	1	0	0	0	×		2

	振	球	犠	盗	失	残	併
川西緑台	5	4	1	4	0	9	0
関学	0	5	2	2	0	12	1

川西緑台		打	安	点
⑨	八木	3	0	1
⑧	三田	4	1	0
④	片岡	3	1	0
③	石塚	4	0	0
⑤	加藤	4	1	0
②	谷上	4	1	0
⑥	脇田	4	1	0
⑦9	岡本	3	1	0
①	井上	2	1	0
7	船本	1	0	0
	計	32	7	1

関学		打	安	点
⑧2	佐井	3	2	0
④	浜田	2	0	0
⑨	大江	4	1	0
③	新阜	4	1	1
⑦8	安藤	4	1	0
⑤	冨山	4	1	1
②	玉置	0	0	0
H7	橋本	4	2	0
①	福田	0	0	0
H	魚谷	1	0	0
1	牧	2	1	0
⑥	辻本	3	1	0
	計	31	10	2

▽二塁打＝脇田、新阜　▽1時間59分

○関学またも1点差勝利

評 関学がしぶとく粘り勝ち。1点を追う3回、一死一、三塁から新阜の二塁ゴロで同点。5回には二死三塁から冨山の中前タイムリーで1点、これが決勝点となった。5回から登板した牧はスライダーが冴え、2安打、5奪三振の力投。川西緑台は2回、押し出しの四球で先行したが、追加点を奪えず1点差で敗れた。5回の無死一、二塁の逸機が惜しまれる。

■4回戦…平成13年7月23日（月）
春日スタジアム（7回コールドゲーム）

TEAM	一	二	三	四	五	六	七	八	九	十	計
鈴蘭台	0	0	1	0	0	0	0				1
関学	0	2	0	1	4	0	1				8

	振	球	犠	盗	失	残	併
鈴蘭台	1	1	1	2	2	5	0
関学	0	4	3	0	0	6	1

▽本塁打＝新阜　▽二塁打＝新阜

▽暴投＝村上　▽1時間35分

○新阜が2点ランニングホーマー

評　関学の圧勝。2回、二死満塁から押し出しの四球と佐井の右前打で2点を先取。5回には新阜が左中間を破る2点ランニング本塁打してこの回4点を挙げ完全に主導権を握った。鈴蘭台は3回井上の中前タイムリーで1点を返すのがやっと。

	鈴蘭台	打	安	点
⑥	井上	3	2	1
④	小山	3	1	0
⑨	徳山	3	1	0
⑤	川崎	3	1	0
⑧	岩本	3	0	0
⑦	古河	3	1	0
③	片山	2	0	0
①	西山	2	1	0
1	村上	1	0	0
②	林	2	0	0
	計	25	7	1

	関学	打	安	点
⑧	佐井	4	1	1
④	浜田	3	1	0
⑨	大江	2	0	0
③	新阜	4	3	2
⑦	安藤	3	2	0
①5	冨山	3	1	0
②	玉置	1	1	0
H	寺畑	1	0	0
2	佐々木	1	1	1
⑤	三浦	1	0	0
1	吉住	2	2	0
⑥	辻本	2	1	1
	計	27	13	5

■5回戦…平成13年7月26日（木）高砂球場

TEAM	一	二	三	四	五	六	七	八	九	十	計
関学	0	0	3	0	0	1	0	0	0		4
神戸国際大附	4	2	1	0	0	1	1	0	×		9

	振	球	犠	盗	失	残	併
関学	8	5	1	0	1	10	0
神戸国際大附	4	3	5	3	0	7	0

▽本塁打＝坂口　▽三塁打＝大江

▽二塁打＝朝倉、満田、大谷

▽捕逸＝尾本　▽1時間57分

●序盤の大量失点が致命傷

評　神戸国際大附が長打攻勢で関学を退けた。1回、二死満塁から朝倉の左越二塁打で走者一層。2回には坂口が右越本塁打。6回は大槻の左前適時打、7回は尾本がスクイズを決めて加点。関学は3回に大江の三塁打などで3点を挽回したが、序盤の大量失点を返すことができなかった。

	関学	打	安	点
⑧2	佐井	2	0	0
④	浜田	5	2	0
⑨	大江	5	5	3
③	新阜	5	1	1
⑦8	安藤	3	1	0
H	魚谷	1	0	0
⑤	冨山	4	1	0
②	玉置	0	0	0
H7	橋本	3	0	0
①	福田	0	0	0
H	藤原	1	1	0
1	牧	2	0	0
H	寺畑	1	0	0
1	吉住	0	0	0
⑥	辻本	3	1	0
	計	35	9	4

	神戸国際大附	打	安	点
⑨	満田	4	2	0
8	池田	0	0	0
⑥	大槻	3	1	1
⑤	向良	4	0	1
①989	坂口	5	3	1
③	大谷	4	1	0
⑧7	朝倉	4	3	3
⑦	炭本	3	1	0
1	小野	0	0	0
②	尾本	2	1	1
④	木下	3	1	1
4	丸井	0	0	0
	計	32	13	8

県秋季高等学校野球西阪神地区大会 平成13年

■2回戦…平成13年8月22日(水)

津門中央ほか[西阪神]

TEAM	一	二	三	四	五	六	七	八	九	十	計
宝塚東	0	0	0	0	0	0	0	0	0		0
関学	0	0	2	0	2	0	0	0	×		4

宝 石部、大西、小松－中村

関 冨山－藤井、甲斐

■準決勝…平成13年8月28日(火)

鳴尾浜[西阪神]

TEAM	一	二	三	四	五	六	七	八	九	十	計
西宮甲山	0	1	0	1	3	0	0	0	0		5
関学	3	0	0	2	0	1	0	0	×		6

西 藤井－東

関 宮崎、竹川、藤田、冨山－藤井、正井

■決勝…平成13年8月31日(金)

鳴尾浜[西阪神]

TEAM	一	二	三	四	五	六	七	八	九	十	計
仁川	2	2	0	0	0	0	2	3			9
関学	0	0	0	0	0	0	1	0			1

仁 嶋－青木

関 冨山、藤田、竹川、宮崎－藤井

秋季兵庫県高等学校野球大会 平成13年

■1回戦…平成13年9月16日(日)

春日スタジアム

TEAM	一	二	三	四	五	六	七	八	九	十	計
関学	0	0	0	2	0	0	0	0	0		2
村野工	1	0	3	0	0	0	0	0	×		4

関 藤田、竹川、冨山－藤井

村 三浦－松浦

▽本塁打＝三浦(村)

▽二塁打＝小松(関)新井(村)

県春季高等学校野球西阪神地区大会 2002(平成14)年

■2回戦…平成14年4月2日(火)

鳴尾浜ほか〔西阪神〕

TEAM	一	二	三	四	五	六	七	八	九	十	計
関学	1	0	1	2	0	0	0	0	0		4
宝塚北	2	0	1	0	0	0	0	0	0		3

関 宮崎－藤井、正井

宝 大前－西村

■準決勝…平成14年4月4日(木)

鳴尾浜〔西阪神〕

TEAM	一	二	三	四	五	六	七	八	九	十	計
関学	0	1	0	0	0	2	0	0	3		6
宝塚	2	0	1	0	0	0	0	2	0		5

関 宮崎、竹川、矢野－藤井、正井

宝 小野木、槌谷、池－池、岸本

■決勝…平成14年4月6日(土)鳴尾浜〔西阪神〕

TEAM	一	二	三	四	五	六	七	八	九	十	計
仁川	0	0	0	1	0	1	0	0	0		2
関学	1	0	0	2	2	0	1	0	×		6

仁　嶋、水谷－中川、青木

関　宮崎、竹川－藤井

春季兵庫県高等学校野球大会 平成14年

県春季高校野球大会登録メンバー		
部長		芝川又美
監督		広岡正信
投手	③	宮崎亮輔（深津）
捕手	②	正井祐次（東浦）
一塁	③	石川洋輔（鳴尾）
二塁◎	③	松岡佑弥（関学）
三塁	③	冨山佑希（関学）
遊撃	③	安藤太（学文）
左翼	②	浜田翔吾（神戸長坂）
中堅	②	小松亮（東浦）
右翼	②	玉田裕紀（東落合）
補欠	①	坂戸圭介（神戸長坂）
〃	③	藤田翔（関学）
〃	②	藤井俊介（大原）
〃	②	中邑大地（浜脇）
〃	③	高橋幹人（宝塚）
〃	③	松中純也（宝塚）
〃	③	町田良（高司）
〃	③	北島征爾（関学）
〃	①	今井健太（神戸長坂）

■1回戦…平成14年4月27日(土)姫路球場

TEAM	一	二	三	四	五	六	七	八	九	十	計
社	1	0	1	0	0	1	0	1	2		6
関学	0	0	0	1	0	0	0	1	0		2

社　小西－徳岡

関　宮崎、岸－正井

▽本塁打＝趙(社)　▽二塁打＝小松(関)

◇社は1回、亀尾の中前適時打で機先を制し、6回には趙が左越ソロ本塁打。終盤にも得点を重ねて快勝した。

第84回全国高等学校野球選手権大会 兵庫大会 平成14年

関学高登録メンバー		
部長		芝川又美
監督		広岡正信
投手	③	宮崎亮輔（深津）
捕手	②	正井祐次（東浦）
一塁	③	石川洋輔（鳴尾）
二塁◎	③	松岡佑弥（関学）
三塁	③	冨山佑希（関学）
遊撃	③	安藤太（学文）
左翼	②	浜田翔吾（神戸長坂）
中堅	②	小松亮（東浦）
右翼	②	玉田裕紀（東落合）
補欠	①	坂戸圭介（神戸長坂）
〃	③	藤田翔（関学）
〃	②	藤井俊介（大原）
〃	②	中邑大地（浜脇）
〃	③	高橋幹人（宝塚）
〃	③	松中純也（宝塚）
〃	③	町田良（高司）
〃	③	北島征爾（関学）
〃	①	今井健太（神戸長坂）

■1回戦…平成14年7月14日（日）

春日スタジアム

TEAM	一	二	三	四	五	六	七	八	九	十	計
西宮北	0	0	0	0	0	0	0	0	0		0
関学	0	0	1	0	0	0	0	0	×		1

	振	球	犠	盗	失	残	併
西宮北	4	1	1	0	1	5	0
関学	3	3	2	2	0	8	0

西宮北		打	安	点
⑥	深江	4	0	0
④	玉島	4	0	0
③	長田	4	0	0
⑤	税所	4	3	0
⑨	北池	3	0	0
①	田原	2	0	0
⑦	東海林	3	0	0
②	豊田	3	1	0
⑧	井上	3	0	0
	計	30	4	0

関学		打	安	点
⑧	浜田	4	1	0
⑨	玉田	4	0	0
⑤	冨山	4	0	0
①	今井	2	0	0
⑦	小松	4	2	1
7	北島	0	0	0
③	中邑	3	0	0
②	藤井	2	2	0
⑥	町田	2	0	0
H6	安藤	1	0	0
④	小城	2	0	0
	計	28	5	1

▽二塁打＝藤井、小松2、税所
▽暴投＝田原　▽1時間24分
○1年生投手今井が完封勝利

◇背番号18、関学1年生投手今井が公式戦初登板を見事完封で飾った。「低めを狙った」と今井。与えた四球は1、コントロールの良さが好投の因。打順は4番。100人を超える部員の中から投打両面で抜擢されたニューヒーローは「プレッシャーに負けず感謝の気持ちで思い切って投げた」とうれしそうに話した。

評　関学が投手戦を制した。3回二死一、二塁から小松が右前にタイムリーして挙げた1点を1年生投手今井が4安打完封で守り切った。西宮北の田原も5安打1失点の好投。7、9回にチャンスをつかんだが、あと一歩のところで決定打が出ず惜敗した。

■2回戦…平成14年7月17日（水）姫路球場

TEAM	一	二	三	四	五	六	七	八	九	十	計
県芦屋	3	0	0	1	0	0	0	0	0		4
関学	0	0	4	0	0	1	0	0	×		5

県芦屋	3	1	1	0	2	10	1
	振	球	犠	盗	失	残	併
関学	2	2	4	0	3	6	0

▽二塁打＝吉岡、梶田祐、松中

▽暴投＝冨山　▽1時間39分

○接戦に強い関学、本領発揮

評　関学が接戦を制した。3回一死満塁から今井の犠飛、松中の左前打などで4点を奪って逆転。4回に同点にされたが、6回二死二塁から浜田が左前打して勝ち越した。

県芦屋は1回一死一、三塁のチャンスを築き、吉岡の中前二塁打、寺崎の内野安打で3点を先取したが、5回以後追加点を挙げられなかったのが敗因。

	県芦屋	打	安	点
②7	古本	5	2	1
⑤	梶田祐	4	2	0
⑥	馬本	5	1	0
⑨	吉岡	5	2	2
③	峯川	5	1	0
⑧	寺崎	4	2	1
①	大嶋	3	0	0
1	豊岡	1	1	0
⑦	新井	3	0	0
2	梶田大	1	0	0
④	吉川	3	0	0
	計	39	11	4

	関学	打	安	点
⑧	浜田	4	4	1
⑨	玉田	3	1	0
⑤1	冨山	4	1	0
①3	今井	3	1	1
R	藤田	0	0	0
3	中邑	0	0	0
⑦	小松	2	0	0
③	石川	0	0	0
5	松中	1	1	2
5	小城	2	0	0
②	藤井	1	0	0
2	正井	3	1	0
⑥	町田	0	0	0
H6	安藤	4	0	0
④	松岡	2	0	0
	計	29	9	4

■3回戦…平成14年7月20日（土・祝）
グリーンスタジアム神戸

TEAM	一	二	三	四	五	六	七	八	九	十	計
福崎	1	0	0	2	0	0	3	0	0		6
関学	0	0	2	0	0	0	0	0	0		2

福崎	3	5	4	1	1	8	1
	振	球	犠	盗	失	残	併
関学	6	4	1	0	2	7	0

▽三塁打＝前川

▽二塁打＝浜田、藤井、冨山、忍海辺

▽暴投＝今井、冨山　▽1時間53分

●福崎8回に突き放す

評　福崎が終盤に突き放した。4回一死二塁で忍海辺が同点の左越二塁打、さらに国光裕の二ゴロで三塁走者が生還、逆転した。7回には前川の走者一掃中越三塁打で3点を挙げた。

関学は3回、冨山の左越二塁打で2点を挙げ逆転したが、4回以後無得点に終わった。

	福崎	打	安	点
⑦9	新家	5	1	0
④	山内	5	2	0
⑤1	高橋一	4	0	0
②	石原	3	0	1
⑥	国光正	3	0	0
⑨	前川	4	2	3
7	入江	0	0	0
③	忍海辺	4	2	1
⑧	小林司	2	1	0
①	高橋良	0	0	0
5	国光裕	2	0	1
	計	32	8	6

	関学	打	安	点
⑧	浜田	3	1	0
⑨	玉田	4	0	0
⑤15	冨山	4	3	2
①3	今井	4	1	0
3	石川	0	0	0
⑦	小松	4	0	0
⑥	安藤	3	0	0
②	藤井	2	1	0
H	北島	1	0	0
1	宮崎	0	0	0
1	藤田	0	0	0
H	高橋	1	0	0
③	中邑	1	0	0
5	町田	0	0	0
H2	正井	1	0	0
H	松中	0	0	0
④	小城	0	0	0
4	松岡	3	0	0
	計	31	6	2

県秋季高等学校野球西阪神地区大会 平成14年

■1回戦…平成14年8月19日（月）

鳴尾浜〔西阪神〕（5回コールドゲーム）

TEAM	一	二	三	四	五	六	七	八	九	十	計
関学	5	1	7	0	0						13
雲雀丘	0	0	0	0	0						0

関　竹川、谷添－甲斐、今村

雲　堂前、川島－河内

■2回戦…平成14年8月21日（水）

宝塚高〔西阪神〕（5回コールドゲーム）

TEAM	一	二	三	四	五	六	七	八	九	十	計
関学	0	0	3	2	8						13
宝塚	0	0	0	0	0						0

関　坂戸、矢野－甲斐、正井

宝　野嶋、槌谷－岸本

▽本塁打＝今井（関）

■準決勝…平成14年8月23日（金）

鳴尾浜ほか〔西阪神〕（7回コールドゲーム）

TEAM	一	二	三	四	五	六	七	八	九	十	計
宝塚北	0	0	0	0	0	0	0				0
関学	1	0	0	3	0	3	×				7

宝　沢田、石井－梅脇

関　今井、竹川、矢野－甲斐、正井、藤井

■決勝…平成14年8月27日（火）

津門中央ほか〔西阪神〕

TEAM	一	二	三	四	五	六	七	八	九	十	計
仁川	1	0	0	4	0	0	0	0	0		5
関学	0	0	0	0	0	0	2	0	0		2

仁　松浦、長尾－中川

関　坂戸、竹川、矢野－正井

秋季兵庫県高等学校野球大会 平成14年

■1回戦…平成14年9月22日（日）

高砂球場（7回コールドゲーム）

TEAM	一	二	三	四	五	六	七	八	九	十	計
関学	0	0	0	5	0	1	3				9
飾磨工	0	0	0	0	0	0	0				0

関　竹川、矢野－藤井、甲斐

飾　岸本、神沢－川端

▽本塁打＝久保田（関）　▽三塁打＝山本（飾）

▽二塁打＝森口、竹川、今井、中邑、久保田（以上関）

■2回戦…平成14年9月28日（土）

明石球場（延長15回再試合）

TEAM	一	二	三	四	五	六	七	八	九	十	十一	十二	十三	十四	十五	計
津名	0	0	0	0	0	0	0	0	3	0	0	0	0	0	0	3
関学	1	0	0	0	2	0	0	0	0	0	0	0	0	0	0	3

津　浜野－田尾

関　竹川、坂戸、岸、矢野－藤井

▽三塁打＝松下（津）玉田（関）

▽二塁打＝今井、玉田（以上関）浜野（津）

◇津名－関学戦は3－3で互いに譲らず、延長15回引き分け再試合となった。

兵庫大会の引き分け再試合は2000年夏以来2年ぶりで延長15回打ち切り導入後は2度目。関学の捕手藤井は常に冷静だった。延長に入ると毎回のように得点圏に走者を背負ったが、巧みに内角を突きピンチを切り抜けた。延長12回には一死三塁と攻め立てられたが、スクイズをウエスト。空振りを奪い、危機を脱した。「ベンチを信じてスクイズを外した。延長戦を踏ん張りきれたのは練習の成果」。藤井は胸を張った。

■2回戦再試合…平成14年9月29日（日）

姫路球場

TEAM	一	二	三	四	五	六	七	八	九	十	計
津名	0	0	0	2	0	0	0	2	0		4
関学	0	0	0	0	0	2	0	0	0		2

津　浜野、藤井、浜野－田尾

関　竹川、坂戸－藤井、正井

▽二塁打＝雨堤、浜野（以上津）

県春季高等学校野球西阪神地区大会 2003（平成15）年

■2回戦…平成15年4月3日（木）

鳴尾浜〔西阪神〕（5回コールドゲーム）

TEAM	一	二	三	四	五	六	七	八	九	十	計
雲雀丘	0	0	0	0	1						1
関学	6	0	4	3	×						13

雲　川島－加治木

関　矢野、柳原、船職、谷添－甲斐、今村

■準決勝…平成15年4月7日（月）

鳴尾浜〔西阪神〕（5回コールドゲーム）

TEAM	一	二	三	四	五	六	七	八	九	十	計
関学	2	1	1	6	0						10
県西宮	0	0	0	0	0						0

関　矢野、坂戸、浜田－正井

県　織田、国谷－後藤

■決勝…平成15年4月12日（土）

報徳高〔西阪神〕

TEAM	一	二	三	四	五	六	七	八	九	十	計
宝塚東	0	0	1	0	0	0	0				1
関学	2	0	0	0	4	4	×				10

宝　小松－渡辺

関　矢野、竹川－藤井

▽本塁打＝中村、（宝）今井（関）

春季兵庫県高等学校野球大会 平成15年

関学高登録メンバー		
部長		芝川又美
監督		広岡正信
投手	③	矢野一斗（関学中）
捕手	③	正井祐次（東浦）
一塁	③	中邑大地（浜脇）
二塁	③	小城博（東谷）
三塁	②	青山佳敬（神吉）
遊撃◎	③	田嶋康次郎（関学中）
左翼	③	前田竜（関学中）
中堅	③	浜田　翔吾（神戸長坂）
右翼	③	井上誠（ゆりのき台）
補欠	③	竹川満（緑が丘）
〃	③	谷添良太（宝塚）
〃	③	藤井俊介（大原）
〃	③	森口駿吾（二見）
〃	③	安達公平（報徳）
〃	③	小松亮（東浦）
〃	②	久保田将（横尾）
〃	③	増田敏夫（報徳）
〃	②	今井健太（神戸長坂）

■1回戦…平成15年4月26日（土）姫路球場

TEAM	一	二	三	四	五	六	七	八	九	十	計
豊岡	0	0	0	0	0	1	0	0	0		1
関学	1	0	0	0	1	0	2	0	×		4

豊岡	6	3	3	0	1	5	1
	振	球	犠	盗	失	残	併
関学	3	6	3	2	0	12	3

▽二塁打＝今井、小松、浜田（豊）
▽暴投＝吉谷　▽1時間43分
○関学・竹川、8回までを1点に抑える

評　関学は1回、今井の二塁打で先制。5回には青山、7回は藤井のタイムリーで追加点を奪った。竹川は変化球が決まった。8回までを1点に9回は矢野が抑えて完勝。豊岡は吉谷が頑張ったが、3併殺を喫したのが痛かった。

豊岡		打	安	点
⑧	島田	3	0	0
⑦	中村	4	1	1
②4	池上	3	0	0
⑤	今西	4	2	0
③	西本	3	1	0
⑨	浜田	2	1	0
H	足立	1	0	0
①	吉谷	3	0	0
⑥	吉垣	2	0	0
H	天野英	1	1	0
6	和田	0	0	0
④	森本	1	0	0
2	関貫	0	0	0
	計	27	6	1

関学		打	安	点
⑧	浜田	4	0	0
⑨	小松	4	2	0
③	森口	3	2	0
⑦	今井	3	1	1
⑤	青山	4	1	1
⑥	久保田	3	2	0
②	藤井	3	1	2
④	小城	3	1	0
①	竹川	3	0	0
H	増田	1	0	0
1	矢野	0	0	0
	計	31	10	4

■2回戦…平成15年4月29日（火・祝）姫路球場

TEAM	一	二	三	四	五	六	七	八	九	十	計
関学	0	0	0	0	1	2	0	1	0		4
東洋大姫路	0	1	0	0	0	4	0	0	×		5

関学	11	3	3	0	1	5	1
	振	球	犠	盗	失	残	併
東洋大姫路	3	6	3	2	0	12	3

▽三塁打＝小松　▽二塁打＝森口
▽捕逸＝吉田　▽2時間14分
●関学あと1点届かず

評　東洋大姫路は2回スクイズで1点を先取。対する関学は5回1点、6回2点を挙げ3－1と逆転、優位に立った。
しかし、その裏東洋大姫路は上野山、原、福永の適時打で一気に4点を奪って再逆転、結局これが勝敗を決めた。

関学		打	安	点
⑧1	浜田	4	0	0
⑨	小松	5	3	1
③	森口	4	1	1
⑦	今井	4	1	1
⑤	青山	3	0	0
⑥	久保田	3	0	1
②	正井	1	0	0
H	増田	1	0	0
2	藤井	1	0	0
H	田嶋	1	0	0
④	小城	2	0	0
H	井上	1	0	0
4	安達	0	0	0
H	中邑	1	0	0
①	竹川	1	1	0
H	谷添	1	0	0
1	矢野	0	0	0
8	前田	0	0	0
	計	33	6	4

東洋大姫路		打	安	点
⑦	中村	2	0	0
H	前川淳	1	0	0
78	上野山	1	1	1
⑧9	原	4	3	1
③	前川直	3	1	0
⑤	福永	5	1	2
②	吉田	4	1	0
⑥	藤原	2	0	0
6	藤岡	1	0	0
⑨	大前	2	0	0
H7	佐藤	1	1	0
①	高橋	1	0	1
1	後藤	1	1	0
1	アン	0	0	0
④	山根	3	2	0
	計	31	11	5

第85回全国高等学校野球選手権大会　兵庫大会 平成15年

関学高登録メンバー		
部長		芝川又美
監督		広岡正信
投手	③	竹川満（緑が丘）
捕手	③	藤井俊介（大原）
一塁	③	中邑大地（浜脇）
二塁	③	小城博③（東谷）
三塁	②	青山佳敬（神吉）
遊撃	③	田嶋康次郎（関学中）
左翼◎	③	前田竜（関学中）
中堅	③	浜田翔吾（神戸長坂）
右翼	③	玉田裕起（東落合）
補欠	③	矢野一斗（関学中）
〃	②	岸敬祐（学文）
〃	③	正井祐次（東浦）
〃	③	森口駿吾（二見）
〃	③	安達公平（報徳）
〃	③	小松亮（東浦）
〃	②	久保田将（横尾）
〃	③	西尾浩紀（関学中）
〃	②	今井健太（神戸長坂）

■2回戦…平成15年7月19日（土）尼崎記念球場

TEAM	一	二	三	四	五	六	七	八	九	十	計
加古川東	0	0	0	0	0	0	2	0	0		2
関学	1	0	1	0	0	1	5	0	×		8

	振	球	犠	盗	失	残	併
加古川東	6	5	2	1	1	7	0
関学	1	5	3	0	1	9	1

▽三塁打＝小城　▽二塁打＝浜田

▽暴投＝植田　▽1時間55分

○関学8回に5点、快勝

評　関学が7回4安打を集めて5点を挙げ試合を決めた。この回一死満塁の好機をつかみ藤井が四球で押し出し、つづく小城が右中間三塁打して走者一掃、勝負を決めた。

加古川東は4安打を放っただけ。7回、長谷川の中犠飛と八木の中前打で2点を返し1点差に迫ったのが精いっぱいだった。

	加古川東	打	安	点
④	橘	3	0	0
⑧9	秋泉	2	0	0
⑤	山名	3	1	0
③	田中	4	0	0
⑦8	丸尾	4	1	0
⑥	奥本	3	0	0
⑨	牧	2	0	0
H7	定金	1	0	0
②	長谷川	2	0	1
H	村山	1	0	0
①	八木	3	2	1
1	植田	1	0	0
	計	29	4	2

	関学	打	安	点
⑧	浜田	4	2	1
⑨	小松	5	2	0
③	森口	3	3	2
⑦	今井	3	1	0
H	西尾	1	0	0
4	田嶋	0	0	0
⑤	青山	4	2	0
H7	前田	1	0	0
⑥	久保田	4	1	0
②	藤井	2	1	1
④5	小城	3	1	3
①	竹川	2	0	0
H	中邑	1	0	0
1	矢野	0	0	0
1	岸	0	0	0
	計	33	13	7

■3回戦…平成15年7月21日（月・祝）
尼崎記念球場

TEAM	一	二	三	四	五	六	七	八	九	十	計
関　学	0	0	0	1	3	1	0	0	0		5
川西明峰	0	0	0	1	0	0	0	2	0		3

関　学	5	9	3	0	1	12	0
	振	球	犠	盗	失	残	併
川西明峰	10	5	2	2	1	5	0

▽三塁打＝久保田　▽暴投＝今井、竹川2

▽妨害出塁＝小城（谷畑亮）

▽1時間58分

○関学5回に試合を決める

評　関学8安打、川西明峰1安打。安打数では圧倒的に関学が勝っているが、試合結果は5－3の2点差。1－1の5回、関学は二死一、二塁から久保田が左中間三塁打と正井の内野安打で3点をリード、結果的にこれが決勝点になった。

川西明峰は8回、村田岳のチーム初安打などで2点を挽回したが及ばなかった。

	関　学	打	安	点
⑧18	浜　田	4	1	0
⑦8	小　松	3	0	0
1	竹　川	2	1	0
③	森　口	4	0	0
①7	今　井	4	2	1
⑤	青　山	2	0	0
⑥	久保田	2	1	2
②	正　井	2	2	1
H	安　藤	1	0	0
2	藤　井	0	0	0
④	小　城	4	0	0
⑨	玉　田	3	1	1
	計	31	8	5

	川西明峰	打	安	点
⑦	野　口	2	0	0
④	守　田	4	0	0
①891	松　尾	3	0	1
⑧18	村田岳	4	1	1
③	金　谷	0	0	0
H	大　林	1	0	0
3	渡　瀬	1	0	0
②	谷畑亮	3	0	0
⑨	大　向	2	0	0
7	村田徹	1	0	0
⑤	原　田	4	0	0
⑥	下　前	3	0	0
	計	28	1	2

■4回戦…平成15年7月24日（木）尼崎記念球場

TEAM	一	二	三	四	五	六	七	八	九	十	計
村野工	0	0	0	0	0	0	0	0	1		1
関　学	0	0	0	0	1	2	0	0	×		3

村野工	6	2	1	0	0	7	0
	振	球	犠	盗	失	残	併
関　学	7	5	4	0	1	11	0

▽二塁打＝浜田、小松　▽1時間50分

○関学、二死から全得点

評　関学は5回二死三塁に青山が左前打して先制。さらに6回、二死二塁から浜田、小松の連続二塁打で2点を加えた。ともに二死からのタイムリー。投げては竹川が8回まで村野工打線を0封。村野工は2回、一死満塁の好機をつかみながら決定打を欠き無得点。9回やっと敵失で1点を返したがそれまで。序盤の逸機が痛かった。

	村野工	打	安	点
⑧	原	3	0	0
⑥	村　島	4	1	1
H	奥村武	3	0	0
4	濁　池	4	2	0
⑨	本　田	3	1	0
③	沢　田	2	1	0
R	坂　根	1	0	0
⑦	牧　山	3	0	0
④6	村　田	2	0	0
②	穂　森	1	1	0
⑤	奥村祐	0	0	0
H	谷　本	1	0	0
①	高　松	0	0	0
	計	27	6	1

	関　学	打	安	点
⑧	浜　田	4	0	0
⑨	小　松	4	2	0
③	森　口	3	2	0
⑦	今　井	3	1	1
⑤	青　山	4	1	1
⑥	久保田	3	2	0
②	藤　井	3	1	2
④	小　城	3	1	0
①	竹　川	3	0	0
	計	30	10	4

■5回戦…平成15年7月26日(土)尼崎記念球場

TEAM	一	二	三	四	五	六	七	八	九	十	計
県農	0	0	2	0	0	1	0	0	0		3
関学	4	0	1	0	0	0	0	0	×		5

	振	球	犠	盗	失	残	併
県農	5	3	5	1	1	9	0
関学	1	5	3	0	2	7	0

▽本塁打＝青山、森口　▽三塁打＝今井
▽二塁打＝松井、中村、小城　▽暴投＝竹川
▽1時間49分
○一発攻勢で関学快勝

評　関学がいきなり満塁本塁打という派手な攻撃。1回、2四球と安打で満塁とし青山が左翼へ一発。3回にも森口が右翼へソロホーマーと一発攻勢で試合を決めた。浜田－岸－矢野とつなぎ6回から竹川を立てる必勝の投手リレーで県農の反撃を封じた。県農は6回池田の内野安打で2点差とし、なお一死二、三塁のチャンスがつづいたがここで息切れ。

	県農	打	安	点
②	山崎	4	0	0
⑥	松井	4	2	2
⑤	村田	5	2	0
①	黒沢	3	0	0
③	中村	3	1	0
④	萩野	3	1	0
⑨	池田	4	1	1
⑦	三浦	3	1	0
⑧	水野	1	0	0
H	藤田慎	1	0	0
	計	31	8	3

	関学	打	安	点
①8	浜田	3	0	0
⑧	小松	3	1	0
③9	森口	3	1	1
⑦	今井	4	2	0
⑤	青山	3	1	4
⑥	久保田	4	0	0
②	藤井	4	0	0
④	小城	2	1	0
⑨	玉田	0	0	0
1	岸	0	0	0
1	矢野	0	0	0
1	竹川	2	0	0
	計	28	6	5

■準々決勝…平成15年7月27日（日）明石球場

TEAM	一	二	三	四	五	六	七	八	九	十	計
育英	0	0	0	2	2	0	2	2	1		9
関学	2	0	1	0	0	0	2	0	0		5

投手	回		安	振	球	失	責
松本	1		3	1	2	2	1
春名	5		9	4	3	3	2
吉井	2		1	0	3	0	0

竹川	5		10	2	4	4	4
浜田	2		5	1	1	4	4
矢野	2		4	0	0	1	1

▽三塁打＝平良　▽二塁打＝平良2、浅倉、浜田（育）橋本、北野

▽捕逸＝大前2　▽残塁＝育13、関16

▽併殺＝育0、関1　▽2時間35分

●関学、終盤に崩れる

評　19安打を放った育英打力の勝利。1、3回に得点を挙げた関学が序盤をリード。中盤育英が反撃して逆転する。3点を追う育英は4回、4連打で2点を返して1点差。さらに5回二死から3連打して満塁とし平良の二塁打で2点、4−3と逆転した。7回、両チーム2点を取って譲らない。8回、育英が浜田、大前の連続適時打で8−5と引き離す。さらに9回にも1点を加えた育英が乱戦を制した。関学にとって悔やまれるのは3点差の7回、3連打と敵失で2点を返し、なおも一死満塁の好機がつづいたが、後続を凡退したのが響いた。

育英		打	得	安	点	振	球	犠	盗	失
⑨	浅倉	6	0	4	1	0	0	0	2	0
④	橋本	3	2	2	0	0	1	2	0	1
⑤	北野	6	1	2	1	1	0	0	0	0
⑦	玉川	4	0	0	0	0	1	1	0	0
③	土器手	0	0	0	0	0	0	0	0	0
3	西田	2	0	0	0	1	0	0	1	0
3	浜田	3	1	2	1	0	0	0	0	0
②	大前	3	1	2	1	0	1	1	0	0
⑥	岡田	0	0	0	0	0	0	0	0	0
6	近藤	3	2	2	0	0	0	0	2	1
H6	高山	0	0	0	1	0	0	2	0	0
①	松本	1	0	0	0	1	0	0	0	0
1	春名	2	2	2	0	0	1	0	0	0
1	吉井	1	0	0	0	0	0	0	0	0
⑧	平良	4	0	3	4	0	1	0	0	0
	計	38	9	19	9	3	5	6	5	2

関学		打	得	安	点	振	球	犠	盗	失
⑧18	浜田	3	0	1	0	1	3	0	0	0
R	田嶋	0	0	0	0	0	0	0	0	0
⑨8	小松	4	0	0	0	2	0	1	0	0
1	矢野	0	0	0	0	0	0	0	0	0
H	前田	1	0	1	0	0	0	0	0	0
③	森口	6	1	2	0	1	0	0	0	0
⑦	今井	5	1	1	1	0	0	0	0	0
⑤	青山	4	0	1	0	0	1	0	0	0
⑥	久保田	4	2	2	0	0	1	0	0	0
4	安達	0	0	0	0	0	0	0	0	0
②	藤井	1	0	1	0	0	2	0	0	0
H2	正井	2	1	1	0	0	0	0	0	0
④	小城	5	0	3	2	0	0	0	0	0
①	竹川	2	0	0	0	1	0	0	0	0
H9	玉田	2	0	0	0	0	1	0	0	0
	計	39	5	13	3	5	8	1	0	0

県秋季高等学校野球西阪神地区大会 平成15年

■1回戦…平成15年8月18日（月）

仁川高ほか〔西阪神〕（5回コールドゲーム）

TEAM	一	二	三	四	五	六	七	八	九	十	計
宝塚西	0	0	0	0	0						0
関学	3	2	7	1	×						13

宝　沢村、木村、桑原－村上

関　岸、船職－大久保

■2回戦…平成15年8月20日（水）

鳴尾浜ほか〔西阪神〕（5回コールドゲーム）

TEAM	一	二	三	四	五	六	七	八	九	十	計
甲陽	0	0	0	0	0						0
関学	5	3	6	2	×						16

甲　和多、江崎－岩城

関　坂戸、馬場、長畑、山前－大久保、田中

■準決勝…平成15年8月22日（金）

鳴尾浜ほか

TEAM	一	二	三	四	五	六	七	八	九	十	計
仁川	0	0	0	0	0	4	2	0	0		6
関学	0	0	0	4	1	0	0	0	0		5

仁 山下、中元－吉田

関 岸、船職、山前－大久保

▽本塁打＝岡田（仁）

■敗者復活代表決定戦…平成15年8月29日（金）

鳴尾浜〔西阪神〕

TEAM	一	二	三	四	五	六	七	八	九	十	計
宝塚西	0	0	0	1	0	0	0	0	0		1
関学	0	0	0	1	3	0	0	0	×		4

宝 木村－三木

関 岸－大久保

秋季兵庫県高等学校野球大会平成15年

■1回戦…平成15年9月15日（月・祝）

淡路佐野

TEAM	一	二	三	四	五	六	七	八	九	十	計
関学	1	1	0	3	0	0	0	0	0		5
神戸西	0	1	0	0	0	0	0	0	0		1

関 岸－大久保

神 中原、西田－小山

▽三塁打＝溝口、小山（以上神）

▽二塁打＝久保田（関）

■2回戦…平成15年9月20日（土）

尼崎記念球場（7回コールドゲーム）

TEAM	一	二	三	四	五	六	七	八	九	十	計
関学	0	1	0	0	0	0	1				2
報徳	1	1	6	0	1	1	×				10

関 岸、坂戸、山前、船職－大久保

報 片山－仲井

▽本塁打＝片山、石井（以上報）

▽三塁打＝佐藤、池田、西（以上報）

▽二塁打＝久保田2（関）仲井（報）片山

県春季高等学校野球西阪神地区大会 2004（平成16）年

■2回戦…平成16年4月3日（土）

西宮北高ほか〔西阪神〕（5回コールドゲーム）

TEAM	一	二	三	四	五	六	七	八	九	十	計
関学	1	5	4	4	3						17
宝塚西	0	0	0	0	0						0

関 坂戸、岸、－大久保、堀江

宝 木村、桑原－沢村

■準決勝…平成16年4月5日（月）

津門中央〔西阪神〕

TEAM	一	二	三	四	五	六	七	八	九	十	計
関学	0	0	1	2	1	2	0	0	2		8
仁川	0	3	0	0	0	0	0	0	0		3

関 坂戸、岸－大久保

仁 藤原、中元、芝池－吉田

■決勝…平成16年4月7日（水）

鳴尾浜〔西阪神〕（7回コールドゲーム）

TEAM	一	二	三	四	五	六	七	八	九	十	計
関学	0	0	1	5	2	1	3				12
西宮北	0	0	0	0	0	0	1				1

関 坂戸、岸、今井－大久保、森実

西 深江、有田、富田、関谷－豊田

春季兵庫県高等学校野球大会 平成16年

■2回戦…平成16年4月25日（日）

高砂球場（8回コールドゲーム）

TEAM	一	二	三	四	五	六	七	八	九	十	計
関学	3	3	0	1	0	0	1	3			11
八鹿	0	0	2	0	0	2	0	0			4

関学	3	7	3	2	2	9	0
	振	球	犠	盗	失	残	併
八鹿	13	2	1	0	2	4	0

▽三塁打＝松原

▽二塁打＝塩沢2、村上、石田、守本、青山

▽暴投＝坂戸　▽1時間53分

○関学、序盤で大量点

評　関学は1、2回に長打を集めて6点を奪い一気に試合を有利に。8回にも打者一巡の攻撃で3点を加えて11－4、コールド勝ちした。八鹿は3回と6回に各2点を入れ抵抗したが及ばなかった。序盤での大量失点が痛かった。

	関学	打	安	点
⑦	村上	4	3	1
1	岸	0	0	0
④	徳永	1	0	0
H	森実	1	0	0
6	藤田	0	0	0
⑨	塩沢	5	3	2
⑧	今井	4	1	1
①73	坂戸	3	1	1
⑥	久保田	4	1	1
H	北田	1	1	2
4	高木	0	0	0
⑤	青山	4	1	1
5	遠藤	0	0	0
③	西尾	3	1	0
H7	西田	1	0	0
②	大久保	3	0	0
	計	34	12	9

	八鹿	打	安	点
⑥	藤井	4	1	0
⑧	守本	4	1	2
⑤1	山中	3	0	0
③	雑賀	4	0	0
④	松原	3	1	1
①	堀谷	2	0	0
5	片岡	0	0	0
⑦	村田	3	0	0
⑨	奥野	3	0	0
②	石田	3	1	0
	計	29	4	3

■準々決勝…平成16年5月1日（土）高砂球場

TEAM	一	二	三	四	五	六	七	八	九	十	計
関学	0	0	0	0	0	0	1	1	0		2
加古川南	0	0	0	0	0	0	0	0	0		0

関学	4	3	2	0	1	9	0
	振	球	犠	盗	失	残	併
加古川南	8	2	2	0	1	5	1

▽本塁打＝村上　▽三塁打＝岩迫

▽二塁打＝大久保、青山　▽1時間30分

○関学・坂戸が鮮やか完封勝利

評　関学の坂戸が公式戦初の完封勝利を飾った。9回、最後の打者を内野ゴロに打ち取ると駆け寄った捕手の大久保と満面の笑顔でハイタッチ。コントロールが抜群だった。「捕手が構えたところにいった」と会心のピッチングに満足そう。7回を終わって0－0。“1点もやらない”緊張のピッチングがつづいた。しかしこの緊張が好結果をもたらした。味方の得点で“勝利”が近づきピッチがさらに上がった。終わってみれば完封勝利。「力が抜け100点の出来」と快挙を喜んだ。

	関学	打	安	点
⑦	村上	4	1	1
④	徳永	4	1	0
⑨	塩沢	4	0	0
⑧	今井	4	0	0
①	坂戸	3	1	0
⑥	久保田	3	1	0
⑤	青山	4	2	1
③	西尾	4	1	0
②	大久保	3	1	0
	計	36	9	2

	加古川南	打	安	点
⑥	金平	4	0	0
⑧	松尾	2	0	0
⑦	粕谷	4	1	0
⑤	植田	4	0	0
③	奥本	4	0	0
①	岩迫	3	1	0
⑨	井上	3	0	0
②	池本	2	0	0
④	中島	2	0	0
	計	28	2	0

■準決勝…平成16年5月3日（月・祝）明石球場

TEAM	一	二	三	四	五	六	七	八	九	十	計
関学	0	0	0	3	0	2	0	0	0		5
洲本	1	0	0	0	2	0	0	1	0		4

	振	球	犠	盗	失	残	併
関学	6	4	4	0	2	6	1
洲本	6	3	0	0	9	1	1

▽三塁打＝青山　▽二塁打＝岸、林、田中

▽暴投＝坂戸、藤井　▽2時間5分

○関学、接戦を制す

評　1−0とリードされた関学は4回、4長短打、打者8人を送る攻撃で3点を奪い逆転。試合の主導権を握った。洲本は5回、2点を加えて3−3の同点に追いついたが、すぐさま関学が引き離す。6回一死一塁から青山の左中間三塁打とスクイズで2点をリード。

これを坂戸−岸−坂戸のリターンリレーで洲本の反撃を8回の1点に抑えて接戦をものにした。洲本は8回一死二、三塁と同点機をつかんだが、内野ゴロによる1点を返したにとどまったのが痛かった。

関学		打	安	点
⑦3	村上	4	0	0
3	藤田	0	0	0
④	徳永	1	0	0
H	堀江	1	0	0
4	遠藤	2	0	0
⑨	塩沢	4	1	0
⑧	今井	4	1	0
①31	坂戸	2	0	0
⑥	久保田	2	1	1
⑤	青山	4	2	2
③	西尾	0	0	0
H	橋本	1	0	0
17	岸	2	1	2
7	西田	0	0	0
②	大久保	3	1	0
	計	30	7	5

洲本		打	安	点
⑥	林	4	1	1
④	木戸	3	1	1
⑧1	三谷	4	1	0
①78	藤井	4	1	0
②	不動	4	1	0
⑨	後	3	0	0
③	久保	0	0	0
7	丸山	1	0	0
H	谷地	1	0	1
R	井上	0	0	0
R7	古東	0	0	0
⑦	相坂	1	0	0
13	田中	2	1	0
⑤	成瀬	3	0	0
5	川口	1	0	0
	計	31	6	3

■決勝…平成16年5月5日（水・祝）明石球場

TEAM	一	二	三	四	五	六	七	八	九	十	計
関学	0	1	0	0	0	0	0	0	1		2
滝川第二	0	0	1	1	1	0	2	0	×		5

	振	球	犠	盗	失	残	併
関学	7	1	3	0	1	5	0
滝川第二	3	3	5	1	0	8	0

▽本塁打＝地神　▽三塁打＝村上、坂戸、富▽二塁打＝村上、久保田　▽暴投＝岸2

▽1時間46分

●関学、完敗喫す

評　滝川第二の完勝。1−1の4回地神の左越本塁打で勝ち越すと5回には山本スクイズで加点、さらに7回にも2点と完全に試合の主導権を握った。対する関学は3回以後得点を奪えず滝川第二ペース。9回久保田の左翼越二塁打で1点を返したが及ばなかった。今大会滝川第二の2連覇。

関学		打	安	点
⑦	村上	4	1	0
④	徳永	2	0	0
H	北田	1	0	0
1	岸	1	0	0
⑨	塩沢	4	0	0
⑧	今井	4	0	0
①3	坂戸	4	2	0
⑥	久保田	3	2	2
⑤	青山	3	0	0
③4	西尾	3	1	0
4	遠藤	0	0	0
②	大久保	1	0	0
H	森実	0	0	0
2	堀江	0	0	0
	計	30	6	2

滝川第二		打	安	点
④	正田	3	1	0
⑥	山本	3	1	2
⑧	富	4	1	1
①7	地神	4	3	2
②	内橋	3	0	0
⑤	黒田	4	1	0
③	前川	4	0	0
⑨	西光	3	2	0
⑦	大崎	1	0	0
1	倉谷	0	0	0
	計	29	9	5

春季近畿地区高等学校野球大会 平成16年

■1回戦…平成16年5月29日（土）姫路球場

TEAM	一	二	三	四	五	六	七	八	九	十	計
関学	1	0	0	0	3	0	0	0	0		4
南部	2	0	0	0	1	0	3	0	×		6

	振	球	犠	盗	失	残	併
関学	9	3	2	0	0	5	1
南部	4	2	2	1	0	9	0

▽本塁打＝久保田　▽三塁打＝阪本

▽二塁打＝今井2、高瀬、橋本　▽捕逸＝勇惣秀

▽ボーク＝岸　▽2時間3分

●関学粘り負け

評　関学は継投策で前半の優位を保とうとしたが、7回に決定的な3点を失い逆転負けを喫した。勝敗を決めた7回、南部の攻撃。一死後3連打で満塁のチャンスを築き6番阪本が走者一掃の三塁打を放って一気に逆転した。

一方の関学は久保田の2ランホームランなどで4点を奪ったが、6回以後はノーヒットに終わった。

関学		打	安	点
⑦	村上	4	0	0
⑥	久保田	4	1	2
⑨	塩沢	4	2	0
⑧1	今井	4	2	2
①38	坂戸	3	0	0
⑤	青山	3	0	0
③	西尾	1	0	0
H	林田	0	0	0
R	藤井	0	0	0
1	岸	0	0	0
1	馬場	0	0	0
3	北田	1	0	0
②	大久保	4	1	0
④	徳永	0	0	0
H	橋本	1	1	0
R4	遠藤	1	0	0
H	田中	1	0	0
	計	31	7	4

南部		打	安	点
⑥	丸石	5	0	0
⑤	出崎	5	4	0
⑨	高瀬	5	2	1
⑦3	津田	3	1	0
④	西口	4	4	2
③	清水	2	0	0
7	阪本	1	1	3
⑧	樫山	4	1	0
②	勇惣秀	4	1	0
①	井上	2	0	0
	計	35	14	6

第86回全国高等学校野球選手権大会　兵庫大会 平成16年

関学高登録メンバー		
部長		芝川又美
監督		広岡正信
投手	③	岸敬祐（学文）
捕手	③	大久保貴博（御殿山）
一塁	③	坂戸圭介③（神戸長坂）
二塁	③	遠藤雄大③（関学）
三塁	②	青山佳敬③（神吉）
遊撃	③	久保田将（横尾）
左翼	③	村上大喜③（東谷）
中堅◎	③	今井健太（神戸長坂）
右翼	③	北田和樹（今市）
補欠	②	塩沢直樹（櫨谷）
〃	③	中原一磨（関学）
〃	③	堀江大一（高倉）
〃	②	西尾卓（西紀）
〃	②	徳永純平（神戸長坂）
〃	③	橋本慎志（都島）
〃	③	藤田遼（関学）
〃	③	高木琢也（関学）
〃	②	森実晋也（関学）

■2回戦…平成16年7月17日（土）尼崎記念球場

TEAM	一	二	三	四	五	六	七	八	九	十	計
関学	7	1	1	12	0						21
村岡	0	2	0	0	0						2

関学	2	8	0	3	0	5	0
	振	球	犠	盗	失	残	併
村岡	6	1	1	1	5	3	1

▽本塁打＝久保田、今井

▽三塁打＝坂戸、久保田

▽二塁打＝藤田（関）青山　▽暴投＝竹下

▽捕逸＝小松　▽1時間28分

○驚異の21得点、関学5回コールド勝ち

評　関学の大勝。1回、久保田の左翼2ランホーマーなどでいきなり7点の大量得点。さらに4回には今井の左越本塁打を含む打者16人の猛攻で大量12点を加えて試合を決した。村岡は2回一死一、二塁から竹下の中前打と内野ゴロで2点を返しただけ。

	関学	打	安	点
⑤	青山	4	2	2
⑥	久保田	5	2	5
⑨	北田	1	0	0
1	船職	2	2	2
H	中原	1	0	0
1	岸	0	0	0
⑧	今井	3	2	2
①93	坂戸	4	2	0
②7	大久保	4	2	1
⑦	村上	3	1	2
2	堀江	0	0	0
④	遠藤	1	0	1
H	橋本	1	0	0
4	高木	0	0	0
H9	塩沢	1	1	1
③	西尾	2	1	2
H4	藤田	1	1	1
	計	33	16	19

	村岡	打	安	点
⑧	三島	3	1	0
⑨	前垣	2	0	0
③	長岡	2	0	0
②	小松	2	0	0
⑤	藤田	2	2	0
⑥	岸正	1	0	0
①	竹下	1	1	1
1	藤岡	1	0	0
④	上田	2	0	1
4	田中	0	0	0
⑦	今岡	1	0	0
7	石井	0	0	0
H	矢野	1	0	0
1	矢野	0	0	0
1	岸	0	0	0
	計	18	4	2

■3回戦…平成16年7月20日（火）
甲子園（8回コールドゲーム）

TEAM	一	二	三	四	五	六	七	八	九	十	計
関学	0	0	0	1	0	0	2	4			7
多可	0	0	0	0	0	0	0	0			0

関学	2	3	3	0	0	10	1
	振	球	犠	盗	失	残	併
多可	10	1	1	0	1	4	0

▽三塁打＝村上、坂戸　▽二塁打＝坂戸

▽暴投＝高田　▽1時間37分

評　5打数、4安打、3打点の1番村上と5打数、3安打、2打点の3番坂戸の好打が大きく勝利に貢献した。

6回を終わって1－0とわずかに関学がリード。しかし、終盤の7、8回に大量得点してコールド勝ち。7回、関学は村上の三塁打、北田の右犠飛などで2点。つづく8回には坂戸の2点三塁打を始め4本の長短打を集めて4点を加えて勝利を決めた。坂戸は投げても7回を無四球で0封とまさに投打の立役者。多可は6回を1失点と健闘したが、打線が不発。2回以後は二塁を踏むことができなかった。

	関学	打	安	点
⑦	村上	5	4	3
④	徳永	2	0	0
H	北田	0	0	1
4	遠藤	0	0	0
①9	坂戸	5	3	2
⑧	今井	4	1	0
⑨	塩沢	4	1	1
1	船職	0	0	0
1	岸	0	0	0
⑥	久保田	4	1	0
⑤	青山	4	2	0
③	大久保	3	1	0
③	西尾	4	0	0
	計	35	13	7

	多可	打	安	点
⑧	井上	4	1	0
⑥	安藤	2	0	0
⑦	万浪	3	1	0
③	松本	3	1	0
⑤	吉川和	3	0	0
⑨	宮下	2	0	0
H9	東田	1	0	0
②	徳岡	3	0	0
①	吉川英	2	0	0
1	高田	0	0	0
H	稲岡	1	0	0
④	平松	2	2	0
	計	26	5	0

■4回戦…平成16年7月22日（木）
尼崎記念球場（7回コールドゲーム）

TEAM	一	二	三	四	五	六	七	八	九	十	計
神戸西	0	0	0	0	0	0	0				0
関学	2	0	5	1	0	0	×				8

	振	球	犠	盗	失	残	併
神戸西	2	5	1	1	2	10	0
関学	2	1	4	0	0	7	0

神戸西		打	安	点
⑧	斉	4	1	0
④	小山	2	1	0
⑤	吉岡	2	1	0
⑨	田中	4	0	0
②	森本	3	0	0
⑦	藤田	3	2	0
③	片岡	2	0	0
①	溝口	1	0	0
1	尾堂	1	0	0
⑥	沢井	3	0	0
	計	25	5	0

関学		打	安	点
⑦	村上	4	2	1
1	船職	0	0	0
1	岸	0	0	0
④	徳永	2	0	0
①7	坂戸	4	0	0
⑧	今井	4	2	1
⑨	塩沢	4	3	2
⑥	久保田	2	0	0
⑤	青山	3	2	2
③	西尾	2	1	0
②	大久保	3	2	1
	計	28	12	7

▽三塁打＝村上、藤田2
▽二塁打＝村上、塩沢3、小山　▽暴投＝岸
▽捕逸＝大久保　▽1時間41分
○関学、3試合連続コールド勝ち

評　関学の圧勝。3回無死一塁から塩沢の右中間二塁打で1点を加えたあと青山、大久保、村上のタイムリーなどで5点。4回にも1点を挙げて8－0。7回コールド勝ちした。神戸西は走者を出しながらここ一発が出ず完封負け。

■5回戦…平成16年7月24日（土）明石球場

TEAM	一	二	三	四	五	六	七	八	九	十	計
関学	1	0	2	0	1	0	0	0	0		4
東洋大姫路	1	1	0	1	0	0	0	0	0		3

	振	球	犠	盗	失	残	併
関学	3	6	2	0	1	9	0
東洋大姫路	5	1	1	1	1	6	2

関学		打	安	点
⑦	村上	5	1	0
⑥	久保田	3	1	0
①3	坂戸	4	1	0
⑧	今井	3	1	1
⑤	青山	2	1	1
⑨	塩沢	4	2	2
②	大久保	4	1	0
④	徳永	1	0	0
1	岸	3	0	0
③4	西尾	3	1	0
	計	32	9	4

東洋大姫路		打	安	点
④	山根	4	0	0
⑨	河合	4	1	0
⑤	林崎	3	0	0
③	高橋	4	2	1
⑥	今村	4	0	0
⑦	吉田	4	1	0
⑧	松下	2	1	0
H	後藤大	1	0	0
②	加藤	3	1	1
H	大野	1	0	0
①	乾	0	0	0
1	後藤愼	2	2	1
1	北山	2	0	0
	計	34	8	3

▽三塁打＝高橋、塩沢　▽二塁打＝今井
▽ボーク＝北山　▽2時間11分
○継投策奏功、関学逃げ切る

◇前半5回までは点の取り合い。1点差でリードした関学が得意の継投策で逃げ切って強敵東洋大姫路を破った。広岡監督は「好試合だった。岸の好投が勝因」と二番手岸の好リリーフを勝因に挙げた。再度リードを許した3回から登板した岸の起用に「継投策は予定通り」と自信たっぷり。岸はカーブの切れが良く左腕からのスライダーも決まった。7イニングを投げて許した安打は4、与えた得点は1。「味方打線が打ってくれると信じて投げた」。回を追って尻上がりにピッチングが冴え5回以後三塁を踏ませなかった。3試合コールド勝ちの関学、岸の出番は少なく投球回数はわずか1回1/3。そうした鬱憤が爆発したともいえるのでは。

評　4回を終わって3－3。関学は5回久保田の中前打に犠打、敵失を絡めて一死一、三塁。青山が左前に適時打して1点をリード。以後両チームとも追加点が入らずこれが決勝点となった。

■準々決勝…平成16年7月25日（日）明石球場

TEAM	一	二	三	四	五	六	七	八	九	十	計
市尼崎	0	1	1	0	0	0	0	2	0		4
関学	0	2	0	0	0	0	0	0	0		2

投手	回		安	振	球	失	責
畑	9		5	3	3	2	2

坂戸	2		5	1	0	1	1
船職	1		2	0	0	1	1
岸	6		6	7	0	2	2

	市尼崎	打	得	安	点	振	球	犠	盗	失
⑨	江城	5	0	0	0	3	0	0	0	0
9	西明	0	0	0	0	0	0	0	0	0
④	牧	4	1	2	0	1	0	0	0	0
⑤	川端	3	1	2	0	1	0	1	0	0
⑧	水江	4	1	1	0	1	0	0	0	1
③	大橋	4	1	3	3	0	0	0	0	0
⑦	寒川	4	0	1	0	0	0	0	0	0
②	大谷	4	0	1	0	0	0	0	0	0
⑥	鴇田	4	0	2	1	0	0	0	0	0
①	畑	4	0	1	0	2	0	0	0	0
	計	36	4	13	4	8	0	1	0	1

	関学	打	得	安	点	振	球	犠	盗	失
⑦	村上	3	0	0	0	0	1	0	0	0
⑥	久保田	4	0	0	0	1	0	0	0	0
①3	坂戸	3	0	0	0	0	1	0	0	0
⑧	今井	4	1	2	0	0	0	0	0	0
⑤	青山	3	1	1	0	0	1	0	0	0
⑨	塩沢	3	0	1	0	0	0	1	0	0
②	大久保	3	0	1	2	0	0	1	0	0
④	徳永	0	0	0	0	0	0	0	0	0
H	北田	1	0	0	0	1	0	0	0	0
1	船職	0	0	0	0	0	0	0	0	0
1	岸	2	0	0	0	1	0	0	0	0
③4	西尾	3	0	0	0	0	0	0	0	0
	計	29	2	5	2	3	3	2	0	0

▽二塁打＝大橋2、寒川　▽暴投＝坂戸
▽残塁＝尼6、関5　▽併殺＝尼1、関3
▽1時間49分　坂戸
●市尼崎8回に決勝の2点

評　市尼崎が接戦の末関学を下した。7回を終わって2－2のタイスコア。緊迫した空気を破ったのは市尼崎だった。8回、川端、水江の連安打で無死二、三塁としつづく大橋が右前にタイムリーを放って決勝の2点を挙げた。
関学は7、8、9回と先頭打者を塁に出したが、後続が凡退。この決定打不足が敗因となった。

県秋季高等学校野球西阪神地区大会 平成16年

■2回戦…平成16年8月23日（月）
津門中央公園〔西阪神〕

TEAM	一	二	三	四	五	六	七	八	九	十	計
関学	0	0	1	0	3	1	3	0	0		8
宝塚西	1	0	0	0	1	0	3	0	4		9

関　富井、塩沢、泉川、塩沢－森実、新見
宝　／
▽本塁打＝菅井（関）

■敗者復活2回戦…平成16年8月26日（木）
関学高〔西阪神〕

TEAM	一	二	三	四	五	六	七	八	九	十	計
関学	0	1	1	0	1	1	0	3	1		8
県西宮	0	0	0	0	0	0	1	1	0		2

関　井上、塩沢－森実
県　藤本、古谷－中條
▽本塁打＝塩沢（関）

■敗者復活代表決定戦…平成16年8月30日（月）
鳴尾浜（8回コールドゲーム）

TEAM	一	二	三	四	五	六	七	八	九	十	計
関学	3	0	0	0	0	0	0	3	1		7
宝塚東	0	0	0	0	0	0	0	0	0		0

関　塩沢－森実
宝　浜田－野田

秋季兵庫県高等学校野球大会 平成16年

■1回戦…平成16年9月12日（日）

明石球場

TEAM	一	二	三	四	五	六	七	八	九	十	計
三木北	0	3	0	0	0	0	1	0	0		4
関　学	4	1	0	0	1	0	0	0	×		6

三 楠戸－須谷

関 塩沢－森実

▽本塁打＝中山（関）▽三塁打＝蓬莱（三）塩沢、青山、菅井（以上関）

▽二塁打＝前田、楠戸（以上三）

■2回戦…平成16年9月20日（月・祝）

尼崎記念球場

TEAM	一	二	三	四	五	六	七	八	九	十	計
明石南	0	0	3	3	0	0	0	0	1		7
関　学	0	0	0	0	0	0	0	0	0		0

明 柴谷－石黒

関 塩沢、泉川、西尾範、井上－森実

▽三塁打＝堂本（明）

県春季高等学校野球西阪神地区大会 2005（平成17）年

■2回戦…平成17年4月1日（金）

津門中央公園〔西阪神〕

TEAM	一	二	三	四	五	六	七	八	九	十	計
関　学	1	0	3	0	4	0	0	1	3		12
宝塚北	1	0	0	0	0	3	1	0	0		5

関 塩沢、西尾範－北村、森実

宝 岩城、阪下－片山

▽本塁打＝鶴田（宝）

■準決勝…平成17年4月4日（月）

津門中央公園〔西阪神〕

TEAM	一	二	三	四	五	六	七	八	九	十	計
関　学	0	0	0	1	0	2	0	1	4		8
県西宮	1	0	2	0	0	0	0	0	1		4

関 井上、西尾範－北村、新見

県 藤本－中条

▽本塁打＝青山（関）

■決勝…平成17年4月6日（水）津門中央公園

TEAM	一	二	三	四	五	六	七	八	九	十	計
関　学	0	0	0	0	0	1	3	0	0		4
仁　川	0	0	0	0	0	0	1	0	6		7

関 塩沢、西尾範－森実、新見

仁 林、中元－上谷

▽本塁打＝重本（仁）

第87回全国高等学校野球選手権大会　兵庫大会 平成17年

■1回戦…平成17年7月10日（日）高砂球場

TEAM	一	二	三	四	五	六	七	八	九	十	計
武庫荘総合	0	0	1	0	0	1	0	1	0		3
関　　学	0	0	0	1	0	0	0	3	×		4

	振	球	犠	盗	失	残	併
武庫荘総合	8	3	2	0	1	10	0
関　　学	6	1	4	0	1	7	0

▽本塁打＝菅井、船田

▽二塁打＝石井陽、青山、菅井、塩沢

▽2時間5分

○関学、8回に逆転

評　関学が8回に集中打で辛うじて逆転勝ち。8回の表までは3－1で武庫荘総合がリード。この時点では関学は危なかった。しかし、8回裏に3点を奪って逆転。塩沢の左越二塁打など4本の長短打で同点に追いつきなおもつづく一、三塁の好機に西尾卓がスクイズ。これが敵失を誘いこの回3点。幸運に恵まれての勝利。

武庫荘総合		打	安	点
⑨	園　田	3	1	0
⑤	藤　林	3	0	0
⑥	船　田	5	2	1
③	鎌　田	5	1	1
②	石井陽	4	3	0
①	西　本	4	1	0
⑦	松　瀬	4	1	0
7	中　西	0	0	0
④	脇　田	3	0	1
⑧	高　瀬	4	0	0
	計	35	9	3

関　学		打	安	点
⑧	菅　井	4	3	1
④	徳　永	3	1	0
⑨	菅　原	3	0	0
1	西尾範	0	0	0
H	萱　野	1	1	0
1	井　上	0	0	0
2	北　村	0	0	0
①91	塩　沢	4	1	1
⑦	青　山	4	2	1
⑤6	西尾卓	3	1	0
⑥	橋　本	1	0	0
H3	中　山	2	1	0
5	尾　西	1	0	0
5	尾　西	1	0	0
③	山　本	2	0	0
	新　見	1	0	0
	計	30	10	3

■2回戦…平成17年7月17日（日）
姫路球場（8回コールドゲーム）

TEAM	一	二	三	四	五	六	七	八	九	十	計
市 神 港	0	0	0	0	0	0	0	0			0
関　　学	2	0	0	2	0	2	0	1			7

	振	球	犠	盗	失	残	併
市 神 港	7	4	0	0	1	5	1
関　　学	4	7	2	2	0	11	0

▽三塁打＝北村　▽二塁打＝中山

▽暴投＝宮部　▽捕逸＝寺沢

▽1時間44分

○関学・塩沢好投

評　関学の完勝。塩沢の好投が光った。市神港打線を7回 1安打0点に抑えた。攻めては1回、中山、塩沢の連続タイムリーであっさり2点を先取。4回には北村の左翼三塁打などで2点。さらに6回菅井の適時打で2点と着々加点。8回に1点を入れて7－0でコールド勝ちした。

市　神　港		打	安	点
⑧	前　岡	3	0	0
③	西　明	3	0	0
⑤	元　生	3	0	0
⑨1	長　崎	3	0	0
②	寺　沢	3	0	0
①7	宮　部	3	0	0
⑦19	小　杉	2	0	0
④	伊　藤	2	0	0
⑥	馬　場	3	1	0
	計	25	1	0

関　学		打	安	点
⑧	菅　井	5	2	2
④	徳　永	2	1	0
⑨3	中　山	3	2	1
①9	塩　沢	5	1	1
⑦	青　山	4	1	1
⑤	西尾卓	4	2	0
⑥	橋　本	3	0	0
②	北　村	2	1	1
③	山　本	3	1	1
H	萱　野	1	0	0
1	飛　嶋	0	0	0
1	西尾範	0	0	0
	計	32	11	7

■3回戦…平成17年7月19日(火)
高砂球場姫路球場(7回コールドゲーム)

TEAM	一	二	三	四	五	六	七	八	九	十	計
関学	1	0	4	0	2	1	3				11
西宮南	0	1	0	0	0	0	3				4

	振	球	犠	盗	失	残	併
関学	4	7	2	0	0	9	2
西宮南	2	9	2	0	0	9	0

▽三塁打＝徳永　▽二塁打＝青山2、西尾卓
▽2時間1分
○11点、関学7回コールド勝ち

評　1－1の3回、関学は無死徳永の右中間三塁打に四死球を絡ませて一死満塁のチャンスをつかみ西尾卓が適時打を放って2点、さらに青山が左中間三塁打して計4点。5回以後も着々加点、11点を奪い7回コールドで西宮南を退けた。

	関学	打	安	点
⑧	菅井	3	1	0
④	徳永	4	2	2
⑨3	中山	4	3	1
①9	塩沢	4	1	1
1	正田	0	0	0
③	菅原	2	1	1
1	井上	1	0	0
H	萱野	1	0	0
1	飛嶋	0	0	0
1	西尾範	0	0	0
⑤6	西尾卓	4	2	2
⑦	青山	3	2	2
②	森実	1	0	0
2	新見	3	2	2
⑥	橋本	2	0	0
H5	尾西	0	0	0
	計	32	14	11

	西宮南	打	安	点
④	米沢	3	1	0
⑤	駿河	1	1	1
①8	下津	2	1	0
②	段	4	1	2
⑨	伊藤	2	0	0
③	小西	3	1	0
⑥	長田	4	1	1
⑧7	上田	2	0	0
⑦	山ノ井	1	0	0
1	小林	1	0	0
	計	23	6	4

■4回戦…平成17年7月22火(金)姫路球場

TEAM	一	二	三	四	五	六	七	八	九	十	計
飾磨工	1	0	0	0	0	0	0	0	0		1
関学	0	0	3	2	0	0	2	0	×		7

	振	球	犠	盗	失	残	併
飾磨工	6	2	1	0	3	5	1
関学	2	3	3	1	2	8	1

▽二塁打＝塩沢　▽ボーク＝小村
▽妨害出塁＝森本(北村)　▽1時間34分
○関学の快勝、塩沢好投

評　立ち上がり1点を先取された関学は3回逆転する。徳永、青山が適時打を放って3点。さらに4回にも菅井の左翼適時打などで2点を加えて勝利を引き寄せた。飾磨工は1回、沢田の右前打で幸先のいいスタートを切ったが、以後塩沢の安定したピッチングに抑えられて追加点を挙げられなかった。

	飾磨工	打	安	点
⑤	村上	4	0	0
④	富永	4	0	0
⑧	山脇	3	1	0
③	藤井	3	1	0
⑥	沢田	3	1	1
⑦9	松山	3	0	0
H	井手	1	0	0
⑨	尾上	2	0	0
H7	筧	1	0	0
①	小村	3	2	0
1	岡本	0	0	0
②	森本	2	0	0
	計	29	5	1

	関学	打	安	点
⑧	菅井	5	3	1
④	徳永	3	2	2
⑨	中山	5	1	0
①	塩沢	4	1	0
⑦	青山	2	2	2
⑤	西尾	3	1	0
②	北村	3	0	0
③	山本	0	0	0
H3	菅原	4	1	0
⑥	橋本	4	1	0
	計	33	12	5

■5回戦…平成17年7月24日（日）

高砂球場（6回コールドゲーム）

TEAM	一	二	三	四	五	六	七	八	九	十	計
洲本	0	0	0	0	1	10					11
関学	0	0	0	0	1	0					1

洲本	4	5	1	2	0	6	0
	振	球	犠	盗	失	残	併
関学	3	2	2	0	1	4	0

	洲本	打	安	点
⑨	内原	3	1	0
④	神田	3	1	1
①	三谷	2	1	0
③	田中	4	3	2
⑥	奥田	3	0	0
⑤	小林	4	2	3
②	成瀬	4	3	3
⑦	久保	2	0	0
H7	真浦	2	1	1
⑧	相坂	2	0	0
1	岡本	0	0	0
②	森本	2	0	0
	計	31	12	10

	関学	打	安	点
⑧	菅井	2	0	1
④	徳永	2	0	0
⑨3	中山	3	1	0
⑦	青山	3	0	0
②	北村	2	0	0
2	森実	1	0	0
①9	塩沢	2	0	0
⑤6	西尾卓	2	1	0
③	山本	1	0	0
1	西尾範	0	0	0
1	井上	0	0	0
1	正田	0	0	0
1	飛嶋	0	0	0
⑥	橋本	1	1	0
H	新見	0	0	0
5	尾西	0	0	0
	計	19	3	1

▽二塁打＝成瀬2、中山、西尾卓

▽暴投＝正田　▽1時間28分

●6回の大波乱、関学10失点

評　5回を終わって1−1。互角の試合展開を見せていたのはここまで。6回、洲本が8安打の集中攻撃で一挙10点を挙げ試合を決めた。一死二、三塁としたあと小林、成瀬、真浦の連打であっという間の4点。

火の点いた洲本打線は神田、田中がタイムリーを放つ。次々と繰り出す関学投手に猛攻を加えて一気に決着をつけた。関学は5投手を送り込んだが、洲本打線を抑えることはできなかった。

県秋季高等学校野球西阪神地区大会 平成17年

■1回戦…平成17年8月19日（金）

津門公園〔西阪神〕（6回コールドゲーム）

TEAM	一	二	三	四	五	六	七	八	九	十	計
関学	0	2	0	5	1	0	1				9
仁川	0	0	0	0	1	0	0				1

関　西尾－北村

仁　阪本、森本－犬伏

■2回戦…平成17年8月22日（月）

津門公園ほか〔西阪神〕（7回コールドゲーム）

TEAM	一	二	三	四	五	六	七	八	九	十	計
宝塚	0	0	0	0	0	0	2				2
関学	1	0	0	5	0	3	×				9

宝　川村、山田、徳安－荒木、宮部

関　西尾、泉川、富井－北村

■準決勝…平成17年8月26日（金）

津門公園

TEAM	一	二	三	四	五	六	七	八	九	十	計
宝塚東	0	0	0	0	2	0	0	0	0		2
関学	0	2	1	0	1	0	3	0	×		7

宝　丸子－野田

関　西尾－北村

▽本塁打＝青山（関）

■決勝（延長10回）…平成17年8月29日（月）

津門公園ほか

TEAM	一	二	三	四	五	六	七	八	九	十	計
甲陽	1	0	0	1	0	0	0	1	0	0	3
関学	0	1	0	0	0	0	0	2	0	1×	4

甲　上畠－中野

関　西尾－北村

▽本塁打＝中山（関）

秋季兵庫県高等学校野球大会 平成17年

■1回戦…平成17年9月11日（日）

高砂球場

TEAM	一	二	三	四	五	六	七	八	九	十	計
関学	0	3	1	0	2	0	0	0	0		6
篠山産	0	2	0	0	0	0	0	0	×		2

関 飛嶋、藤、正田、西尾－北村

篠 坂本－藤原、酒井

▽本塁打＝飛嶋、中山（以上関）

▽三塁打＝柳川瀬（篠）

▽二塁打＝中山、北村2、山口（以上関）

■■2回戦…平成17年9月18日（日）

姫路球場（7回コールドゲーム）

TEAM	一	二	三	四	五	六	七	八	九	十	計
神戸西	0	0	1	0	0	2	0				3
関学	1	1	1	4	2	2	×				11

神 西尾－北村

関 阿部、木村、池田－後藤

▽本塁打＝青山（関）

▽二塁打＝後藤（関）西尾2、北村（以上関）

■3回戦…平成17年9月24日（土）

神戸スカイマーク

TEAM	一	二	三	四	五	六	七	八	九	十	計
神港学園	0	0	0	3	2	5	1	2	0		13
関学	1	0	3	2	0	1	0	1	0		8

神港学園	0	2	6	4	3	5	0
	振	球	犠	盗	失	残	併
関学	／	／	／	／	／	／	／

▽本塁打＝郷田

▽三塁打＝山口（関）山口（神）

▽二塁打＝青山2、郷田、苧坂、樽井、山口2（神）、浅井　▽2時間23分

神港学園		打	安	点
⑧	蒲田	3	1	0
④	浅倉	5	2	0
⑨	森下	4	2	3
⑦	郷田	5	4	4
⑥	浅井	5	2	0
③1	山口	5	4	2
②	苧坂	3	1	1
⑤	西川	4	1	2
①	福泉	1	0	0
3	小林	2	0	0
	計	37	17	12

関学		打	安	点
⑤	高見	4	3	0
④	樽井	2	1	0
⑨	中山	4	3	3
⑧	青山	5	2	3
③	菅原	5	1	1
⑦	山口	5	2	1
⑥	中野	2	0	0
H	芝野	1	0	0
②	北村	5	1	0
R	稲場	0	0	0
①	西尾	3	0	0
1	石田	0	0	0
1	藤	0	0	0
1	飛嶋	1	1	0
H	山田	1	0	0
	計	38	14	8

県春季高等学校野球西阪神地区大会 2006（平成18）年

■2回戦…平成18年4月3日（月）

津門公園ほか〔西阪神〕（5回コールドゲーム）

TEAM	一	二	三	四	五	六	七	八	九	十	計
宝塚	0	0	0	0	0						0
関学	11	1	2	0	×						14

宝 山田、川村－荒木

関 正田、泉川－北村

▽本塁打＝青山（関）

■準決勝…平成18年4月7日（金）

津門公園〔西阪神〕

TEAM	一	二	三	四	五	六	七	八	九	十	計
県西宮	0	0	0	3	0	1	0	1	3		8
関学	1	0	3	0	0	1	0	1	0		6

県 伊東－中条

関 正田、泉川、飛嶋－北村

▽本塁打＝青山（関）長谷場（県）

第88回全国高等学校野球選手権大会　兵庫大会 平成18年

■2回戦…平成18年7月22日（土）
淡路佐野球場（7回コールドゲーム）

TEAM	一	二	三	四	五	六	七	八	九	十	計
神戸北	0	0	0	0	0	0	0				0
関学	1	0	0	0	1	5	×				7

	振	球	犠	盗	失	残	併
神戸北	6	1	2	0	5	4	0
関学	1	3	4	1	0	6	1

▽三塁打＝中山　▽二塁打＝高見
▽捕逸＝布施　▽1時間30分
○関学の完勝

評　1回、青山の中前適時打で先行した関学は5回に1点を加え 6回5点を挙げて試合を決定した。この回高見の左中間二塁打でまず2点、さらに中山の左中間三塁打などで3点を加えて7回コールド勝ち。神戸北は、正田－西尾－津田の関学継投策に打線沈黙、散発3安打、完封を喫した。

	神戸北	打	安	点
⑧	須賀	3	1	0
⑨	仁井	2	0	0
②1	近藤	2	0	0
③	乾	3	0	0
①	八色	2	0	0
2	池長	1	0	0
⑥	森本	3	0	0
④	吉田	2	0	0
H	下賀	1	0	0
⑦	山口	2	2	0
⑤	安井	1	0	0
3	北田	1	0	0
②	大久保	4	1	0
④	徳永	0	0	0
H	橋本	1	1	0
R4	遠藤	1	0	0
H	田中	1	0	0
	計	30	5	0

	関学	打	安	点
⑤	高見	3	2	2
④	樽井	0	0	0
H4	芝野	1	0	0
⑨	中山	4	1	1
R9	的場	0	0	0
⑧	青山	4	1	1
⑦	山口	2	1	0
③	菅原	2	2	0
3	飯田	0	0	0
⑥	吉川	2	0	0
6	中野	0	0	0
②	布施	3	0	0
2	北村	0	0	0
①	正田	2	0	0
H	山田	1	0	0
1	西尾	0	0	0
1	津田	0	0	0
	計	24	7	4

■3回戦…平成18年7月24日（月）姫路球場

TEAM	一	二	三	四	五	六	七	八	九	十	計
東洋大姫路	0	3	0	0	0	0	1	0	0		4
関学	0	2	0	0	0	0	0	0	0		2

	振	球	犠	盗	失	残	併
東洋大姫路	3	3	2	1	2	6	1
関学	6	1	1	0	1	7	0

▽本塁打＝井上　▽二塁打＝山田
▽1時間49分
●関学の主軸が沈黙

評　東洋大姫路は2回、一死一、二塁で井上が本塁打を放って3点を先取。その裏、関学が敵失で2点を返して1点差。しかし反撃もここまでで3回以後は乾に手が出ず追加点なし。東洋大姫路は7回、吉川の内野安打で2点差と広げ逃げ切った。

	東洋大姫路	打	安	点
④	吉川	4	2	1
⑨	香月	2	0	0
H	長野	1	0	0
9	大広	0	0	0
⑥	林崎	4	0	0
⑤	三宅	4	0	0
⑧	柏原	2	0	0
③	岡	3	2	0
⑦	井上	4	2	3
7	難波	0	0	0
①	乾	4	2	0
②	水田	4	0	0
	計	32	8	4

	関学	打	安	点
⑤	高見	4	3	0
④	樽井	3	0	0
H	飯田	1	0	0
4	芝野	0	0	0
⑨	中山	4	0	0
⑧	青山	3	1	0
⑦	山口	1	0	0
1	飛嶋	2	0	0
1	西尾	0	0	0
③	菅原	4	0	0
⑥	吉川	3	0	0
H	北村	1	0	0
②	布施	4	2	0
①	正田	0	0	0
H	山田	1	1	0
7	稲場	3	0	0
	計	34	7	0

県秋季高等学校野球西阪神地区大会 平成18年

■2回戦…平成18年8月21日（月）

津門公園ほか〔西阪神〕（7回コールドゲーム）

TEAM	一	二	三	四	五	六	七	八	九	十	計
宝塚北	0	0	0	0	0	0	0				0
関学	4	0	1	3	0	0	×				8

宝 瀬形、石井－渡辺

関 飛嶋、片山－布施、広田

■準決勝…平成18年8月25日（金）

鳴尾浜ほか〔西阪神〕（7回コールドゲーム）

TEAM	一	二	三	四	五	六	七	八	九	十	計
宝塚西	0	0	0	0	0	0	0				0
関学	2	0	0	2	0	0	3				7

宝 谷村－田中

関 飛嶋－布施

▽本塁打＝永井（関）

■決勝…平成18年8月28日（月）

鳴尾浜ほか〔西阪神〕

TEAM	一	二	三	四	五	六	七	八	九	十	計
県西宮	1	0	0	0	0	0	0	0	0		1
関学	3	3	0	0	0	0	0	0	×		6

県 田沢－池田

関 飛嶋－布施

▽本塁打＝永井（関）

秋季兵庫県高等学校野球大会 平成18年

関学高登録メンバー		
部長		芝川又美
監督		広岡正信
投手	②	飛嶋真成（関学）
捕手	②	布施雅士（魚住東）
一塁	①	田淵浩太郎（八　景）
二塁	②	田中秀和（加古川）
三塁	①	有村祐貴（精道）
遊撃	①	石井孝典（甲陵）
左翼◎	②	贇川誠史（関学）
中堅	②	永井和義（兵庫）
右翼	②	中根遼（朝霧）
補欠	②	正田曉之（鷹匠）
〃	②	藤幸太（啓明）
〃	①	平子裕司（宝塚）
〃	②	小原一真（志方）
〃	①	西川潤哉（安室）
〃	②	渡真利真央（学文）
〃	②	上田浩之（渋谷）
〃	②	黒木龍作（松崎）
〃	②	福冨治輝（宝塚第一）

■1回戦…平成18年9月17日（日）高砂球場

TEAM	一	二	三	四	五	六	七	八	九	十	計
龍野	0	0	0	2	0	1	0	1	0		4
関学	0	0	0	0	0	0	1	0	1		2

龍 松本直－岡田

関 飛嶋、正田－布施

▽二塁打＝小田、竹上（以上龍）

県春季高等学校野球西阪神地区大会 2007（平成19）年

■2回戦…平成19年4月3日（火）津門公園ほか
〔中阪神〕（5回コールドゲーム）

TEAM	一	二	三	四	五	六	七	八	九	十	計
西宮甲山	0	0	0	0	0						0
関学	4	2	1	4	×						11

西 伊東、池上－市山
関 正田、林－布施、広田
▽本塁打＝飛嶋（関）

■準決勝…平成19年4月5日（木）
津門中央公園〔西阪神〕（7回コールドゲーム）

TEAM	一	二	三	四	五	六	七	八	九	十	計
宝塚北	0	0	0	0	0	0	0				0
関学	2	0	0	2	0	3	×				7

宝 吉田、瀬形－渡辺
関 正田、片山－布施、福冨

■決勝…平成19年4月7日（土）
鳴尾浜〔西阪神〕（6回コールドゲーム）

TEAM	一	二	三	四	五	六	七	八	九	十	計
宝塚東	0	0	0	0	0	0					0
関学	0	1	3	0	1	5					10

宝 中島、大西俊－赤松
関 飛嶋－布施

春季兵庫県高等学校野球大会 平成19年

関学高登録メンバー		
部長		芝川又美
監督		広岡正信
投手	③	正田曉之（鷹匠）
捕手	③	布施雅士（魚住東）
一塁	③	黒木龍作（松崎）
二塁	③	田中秀和（加古川）
三塁	③	桜井武人（西神）
遊撃	②	石井孝典（甲陵）
左翼◎	③	贄川誠史（関学）
中堅	③	永井和義（兵庫）
右翼	③	小原一真（志方）
補欠	③	飛嶋真成（関学）
〃	②	岡崎晃典（青雲）
〃	②	広田成則（東浦）
〃	②	平子裕司（宝塚）
〃	②	有村祐貴（精道）
〃	②	宮永翔太（八千代）
〃	③	上田浩之（渋谷）
〃	③	中根遼（朝霧）
〃	③	藤野貴（関学）

■1回戦…平成19年4月22日（日）明石球場

TEAM	一	二	三	四	五	六	七	八	九	十	計
関学	0	0	0	0	0	0	2	1	0		3
加古川北	1	0	0	0	0	0	0	1	0		2

	振	球	犠	盗	失	残	併
関学	4	2	3	1	1	7	0
加古川北	8	2	3	2	1	4	1

▽二塁打＝飛嶋、黒木　▽1時間46分

◯俊足・藤野が逆転勝ち演出

評　関学は、7回の先頭打者・代打藤野が逆転勝ちの突破口になった。「6回に代打を言われたときから狙っていた」と初球を三塁線へセーフティーバントを決め、送りバントで二進。永井の左前打でホームを陥れた。本塁上際どい判定だったが、俊足が勝った。

メンバー登録は初めてだが、8回には中前に追加点をもたらす適時打を放った。

関学		打	安	点
⑤	桜井	5	3	1
②	布施	3	0	0
⑦	中根	4	2	0
⑧1	飛嶋	4	1	0
③	黒木	4	3	0
⑨	小原	1	0	0
H9	藤野	2	2	1
④	田中	2	0	0
⑥	石井	4	0	0
①	正田	0	0	0
18	永井	3	1	1
	計	32	12	3

加古川北		打	安	点
②	久保	4	1	0
⑤	石口	3	0	1
⑥	藤井	4	1	0
③	網干	3	1	1
⑦	鷲尾	3	0	0
⑨	大西	4	0	0
④	播木	3	0	0
①	三浦	2	0	0
1	三木	0	0	0
⑧	奥濃	2	0	0
	計	28	3	2

■2回戦…平成19年4月28日（土）明石球場

TEAM	一	二	三	四	五	六	七	八	九	十	計
神港学園	2	0	1	0	0	0	0	0	1		4
関学	2	0	0	0	0	0	0	0	0		2

	振	球	犠	盗	失	残	併
神港学園	9	4	1	7	0	9	0
関学	6	4	3	0	1	9	0

▽二塁打＝飛嶋、布施

▽暴投＝橋本、飛嶋　▽2時間14分

神港学園		打	安	点
⑥	浅倉	4	0	0
⑧	蒲田	5	0	0
⑦1	山口	4	3	1
③	小林	4	2	2
⑤	堀尾	4	0	0
④	松田	3	0	0
⑨	渡辺	0	0	0
9	水口	2	1	0
9	飯尾	2	0	0
②	藤岡	4	2	0
①	久保	0	0	0
1	橋本	3	1	0
7	長谷川	0	0	0
	計	35	9	3

関学		打	安	点
⑤	桜井	3	0	0
②	布施	5	1	0
⑦	中根	4	0	0
①8	飛嶋	4	2	1
③	黒木	4	2	1
⑧9	永井	4	0	0
④	田中	3	0	0
H	平子	1	0	0
⑥	石井	2	1	0
R	贄川	0	0	0
⑨	小原	2	0	0
1	正田	0	0	0
H	岡崎	0	0	0
R	上田	0	0	0
	計	32	6	2

第89回全国高等学校野球選手権大会　兵庫大会 平成19年

■2回戦…平成19年7月17日（火）尼崎記念球場

TEAM	一	二	三	四	五	六	七	八	九	十	計
関学	2	0	0	0	0	0	1	0	2		5
宝塚東	0	0	0	0	0	0	0	0	0		0

	振	球	犠	盗	失	残	併
関学	3	1	5	2	0	8	1
宝塚東	11	4	1	2	0	8	1

▽三塁打＝中根　▽二塁打＝飛嶋、布施

▽ボーク＝中島　▽1時間50分

○関学、飛嶋－正田が完封リレー

評　鮮やかな飛嶋－正田の完封リレー。許した安打はわずか4、奪った三振は11という内容。この好投に応えた打線は1回、二死三塁から飛嶋が左前タイムリー。さらに四球と藤の中前打で早くも2点。7回に1点、9回にも2点を加えてワンサイドゲームとした。

宝塚東は2回一死二、三塁のチャンスをつかんだが決定打が出ず完封を喫した。

	関学	打	安	点
⑤	桜井	5	3	0
②	布施	4	2	1
2	広田	0	0	0
⑦	中根	4	1	2
7	贄川	0	0	0
①8	飛嶋	5	2	1
③	永井	3	0	0
⑨	藤	4	1	1
1	正田	0	0	0
⑧9	西川	4	1	0
⑥	石井	3	2	0
④	田中	2	1	0
	計	34	13	5

	宝塚東	打	安	点
④	大西	4	1	0
⑧	斎藤	4	0	0
⑨	北村	4	0	0
②	赤松	2	2	0
③	原田	3	1	0
⑤	田嶋	3	0	0
⑦	斎木	2	0	0
①	中島	3	0	0
⑥	藤岡	3	0	0
	計	28	4	0

■3回戦…平成19年7月21日（土）尼崎記念球場

TEAM	一	二	三	四	五	六	七	八	九	十	計
宝塚西	0	0	0	0	0	0	0	0	0		0
関学	2	0	0	0	3	0	0	0	×		5

	振	球	犠	盗	失	残	併
宝塚西	15	1	0	0	0	3	1
関学	2	7	5	1	0	8	0

▽本塁打＝飛嶋　▽二塁打＝西川、飛嶋

▽暴投＝谷村、窪　▽暴投＝広田

▽1時間36分

○飛嶋－正田で2試合連続の完封勝ち

評　関学が2試合連続の完封リレー。飛嶋－正田の継投の前に宝塚西打線は散発2安打、15三振と全く沈黙。関学は1回永井の右前打などで2点を先制。5回には黒木の中犠飛と飛嶋の左翼2ランホーマーで3点を挙げて勝負を決めた。

	宝塚西	打	安	点
③	田中透	4	0	0
②	道野	4	0	0
⑤	稲田	4	0	0
⑦	青木	3	1	0
⑨	山下	3	0	0
⑧	小川	2	0	0
①	谷村	0	0	0
1	窪	3	0	0
⑥	御手洗	3	0	0
④	平井	2	1	0
H	屋田	1	0	0
4	橋口	0	0	0
	計	29	2	0

	関学	打	安	点
⑦	西川	4	2	0
H4	武内	1	0	0
⑤	桜井	3	2	0
③	黒木	1	0	1
①8	飛嶋	3	2	2
⑧9	永井	3	1	1
⑨	小原	2	0	0
H	久米	1	1	0
1	正田	1	0	0
②	広田	1	0	0
H2	福冨	1	0	0
⑥	石井	2	0	0
④	田中	2	0	0
H	上田	0	0	0
7	贄川	0	0	0
	計	25	8	4

■4回戦…平成19年7月23日（月）
明石球場（7回コールドゲーム）

TEAM	一	二	三	四	五	六	七	八	九	十	計
姫路東	0	0	0	1	0	0	0				1
関学	2	0	5	1	0	0	×				8

姫路東	10	2	2	0	2	3	0
	振	球	犠	盗	失	残	併
関学	3	1	0	2	0	4	0

▽本塁打＝中根　▽三塁打＝西川
▽二塁打＝黒木　▽1時間27分
○関学の一方勝ち

評　関学の完勝。1回一死後布施、中根が連打、黒木の左越二塁打で2点を先行。3回には9人の打者を送って5点。4回、中根が右翼へ本塁打して完全にとどめを刺した。
姫路東は3安打を放ったのみ。4回、中津の中前打で一矢を報いたのみ。

	姫路東	打	安	点
⑧	黒田	3	1	0
⑨	小田	1	0	0
①	上杉	2	0	0
⑦	中島	3	0	0
③	中津	2	1	1
⑤	大木	2	0	0
H	井手	1	1	0
②	岩城	2	0	0
H	刈谷	1	0	0
⑥	竹内	2	0	0
④	畑野	2	0	0
	計	21	3	1

	関学	打	安	点
⑤	桜井	4	1	0
②	布施	3	1	0
H	上田	1	0	0
2	広田	0	0	0
⑦	中根	4	3	1
7	贄川	0	0	0
①8	飛嶋	3	1	0
③	黒木	2	1	3
⑧9	西川	3	1	3
⑨	小原	2	0	0
1	永井	1	0	0
1	福冨	0	0	0
⑥	石井	3	1	1
④	田中	3	1	0
	計	29	10	8

■5回戦…平成19年7月25日（水）明石球場

TEAM	一	二	三	四	五	六	七	八	九	十	計
関学	2	0	0	0	3	0	0	0	0		5
福崎	0	0	0	0	0	2	0	0	0		2

関学	2	10	2	0	2	15	2
	振	球	犠	盗	失	残	併
福崎	9	0	2	2	2	6	0

▽二塁打＝中根、河野　▽暴投＝上野、正田
▽1時間58分
○関学3投手の継投策実る

評　関学は1回二死一、二塁から黒木、藤の適時打で幸先いい2点を挙げる。さらに5回、一死二、三塁で飛嶋が中前に適時打を放ってこの回3点を加えて安全圏に。飛嶋－正田－永井の継投で福崎打線を7安打、2点に抑えた。

	関学	打	安	点
⑤	桜井	3	0	0
②	布施	3	0	0
⑦	中根	5	2	0
①81	飛嶋	3	1	2
③	黒木	4	1	1
⑧9	西川	4	1	0
⑨	藤	3	1	1
1	正田	1	1	0
H18	永井	1	0	0
⑥	石井	4	2	1
④	田中	4	0	0
	計	35	9	5

	福崎	打	安	点
④	高島	4	2	0
⑧	松本	3	0	0
⑦	河野	4	1	1
③5	南	4	1	0
⑥	中野	3	1	1
⑨	清瀬	4	1	0
⑤	中原	3	0	0
1	三坂	0	0	0
H	泥	1	0	0
②	松浦幸	4	1	0
①3	上野	3	0	0
	計	33	7	2

■準々決勝…平成19年7月26日（木）姫路球場

TEAM	一	二	三	四	五	六	七	八	九	十	計
明石南	0	0	0	0	0	0	0	0	0		0
関　学	2	1	0	1	0	1	0	0	×		5

投手	回		安	振	球	失	責
柴谷	1/3		2	0	1	2	1
浅井	7 2/3		8	3	3	3	2
飛嶋	9		3	13	2	0	0

明石南		打	安	点
⑦	細田	4	0	0
⑥	萩野	4	1	0
⑧	田中	3	2	0
②	梅沢	3	0	0
④	岩谷	4	0	0
⑨	橘	1	0	0
9	柏木	2	0	0
③	榎本	3	0	0
⑤	井潤	3	0	0
①	柴谷	0	0	0
1	浅井	2	0	0
H	赤尾	1	0	0
	計	30	3	0

関学		打	安	点
⑦	西川	1	1	1
H	藤	4	2	1
⑤	桜井	3	2	1
③	黒木	4	2	1
①	飛嶋	3	1	0
⑧	永井	1	0	0
H8	贄川	3	0	0
⑨	小原	0	0	0
H7	中根	3	2	0
②	布施	4	0	0
⑥	石井	4	0	0
④	田中	3	0	1
	計	33	10	5

▽二塁打＝黒木、中根　▽残塁＝明5、関9

▽審判＝（球）橘、吉田昭、鹿田、板垣

○1時間36分

■準決勝…平成19年7月28日（土）
明石球場（7回コールドゲーム）

TEAM	一	二	三	四	五	六	七	八	九	十	計
関　学	0	0	1	0	0	0	0				1
報　徳	0	0	4	0	0	4	×				8

投手	回		安	振	球	失	責
飛嶋	2 0/3		4	3	3	4	4
正田	3		1	1	3	0	0
福富	2/3		2	0	2	4	4
藤	1/3		0	0	0	0	0
近田	6		4	5	1	1	1
福島	0		0	0	0	0	0

関学		打	安	点
⑧7	西川	2	1	0
1	福富	0	0	0
1	藤	0	0	0
⑤	桜井	2	1	0
③	黒木	3	0	0
①8	飛嶋	3	1	0
⑦	中根	1	0	0
1	正田	1	0	0
H7	永井	1	0	0
⑨	小原	3	0	0
⑥	石井	2	0	0
H	贄川	1	0	0
④	田中	1	1	1
H4	久米	1	0	0
H	上田	1	0	0
②	布施	2	0	0
	計	24	4	1

報徳		打	安	点
⑦	竹田	3	1	1
H	中尾	3	1	2
⑤	前田	2	1	2
③	小杉	4	3	1
①	近田	4	1	0
⑧	福島	0	0	0
H8	中西	1	0	0
⑨	糸井	3	0	0
H7	片山	2	0	0
②	長田	1	0	2
⑥	亀井	0	0	0
	計	23	7	8

▽本塁打＝小杉　▽暴投＝近田　▽捕逸＝糸井

▽残塁＝関4、報6　▽併殺＝関1、報0

▽審判＝（球）岸見、岸、文珠、松川

○1時間36分

県秋季高等学校野球西阪神地区大会 平成19年

■1回戦…平成19年8月20日（月）

津門公園〔西阪神〕（7回コールドゲーム）

TEAM	一	二	三	四	五	六	七	八	九	十	計
宝塚北	0	0	0	0	0	0	0				0
関学	7	0	0	0	0	0	0				7

宝 坂本－円井

関 新川、保宗、橋本－山崎裕、広田

■2回戦…平成19年8月22日（水）

鳴尾浜ほか〔西阪神〕

TEAM	一	二	三	四	五	六	七	八	九	十	計
宝塚	0	0	0	0	0	0	0	0	0		0
関学	0	1	0	0	0	0	0	0	×		1

宝 平塚－大垣

関 新川－広田、山崎

■準決勝…平成19年8月27日（月）

津門公園ほか〔西阪神〕（8回コールドゲーム）

TEAM	一	二	三	四	五	六	七	八	九	十	計
宝塚西	0	0	0	0	0	0	1	0			1
関学	0	0	2	0	0	2	0	4			8

宝 窪、布田－道野

関 新川、鳥内、田村－山崎

■決勝…平成19年8月29日（水）

津門公園ほか〔西阪神〕

TEAM	一	二	三	四	五	六	七	八	九	十	計
県西宮	0	0	0	0	0	3	2	4	0		9
関学	1	0	0	0	2	0	0	0	0		3

県 大井、木田、植田－西尾

関 新川、鳥内、田村、有村、保宗－山崎

▽本塁打＝植田

秋季兵庫県高等学校野球大会 平成19年

■1回戦…平成19年9月15日（土）淡路佐野球場

TEAM	一	二	三	四	五	六	七	八	九	十	計
柏原	0	0	0	0	0	0	0	0	0		0
関学	1	1	0	0	0	0	0	0	×		2

柏 廣田 **関** 新川－山崎（裕）

▽二塁打＝高馬 ▽四球＝石井② ▽死球＝萩野

▽盗塁＝石井、宮永 ▽犠打＝山崎（裕）、西川

■2回戦…平成19年9月17日（月・祝）姫路球場

TEAM	一	二	三	四	五	六	七	八	九	十	計
日生第三	0	0	0	0	0	0	0	0	1		1
関学	0	0	0	0	0	0	0	4	×		4

日 川内、山林－上田

関 新川－山崎

▽二塁打＝有村

■3回戦…平成19年9月23日（日・祝）

姫路球場（8回コールドゲーム）

TEAM	一	二	三	四	五	六	七	八	九	十	計
三田学園	0	0	0	0	0	0	0	0			0
関学	0	0	1	0	0	0	4	2			7

	振	球	犠	盗	失	残	併
三田学園	2	5	2	0	1	6	1
関学	2	4	2	0	1	12	1

▽二塁打＝萩野、山崎 ▽1時間47分

	三田学園	打	安	点
⑥	小柳	3	1	0
⑦	内田	3	0	0
H7	井本	1	0	0
⑤	川嶋	4	0	0
③	高岡	3	0	0
②	狩野	3	0	0
①8	松岡拓	2	0	0
⑧	安原	0	0	0
1	松岡遼	0	0	0
1	東条	0	0	0
④	日詰	2	0	0
⑨	前田	2	0	0
	計	23	1	0

	関学	打	安	点
⑧	西川	5	1	0
⑥	石井	5	4	0
⑦	宮永	4	1	0
⑨	高馬	4	2	1
③	萩野	4	3	1
⑤	有村	4	1	2
②	山崎	3	1	2
④	灘井	3	2	0
①	新川	4	0	0
	計	36	15	6

■準々決勝…平成19年9月29日（土）姫路球場

TEAM	一	二	三	四	五	六	七	八	九	十	計
神戸弘陵	0	2	0	1	0	0	0	0	0		3
関学	0	0	0	0	0	2	0	0	0		2

神戸弘陵	2	10	2	0	2	15	2
	振	球	犠	盗	失	残	併
関学	9	0	2	2	2	6	0

▽三塁打＝西川、岡崎

▽二塁打＝竹下　▽2時間12分

評　神戸弘陵は2回二死後岩下、竹下らの4連打で2点。4回には一死二塁から竹下の二塁打で1点を加え3－0とリード。これを追う関学は6回、2点を返し1点差と詰め寄ったが、あと一歩が届かなかった。好機でタイムリーを欠いたのが痛かった。

神戸弘陵		打	安	点
⑦	岩下	3	1	1
⑥	竹下	5	2	2
④	木下	5	1	0
③	川越	3	0	0
1	栗原	0	0	0
⑧3	村井	3	0	0
⑤	鈴木	4	0	0
⑨	尾崎	3	1	0
②	寺本	4	1	0
①8	高木	4	2	0
④	田中	4	0	0
	計	38	8	3

関学		打	安	点
⑧	西川	5	1	0
⑥	石井	5	1	0
⑦	宮永	5	1	0
⑨	高馬	4	0	0
③	荻野	3	0	0
H3	平子	1	1	0
⑤	有村	4	2	0
②	山崎	2	1	0
④	灘井	1	0	0
H	東野	1	1	0
4	窪	0	0	0
H4	松井	1	0	0
①	新川	1	0	0
H1	岡崎	2	1	2
	計	35	9	2

県春季高等学校野球西阪神地区大会 2008（平成20）年

■2回戦…平成20年4月3日（木）

津門中央ほか〔西阪神〕（5回コールドゲーム）

TEAM	一	二	三	四	五	六	七	八	九	十	計
関学	0	8	5	0	0						13
西宮北	0	0	0	0	0						0

関　保宗、中尾－平子、広田

西　南、柳－本田

■準決勝…平成20年4月5日（土）

津門中央ほか〔西阪神〕

TEAM	一	二	三	四	五	六	七	八	九	十	計
関学	0	0	0	0	0	3	0	0	1		4
宝塚東	0	0	0	0	0	0	2	0	1		3

関　新川－平子、山崎

宝　宮山、大西－原田

■決勝…平成20年4月7日（月）

津門中央ほか〔西阪神〕

TEAM	一	二	三	四	五	六	七	八	九	十	計
県西宮	3	0	0	6	0	0	0	0	1		10
関学	0	0	0	0	0	2	2	0	7×		11

県　大井、木田、植田－西尾

関　新川、岡崎、中尾－山崎

春季兵庫県高等学校野球大会 平成20年

関学高登録メンバー		
部長		芝川又美
監督		広岡正信
投手	③	岡崎晃典（青雲）
捕手	③	広田成則（東浦）
一塁	③	田渕浩太郎（八景）
二塁	③	灘井康裕（塩瀬）
三塁	③	有村祐貴（精道）
遊撃◎	③	石井孝典（甲陵）
左翼	③	宮永翔太（八千代）
中堅	③	西川潤哉（安室）
右翼	③	東野聖也（清和台）
補欠	②	新川紘耶（小田南）
〃	②	安食拓海（猪名川）
〃	③	平子裕司（宝塚）
〃	③	荻野岬平（春日）
〃	③	岡部恭介（関学）
〃	③	金丸拓（鈴蘭台）
〃	②	山崎裕貴（天王寺川）
〃	③	中尾裕磨（橋　立）
〃	②	高馬啓城（関学）

■2回戦…平成20年4月19日（土）三田城山

TEAM	一	二	三	四	五	六	七	八	九	十	計
関学	0	0	0	0	0	1	0	0	0		1
加古川北	0	1	0	0	1	0	0	1	×		3

	振	球	犠	盗	失	残	併
関学	4	8	0	0	0	11	0
加古川北	3	0	2	1	0	7	0

▽本塁打＝大西　▽三塁打＝奥濃

▽二塁打＝西川、宮永、中尾　▽暴投＝岩崎

▽1時間58分

●関学の追撃及ばず

評　2点を追う関学は6回、西川、宮永の連続二塁打で1点差。7回には中尾の二塁打で同点に追いつくチャンスをつかんだが、後続なし。

	関学	打	安	点
⑥	石井	2	0	0
⑧	西川	4	1	0
⑦	宮永	5	2	1
⑨	東野	1	0	0
H9	高馬	3	0	0
③	荻野	1	0	0
H3	田渕	1	0	0
H3	平子	1	0	0
⑤	有村	4	2	0
②	山崎	4	0	0
④	灘井	1	0	0
H4	岡部	0	0	0
H	金丸	1	0	0
①	新川	0	0	0
H1	中尾	3	1	0
H	安食	0	0	0
R	広田	0	0	0
	計	31	6	1

	加古川北	打	安	点
②	久保	4	3	0
⑧	奥濃	4	2	1
⑥	藤井	4	1	0
③	吉田	4	2	0
⑨	大西	2	1	1
H9	玉井	0	0	0
④	神吉	4	1	1
⑦	神田	3	0	0
7	竹内	0	0	0
H	村田	1	0	0
7	平郡	0	0	0
①	岩崎	3	0	0
⑤	石口	3	2	0
	計	32	12	3

第90回全国高等学校野球選手権記念大会　東兵庫大会 平成20年

関学高登録メンバー		
部長	③	芝川又美
監督	③	広岡正信
投手	③	鳥内貴央（蒲生）
捕手	③	広田成則（東浦）
一塁	③	荻野岬平（春日）
二塁	③	灘井康裕（塩瀬）
三塁	③	有村祐貴（精道）
遊撃◎	③	石井孝典（甲陵）
左翼	③	宮永翔太（八千代）
中堅	③	西川潤哉（安室）
右翼	③	東野聖也（清和台）
補欠	③	中尾裕磨（橋立）
〃	②	新川紘耶（小田南）
〃	②	山崎裕貴（天王寺川）
〃	③	田渕浩太郎（八景）
〃	③	岡部恭介（関学）
〃	③	吉川由祐（松崎）
〃	②	高橋将（本山南）
〃	②	安食拓海（猪名川）
〃	②	高馬啓城（関学）

■2回戦…平成20年7月10日(木)
尼崎記念球場(7回コールドゲーム)

TEAM	一	二	三	四	五	六	七	八	九	十	計
関学	1	3	0	0	1	6	2				13
県伊丹	0	0	0	0	0	2	0				2

	振	球	犠	盗	失	残	併
関学	3	5	1	6	1	11	2
県伊丹	4	2	1	0	2	4	1

▽二塁打=山崎、西川、石井、有村、荒木
▽暴投=河井、片平　▽2時間1分
○13－2、関学高大勝
評　18安打、13得点で関学の大勝。2回、二死一、二塁から石井右前打、山崎左線二塁打で3点。4点のリード。6回には大量6点を挙げてワンサイドゲーム。
この回無死宮永に始まってなんと6連打、4点を入れたあと石井が中前に2点適時打を放ってコールドゲームが決まった。

	関学	打	安	点
⑥1	石井	5	3	4
②72	山崎	4	2	2
⑦	宮永	3	2	0
H	吉川	1	0	0
3	荻野	0	0	0
⑨	高馬	4	3	1
①7	中尾	5	1	0
⑤	有村	4	1	2
⑧	西川	5	4	1
③	田渕	1	0	0
H2	広田	1	1	0
7	東野	1	1	2
1	橋本	0	0	0
4	清見	0	0	0
④	灘井	3	0	0
H46	岡部	2	0	0
	計	39	18	12

	県伊丹	打	安	点
⑧	井上	3	0	0
⑦	武田	2	0	0
②	永木	3	1	1
③13	片平	2	1	0
⑨	中島	3	0	0
⑤	上野	2	0	0
H	今井	0	0	0
R	静	0	0	0
④	溝口	2	0	0
H	服部	1	0	0
⑥	佐野	1	0	0
H	牛房	1	1	0
6	杉山	0	0	0
H	荒木	1	1	0
①31	河井	3	2	0
	計	24	6	1

■3回戦…平成20年7月13日(日)
尼崎記念球場(7回コールドゲーム)

TEAM	一	二	三	四	五	六	七	八	九	十	計
関学	0	1	0	3	3	2	1				10
猪名川	0	1	0	0	0	0	0				1

	振	球	犠	盗	失	残	併
関学	0	5	3	3	0	9	1
猪名川	6	0	0	3	3	1	0

▽三塁打=有村　▽二塁打=有村、東野、中尾
▽1時間38分
○力の差歴然
評　2回スクイズで1点を先行した関学は4回以後猛攻撃を見せた。4回、清見、山崎の適時打などで3点、5回には中尾の二塁打などで3点と一方的に押しまくり7回コールド勝ち。

	関学	打	安	点
⑥	石井	3	1	1
②	山崎	5	2	1
⑦	宮永	4	2	0
H	広田	1	0	1
7	高馬	0	0	0
⑨	東野	5	3	0
①3	中尾	4	1	1
⑤	有村	4	3	1
⑧	西川	3	1	1
③	荻野	1	0	0
H	橋本	0	0	0
R	吉川	0	0	0
1	鳥内	0	0	0
1	田村	0	0	0
④	清見	1	1	2
H4	岡部	1	1	0
	計	32	15	8

	猪名川	打	安	点
②	井口	3	0	0
④7	平田	3	0	0
③	早川	3	0	0
①	板谷	3	1	0
⑧	奥野	3	1	0
⑨	西	2	0	0
⑥	西川	2	1	0
⑤	大原	2	0	0
⑦	鶴田	1	0	0
4	阪本	1	0	0
	計	23	3	0

■4回戦…平成20年7月17日（木）尼崎記念球場

TEAM	一	二	三	四	五	六	七	八	九	十	計
伊丹西	1	0	0	0	0	1	6	0	0		8
関学	0	0	0	1	1	0	0	0	0		2

伊丹西	5	5	2	2	3	5	0
	振	球	犠	盗	失	残	併
関学	6	2	2	0	1	5	0

▽三塁打＝木田、中尾、新田

▽二塁打＝若林、高津　▽暴投＝島内

▽2時間1分

●伊丹西7回に集中打

評　6回まで2－2のタイ。7回に伊丹西が一気に試合を決めた。一死満塁のチャンスをつかんだ伊丹西は重松が左前打して勝ち越したあと新田が走者一掃の三塁打を放った。さらに梶原が左前打して一気に6点を奪った。関学はわずか2安打を放ったのみ。必死の継投も実らなかった。

伊丹西		打	安	点
⑧	木田	2	1	0
④	重松	4	1	1
⑤	新田	4	2	5
②	鎌戸	3	0	0
⑥	梶原	4	1	1
⑨	岩井	4	1	0
③	若林	4	1	0
⑦	高津	4	2	0
①	山口	4	1	0
	計	33	10	7

関学		打	安	点
⑥16	石井	4	1	0
②	山崎	4	0	0
⑦	宮永	4	0	0
⑨	東野	3	0	0
①3	中尾	4	1	1
⑤	有村	4	0	0
⑧	西川	4	0	0
③	田渕	1	0	0
1	橋本	0	0	0
6	岡部	0	0	0
1	島内	1	0	0
1	田村	0	0	0
④	灘井	0	0	0
H	高馬	0	0	0
4	清見	1	0	0
	計	30	2	1

県秋季高等学校野球西阪神地区大会 平成20年

■2回戦…平成20年8月22日（金）

鳴尾浜ほか〔西阪神〕

TEAM	一	二	三	四	五	六	七	八	九	十	計
関学	0	0	1	2	0	0	0	0	1		4
仁川	0	0	0	0	0	0	0	1	0		1

関　新川－山崎裕

仁　岡－星山　▽本塁打＝北田（仁）

■決勝…平成20年8月29日（金）

鳴尾浜ほか〔西阪神〕

TEAM	一	二	三	四	五	六	七	八	九	十	計
関学	0	0	0	2	4	3	0	0	6		15
宝塚東	3	0	2	1	0	0	0	0	0		6

関　高橋、新川－山崎裕

宝　山中、本庄、田嶋－稲田

■準決勝…平成20年8月27日（水）

鳴尾浜ほか〔西阪神〕（5回コールドゲーム）

TEAM	一	二	三	四	五	六	七	八	九	十	計
西宮北	0	0	2	0	0						2
関学	2	2	3	1	4						12

西　鳥山、野口－大溝

関　新川－山崎裕

▽本塁打＝高馬（関）

秋季兵庫県高等学校野球大会 平成20年

■1回戦…平成20年9月20日(土)

高砂球場

TEAM	一	二	三	四	五	六	七	八	九	十	計
明石北	0	0	0	0	0	0	0	0	0		0
関学	0	1	0	0	3	0	2	0	×		6

明 山田、大岡－鈴木

関 新川－山崎裕

▽三塁打＝安食、高馬(以上関)

■2回戦…平成20年9月23日(火・祝)

尼崎記念球場

TEAM	一	二	三	四	五	六	七	八	九	十	計
関学	0	0	0	0	0	0	0	3	0		3
三田西陵	0	0	0	0	0	0	0	0	0		0

関 新川－山崎裕

三 土本－山内

■3回戦…平成20年9月28日(日)高砂球場

TEAM	一	二	三	四	五	六	七	八	九	十	計
神戸弘陵	0	2	0	0	0	0	0	0	0		2
関学	2	0	0	0	0	0	1	0	×		3

神戸弘陵	3	0	3	0	2	9	0
	振	球	犠	盗	失	残	併
関学	6	6	4	1	4	10	0

▽二塁打＝木下(関)、羽柴、山崎裕

▽暴投＝平間2　▽2時間2分

評 新川が我慢のピッチング。神戸弘陵打線に9安打を浴びながら2失点に抑える力投。最大のピンチは2－2で迎えた7回の二死満塁。外角低めを衝いて投ゴロに仕留めて脱したその直後に決勝点となった1点が入ったのだから勝因に挙げてもいいだろう。7回の場面について新川は「慎重にコースを攻めれば打たれないと思って投げた」と話していた。

神戸弘陵		打	安	点
④	内藤	4	0	0
H	橋爪	1	0	0
⑤	小松	4	1	0
⑥	木下	4	2	0
②	寺本	4	2	0
③	工藤	4	1	0
①	平間	3	1	0
⑦	田中	3	0	0
⑨	羽柴	4	1	1
⑧	古野	3	1	0
H	新田			
	計	34	9	1

関学		打	安	点
②	山崎裕	5	3	0
⑤	窪	3	1	0
⑨	安食	4	0	0
⑧	高馬	2	1	0
③	黒木	3	0	0
④	木下	3	1	1
⑦	鳥内	0	0	0
H7	雑賀	3	0	0
⑥	小原	2	1	0
①	新川	2	0	0
	計	27	7	1

■準々決勝…平成20年10月4日（土）明石球場

TEAM	一	二	三	四	五	六	七	八	九	十	計
滝川第二	0	0	1	0	2	1	1	0	0		5
関学	0	0	0	0	0	0	0	2	0		2

	振	球	犠	盗	失	残	併
滝川第二	2	2	3	0	1	8	0
関学	1	2	0	0	2	6	0

▽二塁打＝倉崎　▽1時間49分

●関学、反撃も2点どまり

評 関学の完敗。6安打を放ったが2点にとどまった。対する滝川第二は全員の10安打、5得点。3回一死一、三塁で上平の右犠飛で先行。5回には藤本の中前打などで2点を加えた。さらに6、7回に各1点を挙げて一方的に試合を進めた。

滝川第二		打	安	点
④	中村	5	1	0
③	上平	4	1	1
⑤	今井	5	1	1
⑦	藤本	5	2	1
⑥	倉崎	4	1	1
⑨	藤原	4	1	0
⑧	坂本	3	1	0
②	川井	2	1	0
①	松本	3	1	1
	計	35	10	5

関学		打	安	点
②	山崎裕	4	2	0
⑤	窪	4	0	1
⑨	安食	3	1	1
⑧	高馬	4	0	0
③	黒木	4	0	0
④	木下	4	1	0
⑦	鳥内	1	0	0
H7	雑賀	3	0	0
⑥	小原	3	1	0
①	新川	1	0	0
H	山崎純	1	0	0
1	高橋	0	0	0
H	大西	1	1	0
R	佐藤	0	0	0
1	河野	0	0	0
	計	33	6	2

県春季高等学校野球西阪神地区大会 2009（平成21）年

■2回戦…平成21年4月4日（土）
津門公園ほか〔西阪神〕（7回降雨コールドゲーム）

TEAM	一	二	三	四	五	六	七	八	九	十	計
宝塚西	1	0	0	0	0	0	1				2
関学	1	0	0	0	1	1	0				3

宝 布田－堀岡

関 新川－山崎裕

■準決勝…平成21年4月5日（日）
津門公園〔西阪神〕

TEAM	一	二	三	四	五	六	七	八	九	十	計
関学	0	0	1	2	0	2	1	0	0		6
仁川	0	0	0	0	0	0	0	3	0		3

関 新川－山崎裕

仁 大西、木戸口、岡－星山

■決勝…平成21年4月7日（火）鳴尾浜〔西阪神〕

TEAM	一	二	三	四	五	六	七	八	九	十	計
宝塚東	0	1	0	0	0	0	0	0	0		1
関学	2	0	0	0	0	0	0	1	×		3

宝 田嶋－稲田

関 新川－山崎裕

春季兵庫県高等学校野球大会 平成21年

関学高登録メンバー		
部長	③	芝川又美
監督	③	広岡正信
投手	③	新川紘耶（小田原）
捕手	③	山崎裕貴（天王寺川）
一塁	③	山崎純意（関学）
二塁◎	③	窪大介（光が丘）
三塁	②	黒木秀太（松崎）
遊撃	③	小原真人（志方）
左翼	③	梅本裕之（本山）
中堅	③	高馬啓城（関学）
右翼	③	安食拓海（猪名川）
補欠	②	松本雅之（宝塚）
〃	②	河野稜太（大原）
〃	③	中塚輝（藍）
〃	②	大西朋綾（稲美）
〃	②	木下岳（鈴蘭台）
〃	③	鳥内将希（蒲生）
〃	②	津田佳祐（中央）
〃	③	雑賀一馬（養父）
〃	③	沢村俊輔（関学）

■2回戦…平成21年4月19日（日）姫路球場

TEAM	一	二	三	四	五	六	七	八	九	十	計
関学	0	3	0	0	0	0	1	0	0		4
東洋大姫路	0	0	1	0	2	0	0	0	2		5

	振	球	犠	盗	失	残	併
関学	4	9	2	0	1	16	0
東洋大姫路	2	5	3	2	4	10	0

▽二塁打＝田代　▽暴投＝太田智2、太田勝1
▽2時間28分

評　東洋大姫路が土壇場の9回裏二死満塁から中尾がセンター方向へライナーを放った。当たりはそれほど鋭くなく二塁の守備範囲でアウトが取れると思われたが、打球に追いついた二塁手が落球、記録は内野安打。その間に二、三塁から走者が本塁を陥れて逆転サヨナラ勝ちした。関学にとっては勝利を掌中に入れながらこぼした敗戦だけに悔やみきれないだろう。「勝ったと思って気が緩んだ。1球で勝敗が分かれる。いい経験になった」と木下二塁手は敗戦を悔しがる。

	関学	打	安	点
④	木下	5	0	0
⑥5	窪	6	1	1
②	山崎裕	4	3	1
⑧	高馬	3	1	1
③	山崎純	3	0	0
6	小原	0	0	0
⑥3	黒木	5	0	0
⑨	清水	0	0	0
H9	安食	4	1	0
⑦	雑賀	0	0	0
H7	梅本	4	1	0
①	新川	2	1	1
1	松本	0	0	0
	計	36	8	4

	東洋大姫路	打	安	点
⑧	福永	5	2	0
⑥	中川	2	1	1
⑦	能丸	4	2	1
③	竹田	4	0	1
⑨	中尾	5	3	2
②	山下	0	0	0
2	長尾	3	0	0
⑤	田代	4	2	0
①	太田智	0	0	0
H	石塚	1	1	0
1	太田勝	3	1	0
④	松浦	2	1	0
	計	33	13	5

第91回全国高等学校野球選手権大会　兵庫大会 平成21年

関学高登録メンバー		
部長	③	芝川又美
監督	③	広岡正信
投手	③	新川紘耶（小田南）
捕手	③	山崎裕貴（天王寺川）
一塁	③	山崎純意（関学）
二塁◎	③	窪大介（光が丘）
三塁	②	黒木秀太（松崎）
遊撃	③	小原真人（志方）
左翼	③	梅本裕之（本山）
中堅	③	高馬啓城（関学）
右翼	③	安食拓海（猪名川）
補欠	③	高橋将（本山南）
〃	③	大西悟史（関学）
〃	③	中塚輝（藍）
〃	②	津田佳祐（中央）
〃	②	木下岳（鈴蘭台）
〃	③	鳥内将希（蒲生）
〃	③	柴田一輝（加古川）
〃	③	雑賀一馬（養父）
〃	③	沢村俊輔（関学）

■2回戦…平成21年7月15日（水）尼崎記念球場

TEAM	一	二	三	四	五	六	七	八	九	十	計
三木北	0	0	0	2	2	0	0	0	0		4
関学	1	0	5	3	0	0	0	0	×		9

	振	球	犠	盗	失	残	併
三木北	6	2	1	0	1	5	0
関学	5	3	5	2	0	7	2

▽本塁打＝黒木　▽二塁打＝小林2、新川

▽2時間5分

○関学の完勝

評　前半4回までに9点を挙げた関学の先制攻撃は鮮やか。1回、山崎純の犠飛で先行。3回には山崎純のタイムリーのあと黒木が満塁本塁打してこの回5点。さらに4回に3点とワンサイドに攻めまくった。

5回以後追加点を挙げられなかったのにはいささか不満も残るが。対する三木北は、大量失点にもめげず反撃を見せたのは立派。4、5回に2点ずつ返したが、あまりにも立ち上がりの失点が大き過ぎた。

	三木北	打	安	点
⑧	末政	3	1	0
⑦	大鹿	3	0	0
③	萩原	1	0	0
3	小松	3	1	0
⑤	松井	4	2	2
⑥	竹内	4	1	0
①9	小林	4	2	2
④	前河	4	1	0
⑨	桜井	2	0	0
1	本庄	1	0	0
H	中里	1	0	0
②	近沢	3	0	0
	計	33	8	4

	関学	打	安	点
⑦	梅本	4	3	0
⑥4	窪	3	1	1
②1	山崎裕	4	2	1
⑧	高馬	3	0	0
③	山崎純	2	2	3
⑤	黒木	4	2	4
⑨	安食	3	0	0
H9	鳥内	1	0	0
④	木下	2	0	0
H6	小原	2	1	0
①	新川	3	1	0
2	中塚	1	0	0
	計	32	12	9

■3回戦…平成21年7月19日（日）
スカイマーク（7回コールドゲーム）

TEAM	一	二	三	四	五	六	七	八	九	十	計
関学	2	0	4	0	2	0	1				9
川西緑台	0	0	0	0	0	0	0				0

関学	3	2	3	2	1	7	0
	振	球	犠	盗	失	残	併
川西緑台	2	2	0	1	1	4	0

▽三塁打＝黒木　▽二塁打＝鳥内
▽暴投＝上神
▽1時間32分
○9－0、関学7回コールド勝ち

評　関学は1回、高馬、黒木が適時打して2点を先取。3回には黒木の三塁打などで4点、さらに5回、鳥内の2点二塁打でダメ押し。

関	学	打	安	点
⑦	梅本	5	0	0
⑥4	窪	3	3	0
②	山崎裕	3	1	0
⑧	高馬	4	2	1
③	山崎純	4	3	1
⑤	黒木	4	3	3
⑨	安食	1	0	0
H9	鳥内	2	1	3
④	木下	1	0	0
H	永井	1	0	0
6	小原	0	0	0
①	新川	3	0	0
H	柴田	1	1	0
1	沢村	0	0	0
1	大西	0	0	0
	計	32	14	8

川西緑台		打	安	点
④64	白沢	3	1	0
⑨	松風	1	0	0
4	宮地	1	0	0
9	西村	1	0	0
9	中野	0	0	0
⑥16	野田	3	0	0
③	城尾	3	0	0
⑦	山田	2	0	0
⑧	鍵仲	3	0	0
⑤	佐野	2	0	0
②	古田	1	1	0
R	和久	0	0	0
2	原田	1	0	0
①91	上神	2	1	0
	計	23	3	0

■4回戦…平成21年7月23日（木）明石球場

TEAM	一	二	三	四	五	六	七	八	九	十	計
関学	0	0	5	0	0	0	0	1	0		6
市川	0	0	0	0	2	0	0	0	0		2

関学	3	2	3	2	1	7	0
	振	球	犠	盗	失	残	併
市川	2	2	0	1	1	4	0

▽三塁打＝山崎純、矢野　▽二塁打＝西井
▽暴投＝祖父元　▽1時間53分
○市川、5失策が命取り

評　市川は5失策が命取りとなった。3回、関学は一死満塁のチャンス、相手のバント処理ミス、送球エラーと内野陣の乱れに乗じて2点。これを機に4番高馬からの4連打の猛攻、さらに3点を加え計5点。相手のミスを衝く攻撃はソツがない。新川－山崎のリレーもぴったり決まった。市川の二番手祖父元が好投したが、反撃も5回の2点にとどまった。

関	学	打	安	点
⑦	梅本	5	1	0
⑥4	窪	5	0	0
②1	山崎裕	5	0	1
⑧	高馬	3	1	0
③	山崎純	3	2	0
⑤	黒木	4	2	1
⑨	鳥内	1	0	0
9	安食	3	2	2
④	木下	3	1	0
H6	小原	1	0	0
①	新川	2	0	0
H2	中塚	2	0	0
	計	37	9	4

市	川	打	安	点
④	下田	3	1	0
⑥5	西井	3	1	0
5	浦上	0	0	0
⑨	矢野	4	2	2
⑧	菅野	3	0	0
⑦	西村	4	0	0
2	藤戸	0	0	0
③	細野	2	1	0
3	近沢	2	0	0
②7	松尾	4	1	0
①	鎌村	0	0	0
1	祖父元	3	0	0
⑤	石橋	2	0	0
6	臼井	1	0	0
	計	31	6	2

■5回戦…平成21年7月26日（日）姫路球場

TEAM	一	二	三	四	五	六	七	八	九	十	計
報　徳	0	3	0	0	0	0	1	0	0		4
関　学	3	0	1	1	0	0	0	0	×		5

報　徳	5	3	2	1	1	6	0
	振	球	犠	盗	失	残	併
関　学	2	3	5	2	0	6	0

▽本塁打＝宮本

▽二塁打＝黒木、木下、八代、辻

▽暴投＝宮谷　▽2時間

○関学、1点差逃げ切る

報　徳		打	安	点
⑧	辻	5	2	0
④	野　島	4	1	1
⑥	籾　山	3	2	1
⑤	西　郷	4	0	0
③1	宮　本	3	1	1
②	平　本	3	1	0
⑦	藤　倉	3	0	0
⑨	八　代	4	1	1
①	宮　谷	0	0	0
3	和　田	1	0	0
H3	坂　元	2	0	0
	計	32	8	4

関　学		打	安	点
⑦	梅　本	3	0	1
⑥	窪	2	0	0
②1	山崎裕	4	2	0
⑧	高　馬	2	0	0
⑤	黒　木	2	1	3
④	木　下	4	1	1
③	山崎純	4	3	0
⑨	安　食	3	1	0
①	新　川	0	0	0
2	中　塚	3	1	0
	計	27	9	5

評　素早い関学の先制攻撃。1回、二死二、三塁から黒木が左越二塁打を放ってこの回3点。幸先のいい滑り出し。ところがその直後、報徳は宮本の本塁打などで同点に追いつき接戦模様に。3回、関学は黒木のスクイズで1点。4回には梅木の犠飛で1点、2点をリードした。これを捕手からマウンドに立った山崎裕が報徳の反撃を7回の1点に抑えて5－4、1点差を守り切った。

■準々決勝…平成21年7月27日（月）明石球場

TEAM	一	二	三	四	五	六	七	八	九	十	計
関　学	0	2	0	1	0	0	0	0	0		3
神戸弘陵	0	0	0	0	0	0	0	1	1		2

投　手	回		安	振	球	失	責
新　川	5		2	2	1	0	0
山 崎 裕	4		6	2	1	2	2
平　間	9		10	7	3	3	3

関　学		打	得	安	点	振	球	犠	盗	失
⑦	梅　本	5	0	1	0	2	0	0	0	0
⑥	窪	5	0	1	0	1	0	0	0	0
②1	山 崎 裕	5	0	1	0	1	0	0	0	0
⑧	高　馬	4	0	1	0	0	0	0	0	0
③	山 崎 純	2	1	0	0	1	2	0	0	0
⑤	黒　木	3	2	2	0	0	0	1	0	0
⑨	安　食	3	0	2	0	1	1	0	0	0
④	木　下	4	0	1	1	1	0	0	0	0
①	新　川	1	0	1	2	0	0	1	0	0
2	中　塚	2	0	0	0	0	0	0	0	0
	計	34	3	10	3	7	3	2	0	0

神 戸 弘 陵		打	得	安	点	振	球	犠	盗	失
⑦	田　中	4	0	1	0	0	0	0	0	0
⑧	木　多	3	0	0	0	0	0	0	0	0
H	奥　田	1	0	1	1	0	0	0	0	0
R	沢　田	0	0	0	0	0	0	0	0	0
5	小　松	0	0	0	0	0	0	0	0	0
④	木　下	2	0	0	0	0	2	0	0	0
②	寺　本	4	0	0	0	0	0	0	0	0
③	内　藤	4	1	1	0	0	0	0	0	0
⑥	西	4	0	2	0	0	0	0	0	0
⑨	羽　柴	3	0	0	0	2	0	0	0	0
H	大　伴	1	0	0	0	0	0	0	0	0
①	平　間	4	1	3	1	0	0	0	0	0
⑤8	橋　爪	2	0	0	0	2	0	2	0	0
	計	32	2	8	2	4	2	2	0	0

■準決勝…平成21年7月29日（水）明石球場

TEAM	一	二	三	四	五	六	七	八	九	十	計
滝川第二	0	0	0	0	0	0	0	0	0		0
関学	2	0	0	0	0	0	0	0	×		2

投手	回		安	振	球	失	責
山本晃	4		3	3	2	2	2
松本	4		1	4	2	0	0
新川	7		4	1	1	0	0
山崎裕	2		2	2	0	0	0

▽暴投＝新川　▽残塁＝滝6、関6

▽併殺＝滝0、関1

▽審判＝（球）日野、宅間、金丸、美野

▽1時間37分

○新川－山崎裕の好継投で完封勝ち

評　関学が1回に挙げた2点を新川－山崎裕の完封リレーで守り切った。関学1回の2点は、連続四球で一死二、三塁のチャンスをつかみ高馬の右犠飛でまず1点、山崎純の左前適時打で早々と2点を先行。結局これが決勝点となった。

新川は7回を投げ被安打4、無失点の好投。8回からつないだ山崎裕が残る2イニング0に抑えた。関学にとって9回の二死一、二塁がピンチだったが、山崎裕が力投、切り抜けた。滝川第二は4度得点圏に走者を進めたが、ここ一発が出なかった。

滝川第二		打	得	安	点	振	球	犠	盗	失
④	中村	4	0	0	0	0	0	0	0	0
⑤	今井	4	0	1	0	0	0	0	0	0
⑧7	中原	4	0	2	0	0	0	0	0	0
⑨	藤原	4	0	0	0	1	0	0	0	0
③8	藤本	4	0	2	0	0	0	0	0	0
⑥	倉崎	4	0	1	0	0	0	0	0	0
⑦	山本真	0	0	0	0	0	1	1	0	0
H	真柄	1	0	0	0	0	0	0	0	0
3	上平	0	0	0	0	0	0	0	0	0
②	川井	2	0	0	0	1	0	1	0	0
①	山本晃	1	0	0	0	1	0	0	0	0
H	真城	1	0	0	0	0	0	0	0	0
1	松本	1	0	0	0	0	0	0	0	0
	計	30	0	6	0	3	1	2	0	0

関学		打	得	安	点	振	球	犠	盗	失
⑦	梅本	2	1	0	0	0	2	0	0	0
⑥4	窪	3	1	1	0	1	1	0	0	0
②1	山崎裕	3	0	0	0	0	0	1	0	0
⑧	高馬	2	0	1	1	0	1	1	0	0
③	山崎純	4	0	1	1	1	0	0	0	0
⑤	黒木	3	0	1	0	0	0	0	1	0
⑨	安食	3	0	0	0	2	0	0	0	0
④	木下	2	0	0	0	1	0	0	0	0
H6	小原	1	0	0	0	1	0	0	0	0
①	新川	2	0	0	0	1	0	0	0	0
H	高橋	1	0	0	0	0	0	0	0	0
2	中塚	0	0	0	0	0	0	0	0	0
⑤8	橋爪	2	0	0	0	2	0	2	0	0
	計	28	2	4	2	7	4	4	1	0

■決勝…平成21年7月30日（木）明石球場

TEAM	一	二	三	四	五	六	七	八	九	十	計
育英	0	0	0	0	0	0	1	0	0		1
関学	0	0	0	0	0	0	1	3	×		4

投手	回		安	振	球	失	責
堀田	8		6	3	4	4	4

新川	5		3	3	0	0	0
山崎裕	4		4	2	3	1	1

▽三塁打＝堀田　▽二塁打＝黒木
▽残塁＝育8、関6　▽併殺＝育0、関1
▽審判＝（球）浜田、若林、岡田、大上
▽1時間46分
○関学、70年ぶりの夏制覇

評　関学が昭和14年、第25回大会以来70年振りに夏の兵庫を制した。両校は平成12年決勝で対戦、11－0で育英が大勝している。9年ぶりの顔合わせだったが、6回を終わって0－0。緊迫した試合が動いたのは7回。育英が堀田の三塁打で1点を先取した。しかし、育英のリードは直後に消える。その裏無死黒木の左翼二塁打などで一死三塁のチャンスをつかんだ。ここで関学は今大会1試合しか出場していない永井を代打に送った。スクイズが予測される場面。当然、育英バッテリーはそれを十分警戒しての投球。
互いの駆け引きの末、永井のカウントは2－3になった。ヒッティングかスリーバントスクイズか？関学・広岡監督はリスク覚悟でスリーバントを選んだ。成功！三塁走者が本塁に駆け込んで1－1。
勝敗が決まったのは8回。連安打と敬遠の四球で一死満塁と絶好のチャンスを築いた関学は高馬が一塁後方に落ちる安打、鳥内の中前打でこの回3点。9回の表を抑えれば関学70年ぶりの夏の甲子園出場が決まる。スタンド、ベンチが一丸となって選手を後押しする。9回表、二死後安打と四球で一、二塁に走者を許したが、代打森田を三振に仕留めゲームセット。

	育英	打	得	安	点	振	球	犠	盗	失
⑧	橘田	3	0	0	0	1	1	0	1	0
④	鳥羽	4	0	0	0	0	0	0	0	0
⑦	青山	3	0	2	0	0	1	0	0	0
⑤	石井	4	0	0	0	2	0	0	0	0
②	井村	4	0	2	0	0	0	0	0	0
③	木下	2	0	0	0	0	0	2	0	0
⑨	菊地	4	1	1	0	1	0	0	1	0
H	西尾	1	0	1	0	0	0	0	0	0
①	堀田	3	0	1	1	0	0	0	0	0
H	船原	0	0	0	0	0	1	0	0	0
⑥	植田	3	0	0	0	0	0	0	0	0
H	森田	1	0	0	0	1	0	0	0	0
	計	32	1	7	1	5	3	2	2	0

	関学	打	得	安	点	振	球	犠	盗	失
⑦	梅本	4	1	1	0	0	0	0	0	0
⑥4	窪	2	0	0	0	1	1	1	0	0
②1	山崎裕	3	1	0	0	1	1	0	0	0
⑧	高馬	4	0	2	1	0	0	0	0	0
⑤	黒木	3	1	1	0	0	1	0	0	0
⑨	鳥内	3	0	1	2	0	0	1	0	0
④	木下	2	0	0	0	0	0	0	0	0
H	永井	0	0	0	1	0	0	1	0	0
6	小原	1	0	0	0	0	0	0	0	0
③	山崎純	2	0	0	0	0	1	0	0	0
①	新川	0	0	0	0	0	0	1	0	0
H	佐藤	1	0	0	0	1	0	0	0	0
2	中塚	1	1	1	0	0	0	0	0	0
	計	26	4	6	4	3	4	4	0	0

第91回全国高等学校野球選手権大会 平成21年

■1回戦…平成21年8月12日（水）

阪神甲子園球場

TEAM	一	二	三	四	五	六	七	八	九	十	計
関学	0	0	2	0	0	2	0	2	1		7
酒田南	0	0	0	2	0	0	1	0	0		3

投手	回		安	振	球	失	責
新川	2 1/3		3	1	0	0	0
山崎裕	6 2/3		6	2	1	3	2

安井	9		13	8	2	7	7

▽三塁打＝平川、野崎、黒木

▽二塁打＝山崎裕、黒木2、安食

▽残塁＝関8、酒6

▽併殺＝関1（窪ー小原ー山崎純）阿部＝6回、酒0

▽捕逸＝阿部8回　▽暴投＝山崎裕＝4回

▽審判＝小谷、西貝、中西、仲田　▽1時間53分

評　3回一死二塁の場面で、山崎裕が右中間適時二塁打を放つ。さらに二死後、黒木が中堅に二塁打を放ち、計2点を先行する。4回に同点とされるものの、6回には山崎純が左前打を放ち2点を勝ち越す。さらに8回に安食が右越2点二塁打で試合を決定づけた。投げては、捕手の山崎裕が3回途中から先発の新川を救援した。

	関学	打	得	安	点	振	球	犠	盗	失
⑦	梅本	4	1	2	0	1	0	0	0	1
9	安食	1	0	1	2	0	0	0	0	0
⑥4	窪	2	0	0	0	1	0	3	0	0
②1	山崎裕	5	2	3	1	1	0	0	0	0
⑧	高馬	4	0	0	0	0	0	1	0	0
⑤	黒木	5	1	3	2	2	0	0	0	0
⑨7	鳥内	5	0	1	0	0	0	0	0	0
④	木下	2	0	1	0	0	0	0	0	0
H	永井	0	1	0	0	0	1	0	1	0
6	小原	1	0	0	0	0	0	0	0	0
③	山崎純	3	1	1	2	1	1	0	0	0
①	新川	1	0	0	0	1	0	0	0	0
2	中塚	3	1	1	0	1	0	0	0	0
	計	36	7	13	7	8	2	4	1	1

	酒田南	打	得	安	点	振	球	犠	盗	失
③	平川	4	0	1	0	0	0	0	0	0
④	五十嵐	4	0	0	0	0	0	0	0	0
⑨	奥野	4	0	1	0	0	0	0	0	0
①	安井	4	1	3	0	0	0	0	0	0
⑧	林	4	0	0	0	1	0	0	0	0
⑦	工藤	3	1	1	0	1	1	0	0	0
②	安倍	4	0	1	1	1	0	0	0	0
⑤	野崎	4	1	2	1	0	0	0	0	0
⑥	高橋	3	0	0	0	0	0	1	0	1
	計	34	3	9	2	3	1	1	0	1

■2回戦…平成21年8月17日（月）

阪神甲子園球場

TEAM	一	二	三	四	五	六	七	八	九	十	計
関学	0	0	2	0	1	0	0	0	1		4
中京大中京	2	0	0	0	0	1	1	0	1×		5

投手	回		安	振	球	失	責
新川	1/3		2	0	1	2	2
山崎裕	6 2/3		6	4	4	2	2
大西	0/3		1	0	0	0	0
高橋	1		0	0	1	0	0
山崎裕	1/3		1	1	0	1	1

森本	4 2/3		6	3	4	3	3
堂林	4 1/3		4	2	4	1	1

▽本塁打＝河台1号、山崎裕＝9回

▽二塁打＝堂林、森本、黒木

▽残塁＝関13、中9

▽併殺＝関1（高橋ー山崎裕ー山崎純）山中＝8回、中1（磯村ー山中ー柴田）梅本＝6回

▽暴投＝山崎裕＝3回

▽審判＝戸塚、林、土井、小谷　▽2時間18分

評　0－2の3回、二死二塁から高馬が左前適時打を放ち、さらに山崎純が右前適時打で追いついた。5回には鳥内が押し出し四球で勝ち越した。中盤に失点して再びリードを許すも、9回、一死二塁から高馬が右前打を放ち一、三塁とし、黒木の左犠飛で同点とする。9回再登板の山崎裕がサヨナラ本塁打を浴びるものの、優勝候補に対して最後まで互角の試合を展開した。

	関学	打	得	安	点	振	球	犠	盗	失
⑦8	梅本	4	1	1	0	0	1	0	0	0
⑥4	窪	3	1	0	0	0	1	1	0	0
②121	山崎裕	4	0	0	0	0	0	1	0	0
⑧	高馬	3	2	3	1	0	2	0	0	0
R	佐藤	0	0	0	0	0	0	0	0	0
2	柴田	0	0	0	0	0	0	0	0	0
⑤	黒木	3	0	1	1	1	1	1	0	0
③	山崎純	4	0	3	1	1	1	0	0	1
⑨	安食	2	0	0	0	1	0	0	0	0
H9	鳥内	1	0	1	1	0	2	0	0	0
④	木下	2	0	0	0	0	0	0	0	0
H	水井	1	0	0	0	0	0	0	0	0
6	小原	1	0	0	0	0	0	1	0	0
①	新川	0	0	0	0	0	0	0	0	0
2	中塚	4	0	1	0	2	0	0	0	0
1	大西	0	0	0	0	0	0	0	0	0
17	高橋	0	0	0	0	0	0	0	0	0
	計	32	4	10	4	5	8	4	0	1

	中京大中京	打	得	安	点	振	球	犠	盗	失
⑥	山中	5	0	0	0	1	0	0	0	0
④	国友	4	1	0	0	1	1	0	0	0
⑤	河合	5	3	4	1	1	0	0	2	0
⑨1	堂林	4	0	1	2	1	0	0	0	0
②	磯村	2	1	1	1	0	2	0	1	0
⑦	伊藤	2	0	0	0	1	1	1	0	0
③	柴田	4	0	2	0	0	0	0	0	0
⑧9	金田	2	0	0	0	0	1	1	0	0
①	森本	2	0	1	0	0	0	0	0	0
8	岩月	1	0	1	1	0	1	0	0	0
	計	31	5	10	5	5	6	2	3	0

秋季兵庫県高等学校野球大会 平成21年

■1回戦…平成21年9月19日（土）尼崎記念球場

TEAM	一	二	三	四	五	六	七	八	九	十	計
宝塚	0	0	1	0	1	0	0	2	0		4
関学	0	1	0	0	0	4	0	0	×		5

宝 平塚－中川、車－中川

関 吉田（圭）－平國、河野－平國、河野－圓尾、平國－圓尾

▽三塁打＝平國（宝）

関	学	打	安	点
⑤	辻本	4	1	0
④	木下	3	1	0
③	津田	2	1	0
⑦	大西	2	0	0
⑨	前田大	2	0	0
H	吉田拓	1	0	0
②71	平國	4	2	1
⑧	石田	2	0	1
2	圓尾	2	1	0
⑥	内田	1	0	0
6	前田崇	2	1	3
①	吉田圭	1	0	0
1	河野	2	0	0
7	服部	1	0	0
	計	29	6	5

■2回戦…平成21年9月21日（月・祝）明石球場

TEAM	一	二	三	四	五	六	七	八	九	十	計
社	4	1	2	0	1	0	0	1	2		11
関学	2	0	0	1	0	0	0	1	0		4

社 阿比留－池田、小寺－福本

関 河野－平國、黒木－平國、小田－平國、平國大西、吉田圭－大西

▽三塁打＝大西、前田大、平國

評 1回の表、社、二死一、二塁後5番藤本啓の中前打で1点先制され、さらに連打で3点を加えられてしまう。1回の裏、関学、一死二、三塁後、連打で2点を返し、2回、関学は投手を黒木に交代。2回、社、二死三塁からWPで5点目。3回、社、二死一塁から7番溝上の左越二塁打、2つのWPで7点目。関学は4回、投手を小田に交代。4回関学、一死二、三塁とした後、内野ゴロの間に1点を返す。関学は5回、投手を平國に交代。5回、社、一死二、三塁後8番池田の中前打で1点追加。8回、社、一死二、三塁から3番澁谷の中前タイムリーで1点追加。ここで関学は投手を吉田（圭）に交代、後続を抑える。8回、関学は二死三塁から7番前田（崇）の内野安打で4点目。9回、社は安打、死球で二死一、二塁後1番巴山の左翼線二塁打で2点を追加。9回、社は投手小寺に交代。関学の攻撃を抑え試合終了。

関	学	打	安	点
⑤	辻本	3	0	0
H	内田	0	0	0
④	木下	2	0	0
1	小田	0	0	0
8	吉田拓	2	1	0
⑦2	大西	4	1	0
②17	平國	5	2	1
⑨	前田大	5	2	1
⑧	石田	0	0	0
H15	黒木	4	2	0
⑥	前田崇	4	2	2
③	太田	4	2	0
①	河野	0	0	0
8	服部	2	0	0
H	谷	1	0	0
1	吉田圭	1	0	0
	計	37	12	4

春季高等学校野球西阪神地区大会 2010（平成22）年

■1回戦…平成22年4月1日（木）

鳴尾浜球場（7回コールドゲーム）

TEAM	一	二	三	四	五	六	七	八	九	十	計
宝塚東	0	1	0	0	1	0	0				1
関学	2	0	0	1	3	0	2×				8

宝 秦－水原、山中－水原

関 吉田圭－圓尾、神谷－圓尾、

河野－圓尾、平國－圓尾

▽二塁打＝前田大、黒木

■2回戦…平成22年4月4日（日）

津門球場

TEAM	一	二	三	四	五	六	七	八	九	十	計
関学	2	4	0	1	0	1	0	0	0		8
仁川	1	0	1	0	0	0	0	0	0		2

関 神谷－圓尾、平國－圓尾、平國－三好

仁 星野－山内

▽二塁打＝木下、黒木、石田

■準決勝…平成22年4月6日（火）

津門球場（7回コールドゲーム）

TEAM	一	二	三	四	五	六	七	八	九	十	計
関学	1	0	0	2	4	2	2				11
雲雀丘	0	0	0	2	0	0	0				2

関 吉田圭－圓尾、小田－圓尾、

石塚－圓尾、山下－圓尾

雲 雀部－奥田

▽二塁打＝木下、黒木、服部

■決勝…平成22年4月7日（水）

鳴尾浜球場

TEAM	一	二	三	四	五	六	七	八	九	十	計
県西宮	0	0	0	0	1	0	0	0	0		1
関学	3	0	1	0	0	2	0	0	×		6

県 高田－小西

関 神谷－圓尾

▽二塁打＝吉田拓　▽本塁打＝黒木②

春季兵庫県高等学校野球大会 平成22年

■1回戦…平成22年4月17日（土）明石球場

TEAM	一	二	三	四	五	六	七	八	九	十	計
豊岡	0	0	0	0	0	0	0	0	0		0
関学	0	0	3	0	0	0	1	0	×		4

豊 羽賀－小畑啓

関 神谷－圓尾

▽二塁打＝平國、神谷

関	学	打	安	点
⑧	吉田拓	3	2	0
④	木下	2	1	0
H	前田大	1	0	0
4	辻本	0	0	0
⑤	黒木	4	1	1
③	津田	3	0	0
H	太田	1	0	0
⑦	平國	4	3	1
⑨	石田	4	3	2
⑥	前田崇	4	0	0
②	圓尾	4	1	0
①	神谷	4	1	1
	計	34	12	5

■2回戦…平成22年4月24日（土）明石球場

TEAM	一	二	三	四	五	六	七	八	九	十	計
関学	0	0	0	0	0	0	0	0	0		0
神戸国際大附	0	0	0	1	0	0	3	0	×		4

関 神谷－圓尾、吉田圭－圓尾、平國－圓尾

神 大川－安積

関	学	打	安	点
⑧	吉田拓	4	0	0
④	木下	4	1	0
⑤	黒木	4	2	0
⑦	平國	4	1	0
③	津田	1	0	0
H3	太田	1	0	0
H	小田	1	0	0
⑨	服部	3	0	0
H	山下	1	0	0
⑥	前田崇	2	1	0
H	谷	1	0	0
②	圓尾	3	0	0
①	神谷	3	0	0
	計	32	5	0

評 初回関学二死から3番黒木、4番平国が連打するも得点ならず。3回の関学は一死から2番木下、3番黒木の連打で好機を拡大し二死満塁と詰め寄るが、国際の先発大川が踏ん張り無得点。序盤3回を終了し、両校とも得点圏に走者を進めるも決定打が出ず。4回国際の先頭尾松が左前打。一死二塁とした後、7番梶田が左線にツーベースを放ち国際がついに均衡を破る。5回以降は両先発投手が持ち味を発揮し試合が硬直していたが、国際は7回先頭の9番大川、さらに1番石岡が左前に落として一、二塁とし、次打者犠打で一死二、三塁としたところで3番田中が中越えに豪快にスリーランを放ち突き放す。国際がベスト8進出を決めた。

第92回全国高等学校野球選手権大会　兵庫大会 平成22年

■2回戦…平成22年7月13日（火）尼崎記念球場

TEAM	一	二	三	四	五	六	七	八	九	十	計
三田祥雲館	0	0	3	1	0	0	0	0	2		6
関学	3	0	0	0	3	2	0	1	×		9

三 五島－山下、佐本－山下

関 神谷－圓尾、吉田圭－圓尾、内田－圓尾

▽二塁打＝黒木

▽三塁打＝前田大、津田、前田崇

関	学	打	安	点
⑨	辻本	5	2	0
8	吉田拓	0	0	0
⑥1	内田	4	1	0
⑤	黒木	5	2	1
③	津田	5	3	1
⑧9	石田	2	1	0
⑦	前田大	5	3	4
④6	前田崇	5	2	2
①	神谷	1	0	0
1	吉田圭	3	0	1
4	木下	0	0	0
②	圓尾	2	0	0
	計	37	14	9

評 1回裏関学、1番辻本の右前安打、犠打で二進後、3番黒木の中前適時打で1点先制。さらに、4番津田の左前安打、6番前田（大）の適時2点右越三塁打で一気に3点を挙げる。3回表祥雲館、9番横井の左中間二塁打と犠打で、二死三塁とし、3番五島の中前適時打、4番山下の左中間適時二塁打、5番山本の右中間適時三塁打で同点に追いつく。4回表祥雲館、一死一三塁から、2番平尾の右犠飛で逆転。5回裏関学、一死三塁から6番前田（大）の右前適時打、7番前田（崇）の中前適時打、8番吉田（圭）の右犠飛で一挙3点を挙げ、逆転に成功する。6回裏関学、一死二塁から4番津田の中越適時三塁打、6番前田（大）の右前適時打で2点を追加。8回裏関学、二死一塁から7番前田（崇）の右越適時三塁打で1点追加。9回表祥雲館、一死一三塁から5番山本の中越2点適時三塁打で2点を返すも反撃はここまで。

■3回戦…平成22年7月19日(月・祝)

尼崎記念球場

TEAM	一	二	三	四	五	六	七	八	九	十	計
須磨友が丘	0	0	0	0	0	0	0	0	0		0
関学	0	0	5	0	1	0	0	0	×		6

須 福村－平村、大西－平村、
青木－平村、奥村－平村、青木－平村

関 神谷－圓尾、吉田(圭)－圓尾、
吉田(圭)－稲岡

▽二塁打＝石田、大西　▽三塁打＝黒木②

評 1回裏関学、先頭の辻本が死球で出塁。ここで、須磨友が丘、早々と投手交代し、大西が登板。見事に後続を断つ。2回裏関学、5番石田が四球で出塁するが、次打者が併殺打に倒れる。3回裏関学、8番神谷の内野安打、9番圓尾の犠打が野選、1番辻本が四球で、無死満塁。2、3番が倒れ二死となるが、4番津田が左前適時打を放ち1点先制。さらに、5番石田の左線2点適時二塁打で3点を挙げる。ここで、須磨友が丘、エース青木が登板するが、代打太田の右前2点適時打が飛び出し、5点目。5回裏関学、3番黒木の右中間三塁打で一死三塁。代打山下の内野ゴロの間に走者が生還し1点。7回から、関学は投手吉田(圭)、須磨友が丘は奥村に交代。しかし、関学の攻撃はとどまるところを知らず、四球と失策で一死一二塁。犠打成功で二死二、三塁。7番谷が右中間へ鋭い当たりを放ち試合終了かと思われたが、右翼手阪口のスーパーキャッチでスリーアウト。8回から、須磨友が丘のマウンドは再び青木。二塁打を打たれるも無得点。9回表須磨友が丘も3人で終了。

	関学	打	安	点
⑨	辻本	2	0	0
H	大西	1	1	0
2	稲岡	0	0	0
⑥	内田	5	0	0
⑤	黒木	3	2	0
③	津田	2	1	1
H3	山下	2	0	1
⑧	石田	3	1	2
⑦	前田大	1	0	0
H7	太田	2	1	2
④	前田崇	1	0	0
H4	谷	1	0	0
①	神谷	2	1	0
H	平國	1	1	0
1	吉田圭	1	0	0
②9	圓尾	4	0	0
	計	31	8	6

■4回戦…平成22年7月23日(金)

尼崎記念球場(8回コールドゲーム)

TEAM	一	二	三	四	五	六	七	八	九	十	計
関学	0	0	1	5	2	1	0	4			13
六甲アイランド	0	0	3	0	0	0	0	0			3

関 神谷－圓尾、吉田圭－圓尾、内田－圓尾

六 寺田－日野、柏原－日野、眞鍋－日野

▽二塁打＝木下　▽本塁打＝大西

評 1回表関学、2本の安打で二死一、二塁と攻める。5番太田の右前安打で二塁走者が一気に本塁を突くが、右翼の好返球でタッチアウト。1回裏六甲アイランド、一死一、三塁と攻めるが無得点。2回表関学、またも、二死一、二塁と攻めるが無得点。3回表関学、三度、二死一、二塁とし、6番木下が投強襲安打を放ち、1点を先制。3回裏六甲アイランド、二死一、二塁から4番下薗の左越3点本塁打が飛び出し逆転。4回表関学、先頭の代打大西が右越本塁打を放ち1点差に詰め寄る。さらに、一死一、二塁とし、3番黒木の中前安打で同点に追いつく。なおも、一死一、三塁でスクイズ成功で逆転。続いて、二死二塁から、5番太田の右前安打、6番木下の右中間二塁打が続き、この回一挙5点を挙げる。4回から関学のマウンドは吉田(圭)へ。5回表一死一、三塁となったところで、六甲アイランドのマウンドは柏原へ。しかし、2番谷の中前適時打、3番黒木の左前適時打と続き､2点を追加。6回表関学、併殺崩れの間に1点追加。8回表関学、二死三塁から9番圓尾の中前適時打、2番谷の中前適時打、代打津田の右前2点適時打で4点追加。12時04分8回コールドで試合終了。

	関学	打	安	点
⑨	辻本	3	0	0
9	石田	0	0	0
⑥	谷	4	3	2
⑤	黒木	4	2	1
③	山下	2	2	1
1	吉田圭	2	1	0
H3	津田	1	1	2
1	内田	0	0	0
⑦3	太田	5	3	1
④	木下	2	2	2
⑧	吉田拓	5	1	0
①	神谷	1	1	0
H7	大西	2	1	2
7	前田大	1	0	0
②	圓尾	4	1	1
	計	36	18	12

■5回戦…平成22年7月25日（日）明石球場

TEAM	一	二	三	四	五	六	七	八	九	十	計
関学	0	0	0	0	0	0	0	1	0		1
市川	0	0	0	1	0	1	0	0	×		2

関 神谷－圓尾、吉田（圭）－圓尾、内田－圓尾

市 荒池－小寺、萬－小寺

▽二塁打＝前田大、前田崇

評 両校先発投手が上々の立ち上がり。序盤は双方決めてなく終わるが、打順2巡目となった市川は4回、中前安打の新見を4番亀谷の適時打で先制。6回、関学は吉田圭佑が救援。再び先頭から始まる打線につかまり一死満塁のピンチを背負うが、5番小寺の中犠飛の1点に食い止める。なんとかしたい関学は、8回に下位打線に代打攻勢。先頭の7番代打吉田拓斗がバント安打、二死二塁となるが1番辻本が執念の一塁内野安打で一、三塁とすると、2番前田崇裕が左線を破る適時二塁打で1点を返す。市川はここで好投の荒池に代えて主戦萬が登板。3番黒木とは勝負せず満塁策をとる。ここで4番津田をスライダーで三振に。ピンチを切り抜けた市川はその裏、4番亀谷の中前打で一死一、三塁と逆に関学を追い込むが、5番小寺が二塁併殺打に倒れる。粘る関学は最終回、一死から6番前田大輝が右中間へ二塁打、7番吉田拓斗が送り8番谷の一打にかけるが、萬のスライダーの前にバットが空を切り接戦を市川が制した。

関	学	打	安	点
⑨	辻本	4	1	0
1	内田	0	0	0
⑥	前田崇	4	1	1
⑤	黒木	3	0	0
③	津田	4	0	0
2	稲岡	0	0	0
⑧	石田	1	0	0
H7	大西	2	1	0
⑦89	前田大	4	1	0
④	木下	1	0	0
H8	吉田拓	1	1	0
①	神谷	2	1	0
1	吉田圭	0	0	0
H4	谷	1	0	0
②	圓尾	2	0	0
H3	山下	1	0	0
	計	30	6	1

県秋季高等学校西阪神地区大会 平成22年

■2回戦…平成22年8月24日（火）

津門球場

TEAM	一	二	三	四	五	六	七	八	九	十	計
甲陽	0	1	0	0	0	0	0	1	1		3
関学	0	0	1	1	0	0	0	2	×		4

甲 竹中、新郷－三嶋

関 神谷－稲岡

▽三塁打＝栄沢

■2回戦…平成22年8月28日（土）

鳴尾浜球場（5回コールドゲーム）

TEAM	一	二	三	四	五	六	七	八	九	十	計
西宮北	0	0	0	0	0						0
関学	0	10	0	1	×						11

西 岡田、田原、山岡－平田

関 神谷、小林、切原－稲岡、三好

▽二塁打＝松本、稲岡

■決勝…平成22年8月30日（月）

鳴尾浜臨海野球場

TEAM	一	二	三	四	五	六	七	八	九	十	計
関学	1	1	1	0	0	1	0	4	0		8
仁川	0	0	0	0	0	2	0	0	0		2

関 西川、田中－岡

仁 神谷、内田－稲岡

▽二塁打＝中田

秋季兵庫県高等学校野球大会 平成22年

■1回戦…平成22年9月20日(月・祝)高砂球場

TEAM	一	二	三	四	五	六	七	八	九	十	計
関学	1	0	0	0	0	0	2	0	2		5
科学技術	0	0	0	0	1	0	3	0	0		4

関 神谷、小林、内田－稲岡

科 雑賀－多田

▽三塁打＝神谷

評 1回、関学は先頭上田が中前安打、犠打の処理を捕手が悪送球し、無死一、二塁となる。3番中田が犠打で送り、二死後セカンドゴロエラーで先制。4回裏の科技、4番月野木、5番河本の連続左前打で二死一、二塁となるが無得点。5回、科技の7番多田が左線二塁打で出塁。8番西村の犠打で一死三塁。9番坂本の6ゴロで三塁走者は本塁アウト。一塁走者坂本は二盗し、1番樫原の中前打で本塁に戻り1点。

7回表、関学の6番小林領は左前打で出塁。7番山崎の犠打で一死二塁。8番神谷の左越三塁打で1点。9番織田の右前打で1点追加し、この回2点を挙げ逆転するも、その裏、科技は7番多田が左前打で出塁、8番西村の投ゴロで一死二塁とし、二死から1番樫原の右線打で一、三塁、一塁走者の二盗で二、三塁となる。2番寺田の左線二塁打で2点。3番野村の右越三塁打で1点追加し、この回3点とすぐさま逆転した。

9回、関学は二死から3番中田、4番稲岡の連続右前打で一、二塁。5番栄沢の右中間二塁打で2点を奪い決勝点とした。

	関学	打	安	点
⑧	上田	5	2	1
④	内田	5	1	0
⑨	中田	5	2	0
②	稲岡	5	1	0
⑥	栄沢	5	1	2
⑦	小林領	5	2	0
③	山崎	2	0	0
H	石井	1	1	0
①	神谷	3	2	0
H	松本	1	1	1
⑤	織田	3	2	0
	計	40	15	4

■3回戦…平成22年9月25日(土)明石球場

TEAM	一	二	三	四	五	六	七	八	九	十	計
加古川北	0	0	0	1	2	0	0	1	1		5
関学	1	0	0	0	0	0	0	0	0		1

加 井上－佐藤

関 小林、内田、切原、石井－稲岡

▽三塁打＝神谷

	関学	打	安	点
⑧	上田	3	2	1
④	内田	2	1	0
⑨	中田	4	0	0
②	稲岡	4	0	0
⑥	栄沢	4	0	0
⑦	小林領	4	3	0
⑤	織田	3	0	0
③	山崎	1	0	0
H	石井	2	0	0
①	小林昴	1	0	0
H	松本	1	0	0
	計	29	6	1

県春季高等学校野球西阪神地区大会 2011（平成23）年

■2回戦…平成23年4月3日（日）

鳴尾浜臨海野球場

TEAM	一	二	三	四	五	六	七	八	九	十	計
県西宮	0	1	0	0	1	0	0	0	0		2
関　学	0	0	0	3	1	0	1	0	×		5

県　井阪、畑－村上

関　神谷、切原－三好、稲岡

▽二塁打＝稲岡②、三好

■準決勝…平成23年4月5日（火）

津門球場

TEAM	一	二	三	四	五	六	七	八	九	十	計
関　学	0	0	0	0	0	0	2	1	2		5
宝塚東	0	0	0	1	0	0	0	1	0		2

関　神谷、切原－三好、稲岡

宝　上向井－水原

▽本塁打＝稲岡　▽二塁打＝内田

■決勝…平成23年4月7日（木）

鳴尾浜臨海野球場

TEAM	一	二	三	四	五	六	七	八	九	十	計
宝塚西	0	0	0	0	0	0	0	0	0		0
関　学	0	1	0	2	0	0	0	2	×		5

宝　岡村－保林

関　神谷、切原－三好

▽三塁打＝中田　▽二塁打＝三好

春季兵庫県高等学校野球大会 平成23年

■1回戦…平成23年4月17日（日）姫路球場

TEAM	一	二	三	四	五	六	七	八	九	十	十一	計
市　川	0	0	0	0	3	0	0	0	0	0	3	6
関　学	1	0	0	0	0	0	0	2	0	0	0	3

市　遠藤、野崎－氏原

関　神谷、切原、能勢－三好、稲岡

▽三塁打＝高橋

	関　学	打	安	点
⑤	織　田	6	1	0
④	内　田	5	0	0
⑧	上　田	5	2	0
③2	稲　岡	4	2	0
⑦	八　木	4	2	2
②	三　好	2	0	0
3	石　井	1	0	0
H6	高　橋	1	1	0
⑨	中　田	4	2	1
⑥	栄　沢	1	0	0
H	佐々木	1	0	0
6	山　平	0	0	0
H	久　保	1	0	0
3	松　岡	1	0	0
①	神　谷	2	0	0
1	切　原	3	2	0
1	能　勢	0	0	0
	計	41	12	3

評　1回表市川、二死一、二塁と攻めるも無得点。その裏関学、連続死球、稲岡の右前安打の一死満塁から八木の二塁ゴロ併殺崩れの間に1点先制。2回裏関学は中田のショート内野安打からの一死二塁を生かせず無得点。4回表市川、先頭小坪の死球、上田の左前安打からの一死二、三塁を生かせず無得点。4回裏関学、一死一、二塁の好機も得点につながらず。5回表の市川、先頭の井上が右中間三塁打、続く国光の犠飛で同点とする。さらに1番新見がヒット、関学の投手切原に交代するも、大北の二塁ゴロが失策となり、一死一、三塁。小坪の遊ゴロの間にさらに1点、続く上田の右前タイムリーでこの回3点目。7回表市川、無死一、三塁からライトフライでタッチアップするも本塁憤死、この回無得点。8回裏関学、上田、稲岡、八木の3連打で1点を返す。ここで市川の投手野崎に交代。犠打後の一死二・三塁から代打高橋の犠飛で同点とする。9回互いに好機をつくるも無得点。延長へ入る。11回表市川、野崎の中前打、敵失で得た二死一、三塁から大北が右前タイムリーで1点、さらに小坪が左越二塁打で2点追加、勝負を決めた。

第93回全国高等学校野球選手権大会　兵庫大会 平成23年

■2回戦…平成23年7月16日（土）尼崎記念球場

TEAM	一	二	三	四	五	六	七	八	九	十	計
尼崎産業	1	1	1	1	0	0	1	2	0		7
関学	0	0	1	0	0	4	0	6	×		11

尼 下脇、坂本－金子

関 神谷、切原、能勢、木村、内田、織田－稲岡

▽二塁打＝八木

関	学	打	安	点
⑨	八木	5	4	1
④	内田	3	1	1
⑦	瀧上	5	1	1
②	稲岡	5	1	2
③	高橋	4	3	1
⑧	上田	2	0	0
⑥	栄沢	1	0	0
H	印藤	1	0	0
H	山崎	2	0	0
①	神谷	2	2	1
H	石井	1	1	1
H	山平	1	1	1
⑤	織田	3	2	2
	計	35	16	11

評 1回表尼産、四球、犠打で一死二塁とすると、3番前田の中前適時打で1点先制。2回表尼産、またも先頭の6番大西が左前安打で出塁。犠打で二進。二ゴロで二死三塁。9番竹村の時に暴投で1点追加。3回表尼産、一死後、2番岡部が右中間を深々と破る三塁打を放つ。次打者三振で二死となるが、4番長谷川（秀）が左線適時打を放ち、さらに1点追加。3回裏関学、8番神谷が左前安打で出塁すると、次打者で失策が起こり無死一三塁。ここで、1番八木の右中間適時二塁打が飛び出し1点を返す。

4回表から関学の投手は切原に交代。

4回表尼産、安打、犠打、暴投で一死三塁とすると、スクイズでまたも1点。

4回裏関学、先頭の5番高橋が中前安打で出塁。6番上田の犠打で二進後、代打の印藤が中前安打を放ち、二塁走者が一気に本塁を突くが、尼産中堅手岡部の好返球でタッチアウト。5回表から関学の投手は3人目の能勢に交代。6回裏関学、4番稲岡の左線二塁打で無死二塁。5番高橋が死球で無死一二塁。6番上田の犠打で一死二三塁。その後、二死となるが、代打石井の二強襲2点適時で1点差に詰め寄る。なおも、9番織田が右前安打でつなぎ、1番八木の左中間2点適時打で一挙に逆転。

7回表から関学は、4人目の投手、木村に交代。7回表尼産、四球と連打で一死満塁とし、4番長谷川（秀）が中前にはじき返し同点。8回表尼産、8番下脇が二内野安打、9番竹村の犠打が一塁悪送球となり、一死一三塁。ここで、1番大島と2番岡部の連続適時打で2点を勝ち越す。

その間、関学の投手は、木村－内田－織田へと交代。8回裏関学、四球と内野安打で無死一二塁。犠打失敗で一死一二塁となるが、1番八木が左前安打で続き一死満塁。ここで、2番内田が中前にはじき返し1点差。さらに、3番瀧上が押し出し死球で再び同点に。次の4番稲岡の二塁ゴロが本塁悪送球となり再逆転。

ここで、尼産の投手は坂本に交代。しかし、5番高橋も中前2点適時打を放ち、尼産を突き放す。9回表尼産の攻撃も3人で終わり、熱戦に終止符が打たれた。

■3回戦…平成23年7月22日（金）尼崎記念球場

TEAM	一	二	三	四	五	六	七	八	九	十	計
姫路飾西	0	2	0	0	1	0	0	1	0		4
関学	0	0	0	0	0	0	1	0	2		3

姫 山本、井上－岡部

関 神谷、切原、能勢、木村－稲岡、三好

評 2回表姫路飾西、一死満塁から併殺崩れと失策が絡んで2点を先制する。関学は3回から切原に投手交代。

5回表姫路飾西、1番梅田の右中間三塁打と2番金井の中前適時打で1点。なおも、3番岩崎が左前安打で続き、一死一三塁となるが後続を断たれる。関学は6回から3人目の投手、能勢に交代。飾西は6回から井上（陽）に投手交代。7回裏関学、代打三好が四球を選び、犠打で一死二塁。左飛で二死となるが、2番内田が中前安打で続き、二死一三塁。

関学		打	安	点
⑨	八木	5	1	1
④	内田	5	3	0
⑦	石井	4	1	0
②	稲岡	5	1	0
⑥	栄沢	4	0	0
③	高橋	4	0	0
⑧	上田	5	1	0
①	神谷	2	2	0
H	瀧上	1	0	0
H	印藤	1	1	0
H	三好	1	0	0
H	山平	1	1	0
⑤	織田	3	0	0
	計	41	11	1

ここで、3番石井が内野安打を放ち1点を返す。関学は8回から4人目の投手の木村に交代。

この回飾西、連続安打で一死一三塁とすると、8番井上（陽）のスクイズで追加点。9回裏関学、死球と3連打で1点返し、なおも無死満塁。一死後、遊ゴロが併殺打かと思われたが、オールセーフとなり、2点目。二死となるが満塁で、7番上田の打球は中直となり試合終了。

県秋季高等学校野球西阪神地区大会 平成23年

■2回戦…平成23年8月22日（月）
津門球場

TEAM	一	二	三	四	五	六	七	八	九	十	計
関学	0	0	1	1	0	0	0	0	0		2
宝塚	0	0	0	0	0	0	0	0	0		0

関 木村－河合

宝 益田－富士田

■準決勝…平成23年8月26日（金）
鳴尾浜球場（8回コールドゲーム）

TEAM	一	二	三	四	五	六	七	八	九	十	計
宝塚東	0	1	0	2	0	0	0	0			3
関学	0	1	0	1	0	3	3	2×			10

宝 安随－濱田、児玉－濱田、近藤－濱田

関 木村－河合、石丸－河合、石丸－外山

▽三塁打＝八木亮　▽二塁打＝中田③、横山

■決勝…平成23年8月28日（日）津門球場

TEAM	一	二	三	四	五	六	七	八	九	十	計
仁川	0	0	0	1	0	0	0	0	0		1
関学	1	0	0	1	1	3	0	0	×		6

仁 北田－原田

関 木村－河合

▽三塁打＝八木亮

▽二塁打＝上田哲②、河合、中田

秋季兵庫県高等学校野球大会 平成23年

■1回戦…平成23年9月18日（日）姫路球場

TEAM	一	二	三	四	五	六	七	八	九	十	計
関学	0	0	1	1	0	0	0	0	0		2
北条	0	0	0	0	1	0	0	0	0		1

関 木村－河合

北 富嶋－菅野

▽三塁打＝久保②

関学		打	安	点
⑨	八木亮	4	1	0
⑤	江川	3	1	1
③	中田	4	1	0
⑦	久保	4	3	1
⑧	横山	3	0	0
②	河合	4	0	0
④	山崎	3	0	0
⑥	上田哲	3	1	0
①	木村	3	1	0
	計	31	8	2

評 関学先発木村は無難な立ち上がりを見せる。3回表、関学8番上田（哲）の左前安、1番八木（亮）が内野安打の二死一、二塁から2番江川の右前適時打で1点先制。4回表、関学3番中田の内野安打で無死一塁とし4番久保の右中間を破る適時二塁打で1点追加。5回裏、北条は死球と7番浦坂の左中間への安打で無死一、三塁とし内野ゴロの間に1点を返す。9回表、関学4番久保の右線三塁打で無死三塁とするも後続が倒れ無得点。9回裏、北条は最後まで粘り強く戦ったが惜しくも敗れた。関学先発木村は9回2安打1失点の完投勝利。

■2回戦…平成23年9月19日（月・祝）淡路球場

TEAM	一	二	三	四	五	六	七	八	九	十	計
関学	1	0	0	0	2	1	0	0	1		5
明石	0	2	1	0	0	0	0	0	0		3

関 木村－河合、石丸－河合、
長谷－河合、長谷－川畑

明 松原－福山

▽本塁打＝八木亮　▽二塁打＝石丸、江川、中田

関学		打	安	点
⑨	八木亮	4	2	1
⑤	江川	3	1	0
③4	中田	5	2	0
⑦	久保	4	2	2
⑧	横山	3	1	1
②	河合	1	0	0
H3	佐々木	3	1	0
④	山崎	1	0	0
H	辻本	1	1	0
2	川畑	2	1	0
⑥	上田哲	3	0	0
①	木村	1	0	0
1	石丸	3	1	1
	計	34	12	5

評 天気の状態が悪いなか試合開始。1回表、関学二死一、三塁から5番横山の右前安打で1点先制。2回裏、明石は4番福山の中前安打で一死二塁とし6番左中間二塁打で同点。二死二塁から8番松原の一塁ゴロを関学中田がエラー。その間に二塁走者が生還し逆転。3回裏、明石1番池田の左中間三塁打2番浦崎の内野ゴロの間に1点追加。4回表、関学一死後5番横山が四球で出塁。6番代打佐々木、7番代打辻本の連続バントヒットで満塁と攻めるも、8番上田（哲）の三直で三塁ランナーがとびだしダブルプレーで無得点。5回表、関学1番八木（亮）右越ホームランで1点を返す。2番江川の左中間二塁打、3番中田の中前安打で一死一、三塁とし4番久保の一塁ゴロがフィルダースチョイスを誘い同点。6回表、関学7番川畑が左前安打、8番上田（哲）の送りバントで一死二塁とし9番石丸の二塁打で1点勝ち越し。8回裏、明石二死後4番、5番の連続中前安打で一、三塁とするが、6番松岡の大飛球を左翼手久保によるファインプレーで得点を阻む。9回表、関学1番八木（亮）が左前安打で出塁。その後二死三塁とし4番久保の中前安打で貴重な1点を追加。9回裏の明石7番関が中前安打、8番代打今井が二塁ゴロエラーで出塁。その後二死満塁と攻めるも3番久保が二飛に打ち取られ試合終了。（雨のため試合中断15分）

■3回戦…平成23年9月23日（金・祝）尼崎記念球場

TEAM	一	二	三	四	五	六	七	八	九	十	計
相生産業	0	0	0	0	0	1	0	0	0		1
関学	0	1	0	1	0	0	1	0	×		3

相 清水－岡田

関 木村－河合

▽本塁打＝河合　▽二塁打＝久保

関	学	打	安	点
⑨	八木亮	2	1	0
⑤	江川	2	1	0
③	中田	4	0	0
⑦	久保	4	2	1
⑧	横山	4	0	0
②	河合	4	2	1
④	山崎	4	1	0
⑥	上田哲	4	1	1
①	木村	2	0	0
	計	30	8	3

評 2回裏、関学一死から6番河合が右中間三塁打で出塁。その後ワイルドピッチで1点先制。4回裏、関学4番久保が中越え二塁打で出塁。二死後7番山崎の内野安打で一、三塁とし8番上田（哲）の左前安打で1点追加。6回表、相生産業8番青木が四球で出塁。二死後2番幸田の中前安打で一、三塁。3番清水の内野ゴロエラーで1点返す。7回裏、関学9番木村、1番八木（亮）の連続四球、2番江川の右前安打で満塁とし4番久保の左前安打で1点追加。その後、先発の木村が抑え関学勝利。木村は4安打1失点完投勝利。

■準々決勝…平成23年9月25日（日）姫路球場

TEAM	一	二	三	四	五	六	七	八	九	十	計
滝川	0	0	0	0	0	0	0	0	0		0
関学	1	0	0	0	0	1	0	0	×		2

滝 玉井－矢野

関 木村－河合

▽二塁打＝石丸、八木亮

関	学	打	安	点
⑤	江川	3	2	0
⑦	辻本	2	1	0
⑧	八木亮	3	0	0
②	河合	4	3	1
⑨	久保	4	1	1
⑥	上田哲	4	0	0
③	山崎	4	0	0
④	安達	3	0	0
①	木村	3	1	0
	計	30	8	2

評 1回表、滝川二死ながら一、二塁とチャンスを作り5番の左前安打で二塁走者が本塁を狙うも左翼手辻本、三塁手江川とボールを繋ぎ封殺。無得点に終わる。1回裏、関学1番江川が右前安打、犠打で2進。二死から4番河合が中前へ先制タイムリー。6回表、滝川二死ながらも二塁とチャンスを作るもレフト辻本のダイビングキャッチにより無得点に終わる。6回裏、関学二死から3番八木（亮）が四球4番河合が中前安打で一、二塁とすると5番久保の中前安打で1点追加。7回裏、関学二死から満塁のチャンスを作るも3番八木（亮）が三塁ゴロの倒れ無得点。その後も関学先発木村が好投を続け無四球完封勝利。0対2で関学がベスト4に進出。

■準決勝…平成23年10月8日（土）明石球場

TEAM	一	二	三	四	五	六	七	八	九	十	十一	十二	十三	計
育英	1	0	0	0	0	1	0	2	0	0	0	0	1	5
関学	0	0	0	0	2	0	1	0	1	0	0	0	2×	6

育 山下－濱村、高原－濱村、福山－濱村

関 木村－河合、長谷－河合

▽二塁打＝石丸、八木亮

関学		打	安	点
⑧9	八木亮	7	3	0
⑤	江川	6	2	0
⑨7	久保	6	1	0
③43	中田	4	1	2
⑦	辻本	3	0	0
1	長谷	0	0	0
H	鈴木	0	0	0
8	佐々木	2	0	0
②	河合	5	0	0
④	山崎	2	0	0
H3	外山	2	0	0
4	安達	1	0	0
H	横山	1	1	1
⑥	上田哲	6	1	1
①	木村	0	0	0
171	石丸	4	2	2
	計	49	11	6

評 1回表、死球、四球などで二死満塁とすると6番柳田の右前安打で育英が先制。5回裏、関学二つの四球で一、二塁とし9番石丸の左越二塁打で2人の走者が生還し逆転に成功。6回表、育英先頭打者の死球をきっかけに二死三塁と攻め立て1番御縞の中前安打ですぐさま同点。7回裏の関学は一死満塁から4番中田がスクイズをきめ1点勝ち越し。8回表、育英先頭7番打者が左越二塁打を放ち一死後9番島の右線三塁打で同点。さらに中継が乱れる間に一気に本塁を陥れ再逆転。なおも1番御縞に右前安打を打たれたところで関学は投手を長谷にスイッチ。長谷は2本のヒットを許すも無失点でこの回を抑える。9回裏、関学は二死から2番江川の右前安打で反撃の狼煙をあげる。続く3番久保が遊撃手に強襲打を放ち4番中田が中前に執念の一打を打って関学が土壇場で同点に追いつく。なおもチャンスとなるが6番河合が倒れ試合は延長戦に。13回表、育英先頭3番新井が中越へ弾き返し無死三塁と勝ち越しのチャンスを迎え、一死後5番中島の内野ゴロがエラーを誘い育英が勝ち越す。13回裏、関学の先頭3番久保が四球を選び出塁。続く4番中田の打球はフィルダースチョイスとなり無死一、二塁に。次打者が倒れ一死となるが6番河合が四球を選び一死満塁に。このチャンスに代打横山の打球は一、二塁間を破り同点。さらに8番上田（哲）が右中間に弾き返してサヨナラ勝ち。熱戦にピリオドを打った。

■決勝…平成23年10月9日（日）明石球場

TEAM	一	二	三	四	五	六	七	八	九	十	計
関学	0	0	0	0	0	1	0	0	0		1
報徳	0	0	0	3	0	0	0	0	×		3

関 木村－河合

報 田村－中村寛

▽二塁打＝八木亮

関学		打	安	点
⑧	八木亮	3	1	0
⑤	江川	4	0	0
⑨	久保	4	2	0
③43	中田	3	1	1
⑦	辻本	4	1	0
②	河合	4	0	0
④	山崎	0	0	0
H3	佐々木	1	0	0
H	川畑	1	0	0
4	勇	0	0	0
⑥	上田哲	3	0	0
6	安達	0	0	0
①	木村	3	0	0
	計	30	5	1

評 木村は先発、上々の立ち上がり。序盤は危なげなく投げるが4回の裏、報徳二死一、二塁から7番池田、8番中村（洸）、9番上野の内野手の間にポトリと落ちるラッキーなヒットもあり一気に3点先制。6回表、関学1番八木（亮）が四球で出塁し三塁まで進めると4番中田の内野安打で1点を返す。終盤は木村が立ち直り無失点で最終回へ。9回表、関学3番久保の右前打、4番中田の死球で無死一、二塁とするが5番辻本がバントを空振り。捕手が後逸する間に二塁走者久保が三塁を狙うもタッチアウト。辻本に続き6番河合も三振に倒れ試合終了。報徳先発の田村にチャンスをつかむもあと1本が出ず1対3で敗戦となった。

秋季近畿地区高等学校野球大会 平成23年

■1回戦…平成23年10月23日（日）

舞洲球場（7回コールドゲーム）

TEAM	一	二	三	四	五	六	七	八	九	十	計
関学	0	0	0	0	0	0	0				0
桐蔭	0	1	1	0	3	0	2×				7

関 木村、石丸－河合

桐 藤浪－森

評 2回表、関学二死から6番河合の四球、7番山崎の右前打一、二塁とするも8番上田（哲）が三振に倒れ無得点。2回裏、大阪桐蔭二死二塁から9番藤浪の左前打で1点先制。3回裏、大阪桐蔭二死三塁から6番安井の振り逃げの間に1点追加。5回裏、大阪桐蔭、先頭の4番田端のホームランで1点、一死三塁から7番8番の連続二塁打で2点を失う。ここで関学の投手が石丸に交代し、9番藤浪を三振、1番森をセンターフライに打ち取る。7回裏、大阪桐蔭二死一、二塁から1番森の左中間二塁打で2点追加。関学は大阪桐蔭エース藤浪の前に手も足も出ず0対7のコールドゲームとなった。

関	学	打	安	点
⑨8	八木亮	3	0	0
⑤	江川	3	0	0
⑧9	久保	3	0	0
③	中田	3	0	0
⑦	辻本	3	0	0
②	河合	3	1	0
④	山崎	3	1	0
⑥	上田哲	2	0	0
①	木村	0	0	0
1	石丸	0	0	0
	計	23	2	0

県春季高等学校野球西阪神地区大会 2012（平成24）年

■2回戦…平成24年4月3日（火）

鳴尾浜球場

TEAM	一	二	三	四	五	六	七	八	九	十	計
関学	2	1	1	0	0	0	0	0	5		9
宝塚	0	0	1	0	0	0	0	0	0		1

関 木村－河合

宝 増田－富士田

▽三塁打＝久保

▽安打＝安達②、江川②、河合、木村、久保③、小林領、中田、八木亮、山崎

■準決勝…平成24年4月6日（金）

鳴尾浜球場（8回コールドゲーム）

TEAM	一	二	三	四	五	六	七	八	九	十	計
県西宮	0	0	0	1	2	0	0	0			3
関学	0	0	0	0	1	0	8	1×			10

県 畑、田中－原野

関 木村、長谷－河合

▽三塁打＝河合　▽二塁打＝安達、久保

▽安打＝上田星②、江川、鈴木、辻本、中田②、八木②

■決勝…平成24年4月7日（土）鳴尾浜球場

TEAM	一	二	三	四	五	六	七	八	九	十	計
西宮北	0	0	0	0	0	0	0	3	0		3
関学	4	0	2	0	0	0	0	0	×		6

西 ／

関 木村－河合、岡本健

▽三塁打＝横山　▽二塁打＝河合、山崎

▽安打＝小林領②、八木亮

春季兵庫県高等学校野球大会 平成24年

■2回戦…平成24年4月29日（日・祝）

明石トーカロ球場

TEAM	一	二	三	四	五	六	七	八	九	十	計
関学	0	0	0	0	0	0	0	0	0		0
淡路	0	0	0	0	2	1	0	1	×		4

関 木村、長谷、矢野、勇－岡本健、河合

淡 北坂－山口

▽安打＝久保、山崎

評 前半は関学先発の木村、淡路先発の北坂の投げ合い。木村は毎回のように走者を背負いながら要所を締め無失点で抑える。5回裏、淡路一死から8番大黒がヒットで出塁。暴投と9番正司のバントヒットで一死一、三塁とし1番高鍋の左前打で1点先制。続く2番人位のファーストゴロの間に1点追加。6回裏淡路、この回からマウンドに上がった長谷に対し4番桑名が三塁打を放ち、5番山口の右前打で3点目を追加。8回裏、関学は投手を長谷から矢野に交代するも淡路の勢いを止められず、さらに1点を失う。関学打線は淡路先発の北坂に2安打一死球と3度しか走者を許されずわずか78球で完封を許した。

第94回全国高等学校野球選手権大会　兵庫大会 平成24年

■2回戦…平成24年7月13日（金）ベイコム球場

TEAM	一	二	三	四	五	六	七	八	九	十	計
関学	0	1	1	0	0	3	0	0	1		6
神戸第一	4	0	0	0	0	0	0	0	0		4

関 木村、石丸、長谷－外山、川畑

神 西岡－石原

▽三塁打＝横山　▽二塁打＝鈴木、中田②

▽安打＝石丸、江川②、川畑、久保②、辻本、中田、八木亮③

■3回戦…平成24年7月17日（火）ベイコム球場

TEAM	一	二	三	四	五	六	七	八	九	十	計
関学	2	0	0	0	0	1	0	0	0		3
科学技術	0	0	0	1	0	0	0	0	0		1

関 木村、長谷－外山、川畑

科 中井、徳山－中村、畑中

▽安打＝安達、江川、木村、久保③、鈴木、辻本、外山、中田

■4回戦…平成24年7月21日（土）

明石トーカロ球場

TEAM	一	二	三	四	五	六	七	八	九	十	計
関学	0	0	0	0	0	1	2	0	1		4
西宮北	0	0	0	0	0	0	0	0	0		0

関 木村、長谷－外山、川畑

西 喜久田－平田

▽本塁打＝八木亮

▽二塁打＝江川、中田、八木亮

▽安打＝上田星、久保②、鈴木、辻本、中田、八木亮②

■5回戦…平成24年7月24日（火）

ベイコム球場

TEAM	一	二	三	四	五	六	七	八	九	十	計
篠山産業	0	0	0	0	0	1	0	2	0		3
関学	0	0	1	3	0	0	2	1	×		4

関 木村、石丸、長谷、勇－河合

篠 泉、細川、泉－岡部

▽二塁打＝上田星、久保

▽安打＝安達、江川②、河合、木村、中田、八木亮②

■準々決勝…平成24年7月25日（水）

明石トーカロ球場

TEAM	一	二	三	四	五	六	七	八	九	十	計
関学	0	0	0	0	1	2	0	0	0		3
尼崎双星・産業・東	0	0	0	0	0	0	0	0	0		0

関 木村－河合

尼 安藤、清成－高橋、中畑

▽安打＝江川③、河合、久保②、木村、八木亮

■準決勝…平成24年7月27日（金）

ほっともっと球場

TEAM	一	二	三	四	五	六	七	八	九	十	計
加古川北	3	2	0	1	0	0	0	0	1		7
関学	1	0	0	0	0	0	0	0	0		1

加 木村、長谷、石丸－河合、川畑

関 喜久田－平田

▽三塁打＝江川

▽安打＝江川、川畑②、久保、八木亮、横山

県秋季高等学校野球西阪神地区大会 平成24年

■1回戦…平成24年8月20日（月）

津門中央公園野球場（6回コールドゲーム）

TEAM	一	二	三	四	五	六	七	八	九	十	計
関学	0	5	1	0	0	7					13
県西宮	0	0	0	0	0	0					0

関 長谷、吉野－岡本健、中村太

県 田中、小山、高田－長木

▽本塁打＝伊原木（関）

▽三塁打＝西田、豊田大（関）

■2回戦…平成24年8月22日（水）

津門中央公園野球場

TEAM	一	二	三	四	五	六	七	八	九	十	計
西宮北	0	0	0	1	0	0	0	0	0		1
関学	0	0	0	0	0	0	0	2	×		2

西 岩村、平川、谷川、平川－吉田

関 矢野、長谷－岡本健

▽二塁打＝岡本健、藤川、大垣（関）、福岡（西）

■3回戦…平成24年8月26日（日）

鳴尾浜臨海公園野球場（6回コールドゲーム）

TEAM	一	二	三	四	五	六	七	八	九	十	計
関学	0	1	2	6	0	2					11
宝塚	0	0	0	0	0	0					0

関 長谷、小林－岡本健

宝 宮井、宇都宮－富士田

▽三塁打＝岡本健、大垣（関）

▽二塁打＝勇、大垣、皆月（関）、宇都宮（宝）

■決勝…平成24年8月28日（火）

津門中央公園野球場

TEAM	一	二	三	四	五	六	七	八	九	十	計
宝塚北	0	0	0	0	0	0	0	0	0		0
関学	0	1	0	0	0	1	0	0	×		2

宝 米谷、池田－松本

関 長谷－岡本健

▽二塁打＝皆月、伊原木、三ツ野、生水（関）、木野（宝）

秋季兵庫県高等学校野球大会 平成24年

関学高登録メンバー		
部長	②	芝川又美
監督	②	広岡正信
投手	②	長谷篤（鷹匠）
捕手	②	岡本健也（明峰）
一塁	②	藤川直人（学文）
二塁	②	皆月祐也（東浦）
三塁	②	山本勝也（北神戸）
遊撃◎	②	勇俊広（甲陵）
左翼	②	折田大晃（関学）
中翼	②	伊原木翔（江井島）
右翼	②	西田大志（山口）
補欠	②	矢野優輔（住吉）
〃	②	白須一世（江陽）
〃	②	中村太一（関学）
〃	②	森井法行（有野北）
〃	②	遠藤康平（関学）
〃	②	上田哲平（中部）
〃	①	喜田航司郎（和田）
〃	②	大垣智毅（和田）
〃	②	三ツ野拳士郎（八景）

■1回戦…平成24年9月15日（土）

尼崎ベイコム野球場

TEAM	一	二	三	四	五	六	七	八	九	十	計
北須磨	1	0	0	0	0	0	0	0	0		1
関学	0	1	0	0	0	0	0	1	×		2

北 濱本、有井－田中

関 長谷－岡本健

▽三塁打＝西田（関）

▽二塁打＝森井、三ツ野、伊原木（関）

■2回戦…平成24年9月17日（月・祝）

尼崎ベイコム野球場

TEAM	一	二	三	四	五	六	七	八	九	十	計
高砂	0	0	0	0	0	0	0	0	0		0
関学	0	0	0	0	1	1	0	0	×		2

高 木村－城戸

関 長谷、矢野－岡本（健）

▽三塁打＝森井（関）

▽二塁打＝長谷、岡本（健）（関）小林（高）

■3回戦…平成24年9月22日（土・祝）

尼崎ベイコム野球場

TEAM	一	二	三	四	五	六	七	八	九	十	計
市尼崎	0	0	0	0	0	0	0	0	0		0
関学	0	0	0	0	0	0	0	0	1×		1

市 服部－今村

関 長谷－岡本健

▽三塁打＝岡本健（関）

▽二塁打＝三ツ野、伊原木（関）

■準々決勝…平成24年10月6日（土）

尼崎ベイコム野球場

TEAM	一	二	三	四	五	六	七	八	九	十	十一	十二	計
関学	0	0	0	0	0	0	0	0	0	0	0	2	2
福崎	0	0	0	0	0	0	0	0	0	0	0	0	0

関 長谷－岡本健

福 清瀬－山名

▽三塁打＝岡本健（関）

■準決勝…平成24年10月7日（日）

明石トーカロ球場

TEAM	一	二	三	四	五	六	七	八	九	十	計
関学	0	0	1	0	2	0	0	1	0		4
報徳	2	0	0	4	0	1	0	1	×		8

	振	球	犠	盗	失	残	併
関学	4	2	2	0	1	8	0
報徳	0	3	5	4	0	9	4

関 矢野、白須、勇－岡本（健）

報 乾－松谷

評 両チーム28安打が飛び交う乱打戦を報徳が制した。報徳は、1回2点を先制、4回には満塁で走者一掃の三塁打等で4点、さらに6、8回にも得点し、終始試合の主導権を握り勝利した。関学は、14安打を放ったが4併殺と打線が繋がらず2年連続決勝進出にはならず、近畿大会出場権をかけて3位決定戦（対北条）に臨むこととなった。

	関学	打	安	点
⑧	伊原木	5	3	0
⑥1	勇	5	2	1
②	岡本健	4	2	2
③	藤川	2	0	0
H3	山本	2	1	0
⑨	大垣	1	0	0
H9	西田	3	1	0
⑦	三ツ野	2	2	1
⑤	皆月	4	0	0
④6	森井	4	2	0
①	矢野	1	0	0
H	折田	1	1	0
①	白須	0	0	0
R4	遠藤	1	0	0
	計	35	14	4

	報徳	打	安	点
⑨	勝岡	4	3	3
⑧	栗野	3	2	1
⑥	岸田	4	1	1
③	片浜	5	2	2
②	松谷	5	2	1
⑦	新井	2	2	0
7	横田	1	0	0
⑤	萩原	2	0	0
④	三木	3	1	0
①	乾	4	1	0
	計	33	14	8

■3位決定戦…平成24年10月13日（土）

明石トーカロ球場

TEAM	一	二	三	四	五	六	七	八	九	十	計
北条	0	0	0	0	0	0	0	0	0		0
関学	0	0	1	0	0	0	0	0	×		1

	振	球	犠	盗	失	残	併
北条	7	0	3	0	0	4	2
関学	3	0	2	0	0	7	1

北 冨嶋－肘井

関 長谷－岡本（健）

▽二塁打＝長谷（関）

評 2年連続の近畿大会出場権を狙う関学が接戦を制した。長谷が完封勝利し連続無失点記録を46イニングとした。10安打ながら1得点、7残塁と苦しい試合展開ではあったが、3回一死一、二塁で西田の内野安打で1点を奪い、最後まで守り抜き出場権を得た。北条は、得点圏に再三走者を進めたが、決定打が出ず惜しくも敗れた。

	北条	打	安	点
⑧	塚前	4	1	0
⑥	桜井	3	0	0
⑤	山田	4	0	0
②	肘井	4	2	0
③	友井	3	0	0
⑨	浦坂	2	1	0
⑦	片岡	3	0	0
④	吉田	3	1	0
①	冨嶋	2	0	0
	計	28	5	0

	関学	打	安	点
⑧	伊原木	3	1	0
⑥	勇	4	1	0
⑨	西田	4	2	1
②	岡本健	4	1	0
③	藤川	4	1	0
⑦	三ツ野	2	1	0
⑤	皆月	3	1	0
④	森井	3	1	0
①	長谷	3	1	0
	計	30	10	1

秋季近畿地区高等学校野球大会 平成24年

関学高登録メンバー		
部長	②	芝川又美
監督	②	広岡正信
投手	②	長谷篤（鷹匠）
捕手	②	岡本健也（明峰）
一塁	②	藤川直人（学文）
二塁	②	皆月祐也（東浦）
三塁	②	山本勝也（北神戸）
遊撃◎	②	勇俊広（甲陵）
左翼	②	折田大晃（関学）
中翼	②	伊原木翔（江井島）
右翼	②	西田大志（山口）
補欠	②	矢野優輔（住吉）
〃	②	白須一世（江陽）
〃	①	喜田航司郎（和田）
〃	②	森井法行（有野北）
〃	②	遠藤康平（関学）
〃	②	上田哲平（中部）
〃	②	藤原拓磨（友ヶ丘）
〃	②	大垣智毅（和田）
〃	②	三ツ野拳士郎（八景）

■1回戦…平成24年10月20日（土）

ほっともっとフィールド神戸

TEAM	一	二	三	四	五	六	七	八	九	十	計
関学	0	0	0	0	0	0	0	0	0		0
履正社	0	0	0	0	0	0	1	0	×		1

	振	球	犠	盗	失	残	併
関学	6	2	3	1	1	9	0
履正社	6	3	4	0	1	7	1

関 長谷－岡本（健）

履 東野－吉塚

	関学	打	安	点
8	伊原木	4	1	0
6	勇	3	0	0
9	西田	4	0	0
3	岡本健	4	1	0
2	藤川	3	1	0
7	三ツ野	3	2	0
5	皆月	3	1	0
4	森井	2	0	0
H	山本	1	0	0
1	長谷	3	1	0
H	藤原	1	0	0
	計	31	7	0

	履正社	打	安	点
8	長谷川	4	0	0
6	吉田	3	1	0
4	宮崎	3	1	0
7	沖田	3	0	0
3	東	4	1	0
5	宮本	1	0	0
9	井上	2	0	0
1	東野	2	0	0
2	吉塚	3	2	1
	計	25	5	1

評 関学は、2年連続して大阪1位との対戦を勝利することができなかった。7安打と相手打線を上回り、2～6回まで毎回得点圏に走者を出したが、打線が繋がらず完封負けを喫した。長谷の連続無失点記録は52イニングで止まった。履正社は、7回二死二塁、左前打で二塁走者が捕手岡本のタッチをかわして生還し、1点を守りきり準々決勝進出を決めた。

ルーキーズ大会 平成24年

■2回戦…平成24年11月3日（土・祝）

川西緑台高校G

TEAM	一	二	三	四	五	六	七	八	九	十	計
尼崎北	1	0	0	0	0	0	0	0	0		1
関学	0	1	0	4	0	0	1	0	×		6

	振	球	犠	盗	失	残	併
尼崎北	6	3	2	0	0	5	0
関学	1	4	2	2	0	3	0

尼 福永、川村－松平

関 五十嵐－喜田、圓尾

▽三塁打＝久保田（関）

▽二塁打＝相田、久保田（関）、石川（尼）

■3回戦…平成24年11月11日（日）

川西緑台高校G（10回タイブレーク）

TEAM	一	二	三	四	五	六	七	八	九	十	計
関学	0	0	0	0	0	0	0	0	0	1	1
北摂三田	0	0	0	0	0	0	0	0	0	0	0

	振	球	犠	盗	失	残	併
関学	1	2	3	0	0	9	0
北摂三田	5	1	3	0	0	8	1

関 五十嵐－喜田、圓尾

北 伊藤－羽澤

■準々決勝…平成24年11月18日（日）

三田学園G

TEAM	一	二	三	四	五	六	七	八	九	十	計
関学	1	0	1	0	1	0	0	1	0		4
篠山産業	0	0	0	0	0	0	0	0	0		0

	振	球	犠	盗	失	残	併
関学	4	1	2	2	0	6	1
篠山産業	5	3	3	0	0	5	2

関 五十嵐、大寺－喜田、圓尾

篠 前田、大野－山口

▽二塁打＝豊田大（関）、垣内（篠）

■準決勝…平成24年11月23日（金・祝）

関西学院大学グラウンド

TEAM	一	二	三	四	五	六	七	八	九	十	計
関学	1	0	0	0	1	0	0	1	0		3
三田松聖	0	0	3	0	0	0	0	0	1×		4

	振	球	犠	盗	失	残	併
関学	4	3	4	1	3	9	0
三田松聖	6	1	3	1	0	4	0

関 五十嵐－喜田、圓尾

三 橋本－山口

▽三塁打＝豊田大（関）

▽二塁打＝久保田（関）、山本、橋本（三）

註:ルーキーズ・トーナメント大会について
3年前から始まった試合で、阪神地区と丹有地区で開催されている。
関西学院高等部は過去2回優勝し、3回目はベスト4に入った。

第4章

広岡正信監督の
スクラップ帳より

―― 新聞等の記事による十数年間の歩み ――

本章では、広岡監督が自宅で大切に保存している膨大なスクラップ帳の中から、ぜひ取り上げたい思い出の記事や雑誌切抜き等を紹介します。十数年間の貴重な蓄積を回顧しながら、広岡監督と編集委員長で絞り込んだ珠玉の内容となっています。新聞記事に関しては、各学年がバランスよく紹介されるように配慮しましたが、学年により若干の記事紹介の深浅が生じたことはご容赦ください。また許諾を得る手続きや新聞記事の保存状態等の関係で、特定の新聞社からの掲載にならざるをえませんでした。ふさわしいと思われる箇所ではコメントを付してもらい、そのとき監督がどのような思いでその試合に臨んでいたか、またその資料にはいかなる思いが込められていたのかを、短くキャプション風に綴ってもらっています。

関学晴れ舞台飾れず

自慢の打線沈黙

63年ぶり登場も高鍋に逆転負け

第70回 選抜高校野球大会

第七十回選抜高校野球大会第四日は二十九日、甲子園球場で2回戦を行い、第1試合で関学（兵庫）は高鍋（宮崎）に2―4で逆転負けを喫し、悲願の初戦突破はならなかった。

六十三年ぶり出場の関学は2点を先行したが六回、守りが乱れ逆転された。七回に追加点を許し、後半、しり上がりの好投をみせた高鍋・矢野を最後まで打ち崩せなかった。兵庫県勢は出場した2校とも初戦で姿を消した。宮崎県勢は選抜大会の10勝目。

日大藤沢（神奈川）は六回に同点とされたが、その裏、宮田のタイムリー三塁打で2点を勝ち越し、八回にも加点して6―3で近江（滋賀）を振り切った。

広島商（広島）は七回、三浦大の今大会第4号本塁打など5長短打で一挙6点を奪って国士舘（東京）を突き放し、9―2の快勝で春夏通算60勝目をマークした。

高鍋、日大藤沢、広島商の3校はともに3回戦に進んだ。

第4日の成績

▽2回戦

高鍋	4―2	関学
広島商	9―2	国士舘
日大藤沢	6―3	近江

第4日

▽2回戦

				計
関学（兵庫）	001	100	000	2
高鍋（宮崎）	000	003	10X	4

【評】関学が主導権を握ったが、リードを守り切れなかった。

三回二死から西尾が右前打で出塁。西尾の二盗と岩崎の投前内野安打で一、三塁と好機を広げ、平野の中前適時打で1点を先制した。四回にも二死二塁から森本が三盗し、岩崎の適時打で1点を追加して2―0とリードした後、無得点。逆転された直後の七回、二死三塁の同点機を逃したのが痛かった。

守っては、エース岬が走者を背負いながらも粘り強い投球を披露。六回に2失策と、守備の乱れから3点を失ったのが誤算だった。

高鍋は六回、猪須の適時打など敵失にも乗じて一挙3点を奪って逆転。日野三振で逆転した。エース矢野が一試合2得点は公式戦を通じて最少。一試合平均7・2点をたたき出した自慢の打線も、好投手矢野の前に6安打と不発に終わった。

高鍋―関学　3回裏関学2死一、三塁、平野が中前適時打を放ち1―0と先制する（投手・矢野）

先制しペース崩す

県大会をすべて逆転で勝ってきた関学。攻撃陣の爆発はむしろ後半、のはずだった。

1点を追う七回、二死から平野が四球を選び、迎えるのは主砲・寺田。矢野のボーク、暴投で平野は三進。願ってもない同点のチャンスとなった。しかし頼みの主砲寺田は、フルカウントから一球粘ったが、外角の速球に手が出ず、あえなく三振に倒れた。

寺田は「返す気持ちで打席に立ったけど、やっぱりピッチャーが一枚上やったと、さばさばした表情。寺田と並ぶ打線の二本柱、

チーム最高の4割7分8厘を誇る岩崎も内野安打一本に封じられては、打つ手もなかったといえる。

広川部長が試合後「ノーヒットノーランは避けようと話し合ってきたので、ヒットが出て安心したほど」と明かした。平野主将も「打てないのは覚悟していた。でも一人一人が気持ちで負けずに、食らいつくバッティングをしたので満足」と話す。

「五回までは百二十パーセントの展開だった。しかしリードしてから心にスキができた。前評判以上の展開ができたことが、逆に作用したんでしょう」と、広岡監督から反省が口をついて出た。

"関学ナイン"が六十三年ぶりに、甲子園で躍動した。前半の踏ん張りは、超満員の三塁側スタンドを大いに盛り上げた。平野主将は「プレーのたびに声援が地鳴りのように伝わった。ベンチ、スタンドと思いを一つにして全員野球ができた。またこの素晴らしい舞台に帰ってきます」と、五十九年ぶりの夏の復活を約束した。

後半の攻め振るわず

（磯野　慶子記者）

高鍋に敗れ、初戦を飾ることができなかったものの、さわやかな表情で甲子園を去る関学ナイン

高鍋4―2関学

【関学】	打	得	安	点	振	球	犠	盗	失	打率
[illegible]	5	0	1	0	2	0	0	0	1	.200
[illegible]	3	0	1	1	0	1	0	0	0	.333
[illegible]	3	0	1	0	2	1	0	0	0	.333
[illegible]	3	0	0	0	1	1	0	0	0	.000
[illegible]	3	0	0	0	0	1	0	0	0	―
[illegible]	2	0	0	0	2	2	0	1	0	.000
[illegible]	2	0	0	0	1	0	2	0	0	.000
7 岬	4	0	0	0	2	0	0	0	0	.000
[illegible]	4	0	2	1	0	0	0	0	0	.500
[illegible]	0	0	0	0	0	0	0	0	0	―
[illegible]	3	0	1	0	0	0	0	1	0	.333
松下	1	0	0	0	0	0	0	0	0	.000
計	30	2	6	2	11	5	2	2	2	.200

【高鍋】	打	得	安	点	振	球	犠	盗	失	打率
[illegible]	3	0	1	1	0	0	1	0	0	.333
[illegible]	3	0	0	0	0	1	0	0	0	.000
[illegible]	4	0	0	0	0	0	0	0	0	.000
[illegible]	4	1	3	0	0	0	0	0	0	.750
[illegible]	4	0	1	0	0	0	0	0	0	.250
[illegible]	3	0	0	0	0	1	0	0	0	.000
[illegible]	3	0	0	0	0	0	0	0	0	.000
9 [illegible]	1	0	0	0	0	0	0	0	0	.000
矢野	3	0	1	0	0	0	0	0	0	.333
[illegible]	2	2	1	0	0	1	0	2	0	.500
計	30	4	7	2	0	3	1	3	0	.233

投手成績	回	打	投	安	振	球	失	責	防御率
岬	7	29	103	6	0	2	4	2	2.57
松永	1	5	22	1	0	1	0	0	0.00
矢野	9	37	143	6	11	5	2	2	2.00

▽三塁打　杉田　▽二塁打　[illegible]　▽暴投　矢野＝7回　▽ボーク　矢野2＝4回、7回　▽審判（球）赤井、伏見、次田、杉江　▽試合時間　2時間2分

兵庫県勢初戦敗退

複数校の出場では7年ぶり

○…関学が負け、前日横浜に2―6で敗れた報徳と合わせ、兵庫勢はともに初戦で姿を消した。複数校が出場したセンバツで、県勢の初戦敗退は一九九一年の第六十三回大会（三田学園、神戸弘陵）以来七年ぶり。一校出場では、九三年に川西明峰が初戦で市船橋に1―4で敗北を喫している。

関学登場に観衆5万2千

○…大会が始まって初めての日曜日の二十九日は、好天に恵まれ、地元の関学と高鍋が対戦した第1試合は五万二千人の大観衆がスタンドを埋めた。

昨年の第六十九回大会は1回戦の横浜商―上宮で五万人を記録。最近では第六十六回大会の準決勝のPL学園―智弁和歌山で五万三千人を記録した例がある。

先頭打者岩崎

悪かった面を反省し出直し

○…昨秋の打率4割7分8厘はもちろんチーム最高。センバツでも起爆剤の活躍が期待されたトップ岩崎だったが、内野安打1本と物足りない結果に終わった。

狙い球は特に絞らず、ストライクヒッティングを心がけたが、高鍋・矢野の球威に押された。「気が付いたら追い込まれていた感じ。変化球の切れもあり、今まで対戦してきたなかで、一番いい投手」と完敗を認めた。

六回の守備では、同点適時打をさばいた後、中継から三塁へ悪送球して、決勝点を与える痛いミス。「カットプレーにするつもりだったのに、球が浮いてしまった。走者のスタートが遅く、刺せると力んでしまった」と肩を落とす。

能力を十分に発揮できないまま初戦を終えたが「悪かった面を反省し、一からやり直す」と、巻き返しを誓っていた。

見事な三盗の森本
「試合前から思っていた」

○…関学の2点目は、森本の積極的な走塁から生まれた。二死二塁、福島の初球にモーションを完全に盗んで三進。直後、福島の適時打で生還し「ノーサイン。全く警戒してなかったし、試合前からやろうと思っていた」と胸を張る。

敗戦にさばさばした表情のナインも多い中、目は真っ赤。「有利な流れが切れてしまった。油断だと思う。個人的には、スピード、パワーがもっと必要だと思った」と声を絞り出した。

関学ナイン ひとこと集

西尾挽内野手「逆転されたあと、チームの気持ちがどこか緩んでしまった。精神的に強くなりたい」

小坂智平内野手「チームの雰囲気はよかったが、中盤から流れが向こうにいってしまった」

大西英生外野手「今日の負けで野球が終わったわけじゃない。またこんな応援のなかでプレーするために、頑張りたい」

松下謙介内野手「9回代打で内野ゴロ。中途半端にバットを止めたことが残念」

南靖郎捕手「応援がなかったら、もっと大きな差で負けていたかも」

川西宏治外野手「ワンプレーで流れが変わる。甲子園には魔物が住むって本当だった」

森章恭内野手「大声援のなか、プレーしていて楽しかった。夏にみんなで帰ってきたい」

有馬康之内野手「こんな大きな舞台なのに、今日はみんな本当にいい顔をしていた」

山田真哉内野手「アルプススタンドが正面に見え、応援ぶりに興奮したし、うれしかった」

1998年3月30日『神戸新聞』

1998（平成10）年
第70回記念選抜高校野球大会
高鍋戦

63年ぶりの春の甲子園出場ということで、オール関学の全面的支援と応援に感謝あるのみです。高鍋戦の序盤は、満点のできだったのですが、勝ちを意識して6回から崩れてしまいました。前年の秋の激闘、またキャプテンの骨折等のアクシデントを乗り越えての選抜出場は実に立派な業績だったと、あらためて思います。高鍋のエースはその後、プロ入り（広島カープ）するほどの実力でした。

関学、代打策が的中

神港学園 逆転負け

▽準々決勝

神港学園	301	000	000	4
関学	100	021	10X	5

【評】関学が中盤の集中打で逆転勝ちした。3点を追う五回、沢野、橋本、辻本の3連打で満塁の好機を築き、佐井の適時打で1点差に。六回には二死一、三塁から代打大庭が中前打を放ち同点に追いついた。さらに七回、無死一、三塁と攻め、代打山下の左犠飛で貴重な勝ち越し点を奪った。

神港学園は12安打を放ったが、中盤以降は決定打不足。九回二死満塁の好機にもあと一本が出なかった。

全員の気迫で勝った

54年ぶり4強進出

○…「考えられない勝ち方やね。全員の気迫が出ていた」。逆転で接戦をものにした関学の広岡監督は、興奮を隠さず一気にまくしたてた。

劣勢を代打の二人、大庭と山下が覆した。1点差の六回二死一、三塁で〝右の切り札〟大庭が代打を告げられた。「ここで打ったらヒーロー」。狙い通りセンター右へ弾き返した。これで今大会5打数5安打。「ドキドキしてたけど、思い切り振った。チャンスに打ててうれしい」と笑顔で振り返った。

一方〝左の切り札〟山下は、七回無死一、三塁の絶好機に四番竹田に代わって送り出された。三塁走者を迎え入れる決勝の左犠飛。最低限の役目をきっちり果たし「レフト打ちは決めていた。集中してたし、役目は果たせた」。

準優勝した一九四六（昭和二十一）年以来、実に五十四年ぶりの四強進出。旧制中学時代以来初となる夏の甲子園にも、あと二つと迫った。それでも「僕たちはチャレンジャー」と口をそろえる代打コンビの表情に、浮かれたところはなかった。

神港学園―関学 6回裏関学2死一、三塁、大庭の中前打で三塁走者・伊藤が生還、4―4の同点とする（捕手・林）

ミス絡み失点 主導権手放す

神港学園

○…1点を追う九回一死一、二塁。神港学園の北原監督は井上に送りバントを命じた。逆転の走者を二塁に進めて重圧をかけ、第1打席で本塁打を放っている三番谷川にすべてを託した。だが結果は死球。「打つ自信があった。悔しい」。続く島本主将は内野ゴロに倒れ、神港学園の夏は終わった。

「三、四番が打てなかったらしょうがない」。北原監督は自らを納得させるように話した。同監督が挙げていた今チームの特徴は「まとまりと勢い」。それだけに六、七回に失策絡みで失点して主導権を手放してしまったのも痛かった。

最後の打者となってしまった島本主将は、目を真っ赤に泣きはらした。あと一歩で届かなかったベスト4。それでも、「強いチームじゃなかったので、ここまでこれたのは全員の力」とチームメートへの感謝の言葉が口をついた。

学 5－4 神港学園

園】	打	得	安	点	振	球	犠	盗	失
上	4	0	2	0	1	0	1	0	0
上	4	0	1	0	0	0	1	0	0
川	4	2	2	1	0	1	0	0	1
本	4	1	2	0	1	0	1	2	0
喜	4	1	2	1	0	0	0	0	0
界	4	0	1	2	0	0	0	0	0
田	2	0	0	0	0	0	0	0	0
林	1	0	0	0	0	0	0	0	1
内	0	0	0	0	0	0	0	0	0
下	1	0	0	0	0	0	0	0	0
森	0	0	0	0	0	0	0	0	0
津	4	0	0	0	0	0	0	0	0
林	4	0	2	0	0	0	0	0	0
計	36	4	12	4	2	1	3	2	2

学】	打	得	安	点	振	球	犠	盗	失
永	5	1	1	0	0	0	0	0	0
田	4	1	2	1	0	0	0	0	0
井	2	0	1	2	0	0	2	0	1
田	3	0	1	0	0	0	0	0	0
下	0	0	0	1	0	0	1	0	0
飽	1	0	0	0	1	0	1	0	0
藤	2	1	1	0	1	0	0	0	0
森	3	0	0	0	0	0	1	0	0
野	4	0	1	0	1	0	0	0	0
本	4	1	1	0	0	0	0	0	0
本	2	1	1	0	1	0	0	0	0
庭	1	0	1	1	0	0	0	0	0
城	1	0	1	0	0	0	0	0	0
計	32	5	11	5	4	0	5	0	1

	回	安	振	球	失	責
喜	6⅓	10	2	0	5	3
内	1	0	1	0	0	0
	⅔	1	1	0	0	0

本　9　12　2　1　4　3
打　谷川▽三塁打　後
永▽二塁打　登喜▽残塁
、関8▽1時間51分

年生に申し訳ない

学園・登喜投手（2
ながら先発するも逆転
7回途中降板。試合
しばらく涙が止まら
「ボールが甘かった。
に申し訳ない」

2000年7月28日
『神戸新聞』
強敵神港に価値ある逆転勝ちでした！

1998年3月30日『毎日新聞』

高鍋 32年ぶり 逆転勝ち

エース矢野11K完投…主砲杉田3安打

▽第1試合＝2回戦

関西学院（兵庫）	001	100	000	2
高鍋（宮崎）	000	003	10X	4

2点を追う高鍋は六回、先頭の平山が四球と二盗、犠打で三進。細野の時にスクイズを外されたが、捕手が平山にタッチする際にボールをこぼして生還（記録は本盗）。さらに敵失と2連打で2点を奪い、逆転。

関西学院は三、四回に平野、福島の適時打で先行しながら五回以降は高鍋・矢野に2安打に抑えられた。

高鍋・大富省三監督 六回までに2点差以内に持ち込む狙った通りの展開だった。相手のミスから逆転できたが、野球とはそうしたもの。全員がひたむきになっての勝利。

関西学院・広岡正信監督 五回までは120点の出来だったがリードして心にすきが生じた。技術的、精神的に甘い面は出たが63年ぶりの甲子園で精いっぱいの試合ができたと思う。

関　学

古豪54年ぶり

白熱投手戦制す

絶妙 無四球完投

9イニング中、三者凡退が六度。カウントが3ボールまでいったのは、わずかに一度だけ。ここまでの戦いぶりから打線のイメージの強かった関学だが、この日のヒーローは間違いなくエース橋本だろう。

とにかく投球テンポが抜群に良かった。常にストライクを先行させ、追い込んで際どいボール球を打たせる。球威がさほどあるわけでもなく「特に自信を持っている変化球もない」という右腕が、積極的にバットを振ってくる津名打線に凡打の山を築かせ続けた。

この快投がチームにリズムを生み、自慢の堅守にも好影響を与える。二回、抜ければ長打が確実のライナーを二塁手の舘森がジャンプ一番、好捕。同点に追い付かれて迎えた六回、二死一、三塁のピンチにも、橋本を強襲した打球を二塁手の松永が素早くカバーし、ぎりぎりのところで勝ち越し点を許さなかった。

再三、強烈なゴロをさばいた三塁手の柴田主将は「投げてから打球がくるまでのリズムがずっと一定していた。ほかの野手もそうだと思うけど、すごく守りやすかった」。結局、最後まで失策はゼロ。今大会7試合目で実に五度目となる無失策試合で、五十四年ぶりの決勝進出に花を添えた。

攻守の歯車がかみ合った快勝に広岡監督も相好を崩した。「橋本は調子自体はよくなかったけど、粘り強く踏ん張った。そしてよく守ってくれました」。頼もしそうにナインを見回した後、「（逆転勝ちした4回戦の）仁川戦で負けを覚悟しただけに、以降はぐっと気が楽になった」と気持ちよさそうに汗をぬぐった。

ノーシードからの快進撃も、ついに頂点まであと一つ。六十一年ぶりの夏の甲子園出場を完全に視界に捕らえた。連投での先発が確実な橋本は「あと一戦、気持ちで投げるだけです」と力強く言い切った。その表情には"古豪復活"のドラマを自らの手で完結させる意気込みが宿っていた。（小森　康平）

ピカ一

関学・橋本

津名－関学　5回表津名1死二塁、高田の中前打で小央（左）が生還、1－1の同点とする（捕手沢野）

津名－関学　最後の打者を三ゴロに打ち取り、マウンド上でガッツポーズをとる関学のエース橋本（中央）と、大喜びの捕手・沢野ら

無念 7四死球

津名 監督「浜野よく踏ん張った」

津名ナインは、昨年の3回戦で関学に敗れて以来、リベンジを誓ってきたが、あと一歩のところで雪辱はならなかった。

準決勝まで6連続完投でチームの進撃を支えてきたエース浜野勝は、7四死球を悔やみ「コントロールが最悪。すべて僕の責任。みんなに申し訳ない。ここまで来たら甲子園で投げたかった」と目を真っ赤にはらした。

前半は持ち味の外角直球が伸び、強打の関学を七回まで1失点に抑えた。だが球数が120を超えた八回、執ように右狙いを繰り返す関学打線に捕まり、決勝の二塁打を許した。

捕手の飯田主将は「打線が援護できなかった。浜野はスピードがあったし、よく投げてくれた。右打ちを防ぐつもりでスライダーを要求したが、相手の打者はしっかり踏み込んで、振り切った。逆に僕らは思い切りに欠けた」と悔やんだ。

吉中監督は「バッテリーはピンチでも間合いをとりながら踏ん張った」とかばい、「今大会はすべて厳しい試合だったが、それをクリアして強くなっていった。きょうは実力以上のものを出し、最高のゲームになった」と振り返り、うなだれるナインを励ましながら、球場を後にした。

関学2－1津名										
【津名】		打	得	安	点	振	球	犠	盗	失
[illegible]	飯田	4	0	1	0	0	0	0	0	0
[illegible]	相田	3	0	0	0	0	0	1	0	0
[illegible]	小柳	4	0	0	0	0	0	0	0	1
[illegible]	岩城	4	0	1	0	0	0	0	0	0
[illegible]	浜野勝	4	0	0	0	0	0	0	0	0
[illegible]	小央	3	1	2	0	0	0	0	0	0
[illegible]	高田	3	0	1	1	0	0	0	0	0
[illegible]	井高	3	0	0	0	2	0	0	0	0
[illegible]	西山	3	0	0	0	0	0	0	0	0
	計	31	1	5	1	2	0	1	0	1
【関学】		打	得	安	点	振	球	犠	盗	失
[illegible]	松永	1	0	0	0	0	2	1	0	0
[illegible]	柴田	2	0	0	0	1	1	1	0	0
[illegible]	山下	4	0	0	0	0	0	0	0	0
[illegible]	竹田	4	1	1	0	0	0	0	0	0
[illegible]	佐井	1	1	0	0	0	3	0	0	0
[illegible]	舘森	2	0	2	1	0	1	1	0	0
[illegible]	沢野	3	0	1	1	0	0	1	0	0
[illegible]	橋本	4	0	1	0	0	0	0	0	0
[illegible]	辻本	4	0	2	0	1	0	0	1	0
	計	25	2	7	2	2	7	4	1	0

投手	回	安	振	球	失	責
浜野勝	8	7	2	7	2	2
橋本	9	5	2	0	1	1

▽二塁打　小央、沢野▽併殺　津1▽残塁　津4、関10▽1時間43分

執念の一打「残念です」

津名・小央

○…五回、津名の小央（こなかわ）は「同点にしたかった」と中前に落ちる執念の安打で出塁。守備陣がもたつく間に好走塁で二塁を陥れ、好機を広げて流れを

好投を援護 沢野決勝打

○…両先発投手の好投で延長戦突入もちらつき始めた八回裏。関学の沢野が試合を決める値千金のタイムリー二塁打を放った。

二塁に走者を置いて迎えた第4打席。初球ファウルの後の2球目、スライダーをうまく右方向に流し打つと打球は深々と右中間を破った。エース橋本の女房役でもある沢野は「橋本は疲れが顔に出ていたから、何とか助けてやりたかった。決められてよかった」と会心の笑みで殊勲の瞬間を振り返った。

ここまでの7試合、一人でマスクをかぶり続け快進撃を支えてきた。それだけに久しぶりの決勝進出に感激もひとしおの様子。「ずっと挑戦者としてやってきた。決勝でもそれは変わりません」と、最後の一試合に全力を尽くすことを力強く宣言した。

決勝では飛ばしたい

関学・山下左翼手（先発起用も4打数無安打に終わり）「相手投手が良かったから仕方がない。決勝では大きいのは打たせてもらえないだろうけど、気持ちのこもった打球を飛ばしたい。まあ、下位打線が元気だから上位としても楽です」

▽準決勝

津名	000	010	000	1
関学	000	100	01X	2

【評】関学・橋本、津名・浜野勝の白熱した投手戦は、被安打5、無四球で切り抜けた橋本に軍配が上がった。球数もわずかに85球という見事な内容で九回を投げ切った。

打線の勝負強さも光った。同点に追いつかれて迎えた八回、先頭の佐井が四球を選ぶと、きっちり送って一死二塁。ここで沢野が右中間を破る二塁打を放ち貴重な勝ち越し点を奪った。

津名は1点を追う五回、

せず無得点。試合の流れを引き込めなかった。

2000年7月30日『神戸新聞』
津名高の大応援団のパワーを跳ね返して準決勝を勝利することができました。

両雄きょう決戦　関　学

打線好調、総合力で優位　育英

近畿大会を秋春連覇、センバツに出場した育英に、ノーシードから勝ち上がってきた関学が挑む。

育英は勝ち進むにつれて強さを増してきた。特に打線が好調を維持しており、栗山、片山、小林のクリーンアップ三人が打率4割、7打点を超えている。

計6本の長打を放っている一番の川原から藤村、栗山と連打で続いて、片山、小林がかえすのが得点パターン。流動的だった一塁手は山下が5割7分1厘と結果を出し、攻撃の形が整った。1試合平均4・7個の盗塁も見逃せない。

4回戦までは継投だったが、5回戦、準決勝はエース橋本が完投。準々決勝は馬場が完封するなど、懸案の投手陣整備は進んでいる。橋本は本調子とはいえないが多彩な変化球で要所を締め、馬場のおかげでスタミナに不安はない。

明石球場で正午プレーボール

接戦持ち込めば勝機も　関学

関学の勝負強さは本物だ。尼崎北、仁川、神港学園など難敵に競り勝った。

チーム打率は2割8分9厘と育英に劣るが、爆発力は秘め、特に山下、佐井、大庭は好機に強い。7試合中3試合を1点差で制し、うち2試合が逆転勝ち。

序盤戦は継投が基本だったが、エース橋本がここにきて調子を上げており準々決勝以降は完投。抑えは山本もおり投手層は厚い。

総合力で育英が優位に立つ。関学は4試合で1イニング4得点以上を挙げている育英打線をリズムに乗せたくない。継投で育英の攻撃をかわしながら、得意の接戦に持ち込みたい。

（伊丹　昭史）

振り子打法で打点量産

3番・山下

振り子のように右足を揺らし、ゆったりとタイミングを計る。力みはこれっぽっちもない。それでいて、シャープにボールを捕らえてゆく。準決勝は無安打だったが、関学の山下は伸びやかなこのフォームで打点を量産してきた。

大会前に体調を崩したため、スタメン出場は3試合止まり。「本当なら、四番として僕がチームを引っ張らないと…。迷惑をかけっぱなしです」と苦笑する。その代わり、1打席にかける集中力は、だれにも負けない自負がある。準々決勝の決勝犠打など、確かにここ一番の活躍が光る。

涼しい顔で「要はタイミングの取り方。逆方向に流せればいい」と話す。中軸打者にありがちな過信は、この男に限っては皆無のようだ。広岡監督のいう「日替わりヒーロー打線」のなかで、山下もまた"つなぎ役"に徹している。

小学生のときから、ひたむきな「関学野球」にあこがれた。念願かなって入部、レベルの高さにしり込みした時期もある。そんな山下

張る。「チームが勝てば問題ない。もちろん出番がくれば役目は果たしたい」。夢の甲子園は、あくまで自然体で勝ち取る構えだ。

接戦で自信ついた 夢つかみとりたい

関学・柴田啓太主将の話　相手は自分たちより強いが、名前負けはしたくない。三年間、甲子園に行くために必死になって練習してきた。接戦をいくつも戦ってきて自信もついたし、勢いも出てきた。ここまできたからには絶対に夢をつかみ

相手は強豪だが プレッシャーない

関学・広岡正信監督の話　とにかく決勝戦を戦えることがうれしい。ただ、ここまで来るのに精いっぱいで、まだ何も対策は考えていない。相手は強豪だし、負けてもともと。OBの方の期待は感じるが、変なプレッシャーは選手にもない

2000年7月30日『神戸新聞』
育英との決勝戦を前にした思いがつづられています。この育英戦での経験がその後の夏の甲子園につながったと確信しています。

全国高校野球 兵庫大会
第8日

三田学園、初戦で涙 晴

第83回全国高校野球選手権大会兵庫大会第8日は20日、6球場で2回戦15試合を行った。

シード6校が登場。県春季大会準優勝の三田学園が昨夏の準優勝校関学に2―3のサヨナラ負けで姿を消したが、そのほかは順当に3回戦にコマを進めた。報徳は序盤から活発に攻めて13―1の五回コールドゲームで加古川北に圧勝。仁川は中盤まで無得点と苦しんだが、栄森の2ランなどで加点し、須磨を6―0で下した。

市川は中盤以降、小刻みに得点し、七回コールドゲームで8―1で快勝。小野は初回の1点を先発前田が守りきり、1―0で相生に辛勝。洲本は危なげなく、市神戸工を10―0で退けた。

ノーシードでは伊丹北が4番坂田の2本塁打などで打撃戦を制し、明石が2試合連続のコールドゲームで進撃した。

第9日の21日は7球場で2、3回戦19試合を行い、神戸国際大付、滝川第二、東洋大姫路、姫路工など有力シード校が登場する。

三田学園―関学 9回裏関学一死1、2塁。佐井の左前打で橋本が生還、サヨナラ勝ちに沸く関学ナイン

関学9回サヨナラ勝ち

▽2回戦

三田学園 000100001 2
関　学 000100011 3

【評】関学が劇的なサヨナラ勝ちでシード校の

本の左前打、牧の四球で一死一、二塁とすると、佐井が左前に決勝打を放ち、熱戦に終止符。九回まで2失点に切り抜けた。

三田学園は九回、山本純が執念の同点二塁打を放ったが、12残塁を数えた拙攻が最後に響いた。

関学 3－2

【三田学園】打
⑦ 山田秀5
⑤ 西　井4
⑧ 山本純5
② 増　田5
⑨ 小　中4
⑥ 佐　野3
③ 佐々木4
④ 安　井4
① 山本歩3
計 37

【関　学】打
⑧2 佐　井5
④ 浜　田3
⑨ 大　江3
③ 新　阜3
⑦8 安　藤3
⑤ 冨　山4
② 玉　置1
H 藤　原1
7 橋　本1
① 福　田0
H 魚　谷1
1 牧　1
⑥ 辻　本3
計 29

三 3 3 1 1 1
振 球 犠 盗 失
関 6 5 3 2 1
▽二塁打 小
大江、山本歩
本純▽2時間

「打たれてもともと」。エースの粘り ドラマを呼んだ

ハイライト
関学の夏 上昇気流

1点にしのぎを削る白熱ゲーム。勝ち越し。同点。サヨナラ―。勝利の女神は関学にほほ笑んだ。

九回裏一死、一、二塁。1番佐井の打球は快音を残し、レフトへ。二塁走者の橋本がホームに駆け込む。関学ベンチは優勝を決めたかのような大騒ぎ。春の準優勝校をサヨナラで破り、広岡監督も喜色満面。「大きな『山』を越えました」としたたる汗をぬぐった。

殊勲打を放った佐井が「きょうは失投がなかった。だから打線がこたえなければいけないと思った」というように、投手陣の粘り強い投球がサヨナラ劇を呼び込んだ。

先発福田は毎回走者を背負う苦しいマウンド。だが、「自分の力のなさは分かっている。打たれてもともと。逆に相手に強気に向かっていけた」というエースは、変則の横手投げからの直球、変化球で、強打を誇る三田学園の攻撃をしのいだ。

六回から登板した牧もまた、何度となくピンチを迎え、九回には同点打を食らった。だが、「同点まではかまわない」という指揮官の言葉を信じ冷静に後続を断った。

「今年は力不足」とささやかれていた投手陣の踏ん張りに広岡監督は「さすがに3年生。安定感が増してきた」と称賛。

九回二死から逆転勝ちした初戦に続き、シード校相手に劇的な勝利。昨夏、61年ぶりの頂点を逃した関学が「上昇気流」に乗り始めた。

（松本大輔）

2001年7月21日『神戸新聞』

この試合では現在、日刊スポーツで活躍されている佐井さん（写真中央）がサヨナラ打を放ち勝利しました。三田学園のエースはその後、関学大の準硬式野球部で活躍し、西武に入団することができました。

2002年7月21日『神戸新聞』

関学、再逆転許し●

福崎	100200300	6
関学	002000000	2

【評】福崎が終盤に突き放した。四回一死二塁で、忍海辺が同点の左越え二塁打。なおも国光裕の二ゴロで三塁走者が生還して逆転した。七回には前川の走者一掃中越え三塁打で3点を挙げた。

関学は三回、冨山の左越え二塁打で2点を奪って一度は逆転したが、救援した高橋一を攻略できなかった。

打撃で引っ張れた

関学・冨山佑希三塁手（逆転二塁打など3安打）「悪い形で点を取られ、いい形で取り返せた。これでのっていけると思ったが。打撃ではチームを引っ張っていけた」

福崎 6―2 関学

【福崎】			打	安	点
⑦	9	新家	5	1	0
④		山内	5	2	0
⑤	1	高橋一	4	0	0
②		石原	3	0	1
⑥		国光正	3	0	0
⑨		前川	4	2	3
7		入江	0	0	0
③		忍海辺	4	2	1
⑧		小林司	2	1	0
①		高橋良	0	0	0
5		国光裕	2	0	1
		計	32	8	6

【関学】			打	安	点
⑧		浜田	3	1	0
⑨		玉田	4	0	0
⑤	15	冨山	4	3	2
①	3	今井	4	1	0
3		石川	0	0	0
⑦		小松	4	0	0
⑥		安藤	3	0	0
②		藤井	2	1	0
H		北島	1	0	0
1		宮崎	0	0	0
1		藤田	0	0	0
H		高橋	1	0	0
③		中邑	1	0	0
5		町田	0	0	0
H	2	正井	1	0	0
H		松中	0	0	0
④		小城	0	0	0
4		松岡	3	0	0
		計	31	6	2

	振	球	犠	盗	失	残	併
福	3	5	4	1	1	8	1
関	6	4	1	0	2	7	0

▽三塁打　前川▽二塁打　浜田、藤井、冨山、忍海辺▽暴投　今井、冨山▽1時間53分

青山が初回満塁アーチ

関学高

県農	002001000	3
関学高	40100000X	5

【評】関学高が本塁打攻勢で県農・黒沢を攻略した。一回、2四球と安打で塁を埋め、青山が左越え満塁本塁打。三回には森口が右越えソロと、一発で加点した。投げては浜田、岸、矢野とつなぎ、六回からエース竹川を投入。終盤を無失点に切り抜けた。

県農は六回、池田の内野適時打で2点差。なおも一死二、三塁としたが、攻め切れなかった。

"県農旋風"ついに止まる

○…「県農旋風」が止まった。投打でチームをけん引したエース黒沢は「もう少し上まで行けたのに…。僕のピッチングが悪かった」と肩を落とした。

今大会5試合目の先発で「さすがに疲れがあった」と黒沢。不安な立ち上がりに痛恨の満塁アーチを浴びた。攻めては六回、スクイズを試みた打者が打席を飛び出し、反則行為で三塁走者がアウト。同点機を逃した。

昨年までの6年連続初戦敗退から、突然の大躍進。敗れはしたが、角野監督は「子どもたちは勢いがつけば、想像の域を超える力を出す。あらためて高校野球が好きになった」。さわやかな風を残し、県農ナインの「長い夏」が終わった。

関学高・青山佳敬三塁手（先制の満塁本塁打）「レフトフライかなと思っていたのに…。スライダーが良かったので直球に合わせていた。守備で迷惑を掛けているんで打ててほっとしています」

が、戦ってみると一つずつのアウトカウントを稼ぐのが難しく、強豪私学の実力を実感させられた。負けは残念だが、目標の16強を達成できたので悔いはない」

関学高 5－3 県農

【県農】			打	安	点
②		山崎	4	0	0
⑥		松井	4	2	2
⑤		村田	5	2	0
①		黒沢	3	0	0
③		中村	3	1	0
④		萩野	3	1	0
⑨		池田	4	1	1
⑦		三浦	3	1	0
⑧		水野	1	0	0
H		藤田慎	1	0	0
		計	31	8	3

【関学高】			打	安	点
①	8	浜田	3	0	0
⑧		小松	3	1	0
③	9	森口	3	1	1
⑦		今井	4	2	0
⑤		青山	3	1	4
⑥		久保田	4	0	0
②		藤井	4	0	0
④		小城	2	1	0
⑨		玉田	0	0	0
1		岸	0	0	0
1		矢野	0	0	0
1		竹川	2	0	0
		計	28	6	5

	振	球	犠	盗	失	残	併
県	5	3	5	1	1	9	0
関	1	5	3	0	2	7	0

▽本塁打　青山、森口▽三塁打　今井▽二塁打　松井、中村、小城▽暴投　竹川▽1時間49分

2003年7月27日
『神戸新聞』
青山（兄）さんが効果的な満塁ホームランを放ち勝利に導いてくれました。

神戸国際大付

序盤に長打攻勢

関学 終盤に力尽きる

関学	003001000	4
神戸国際大付	42100110×	9

【評】神戸国際大付が長打攻勢で関学を退けた。初回二死満塁から朝倉の左越え適時二塁打で走者一掃。二回に坂口が右越えソロ本塁打。六回は大槻の左前適時打、七回には尾本のスクイズが決まり、中盤以降も首尾よく加点した。

関学は三回に大江の適時三塁打などで3点を返したが、序盤の大量失点をばん回できなかった。

打線好調も〝投〟には不安　神戸国際大付

○…昨夏準優勝の関学を撃破した神戸国際大付。好調な打線と裏腹にエース坂口の右腕が乗りきらないが、青木監督は「百パーセントじゃなくても、みんなでカバーすれば問題ない」と気にしたふうはない。

坂口は二回に2試合連続となる右越えソロを放った直後に連打を浴びて3失点。4回戦同様、四回途中で満田にマウンドを譲った。「勢いのない球を連打された」と笑顔はなし。「（マウンドでは）持ち味が出せなかった。気持ちの問題。切り替えたい」とエースは語気を強めていた。

敗戦ながら粘りに満足　関学

○…昨夏準Vの関学が涙。広岡監督は「よく押し返した。胸を張れる敗戦と言っていい」とうなだれるナインに声をかけた。

昨秋の県大会2回戦では8―0でコールド負け。序盤こそ屈辱の再現かという展開だったが、しぶとく食らい付いた。

3打点の大江は「秋は（チームで）1安打。成長は示せた」。辻本主将は「みんなと一緒にここまで来られたので主将として心がいっぱい」と気丈だった。

神戸国際 9－4 関学

【関学】		打	安	点
⑧2	佐井	2	0	0
④	浜田	5	2	0
⑨	大江	5	2	3
③	新阜	5	1	1
⑦8	安藤	3	1	0
H	魚谷	1	0	0
⑤	冨山	4	1	0
②	玉置	0	0	0
H7	橋本	3	0	0
①	福田	0	0	0
H	藤原	1	1	0
1	牧	2	0	0
H	寺畑	1	0	0
1	吉住	0	0	0
⑥	辻本	3	1	0
	計	35	9	4

【神戸国際】		打	安	点
⑨19	満田	4	2	0
8	池田	0	0	0
⑥	大槻	3	1	1
⑤	向良	4	0	1
①989	坂口	5	3	1
③	大谷	4	1	0
⑧7	朝倉	4	3	3
⑦	炭本	3	1	0
1	小野	0	0	0
②	尾本	2	1	1
④	木下	3	1	1
4	丸井	0	0	0
	計	32	13	8

	振	球	犠	盗	失	残	併
関	8	5	1	0	1	10	0
神	4	3	5	3	0	7	0

▽本塁打　坂口▽三塁打　大江▽二塁打　朝倉、満田、大谷、炭本、木下▽捕逸　尾本▽1時間57分

2001年7月27日『神戸新聞』

2003年7月31日『神戸新聞』

関学 61年ぶりの夢散る

駆けた18人 胸張れる夏

2ケタ安打も遠かった本塁

得意の接戦できなかったが…

焦点

身上の「全員野球」でたどり着いた頂上決戦。関学に六十一年ぶりの夢はかなわなかった。閉会式では気丈に振る舞ったナインが、ベンチ裏で柴田主将が「泣きたくないけど、ここではそれも許される」と声を絞り出すと、次々にすすり泣いた。

勝機を見出してきた得意の接戦に持ち込めなかったのが敗因だ。0―2で終えた三回までは広岡監督に「まだ行ける」という思いがあった。しかし、四回、一挙4点を失う。これまで最大のビハインドは準々決勝（対神港学園）の3点。役者ぞろいの育英投手陣の前では、あまりにも重い荷物を背負ってしまった。

八試合すべてに先発したエース橋本は精彩に欠け、終始育英ペース。四回二死満塁のピンチで迎えた藤村への初球。高めに浮いた直球を痛打され、走者を一掃された。「真っ向勝負の球だったのに失投になった。覚悟はしていたけど…」と嘆きは収まらない。3回$\frac{2}{3}$で6失点。気力だけで乗り切れるほど夢への道のりは甘くなかった。

攻めても後手を踏んだ。三者連続三振を喫した六回を除く8イニングで走者を出し、安打数も二けたを記録した。それでも本塁は遠かった。バットでチームを引っ張ってきた山下は「打てなかった。チャンスを探したけど、自分たちの形に持っていけなかった」と完敗を認めた。

ベンチに入った十八人全員がグラウンドを走った。広岡監督は「点にはならなかったが、よく攻めた。ノーエラーは褒めるべきだし、内容は点差ほど負けていない」。指揮官は、汗と土にまみれた一人ひとりに声を掛けて回った。

3回戦サヨナラ、4回戦九回逆転―。ノーシードながらしぶとく勝ち上がってきた。「甲子園に行くという目標の前では1回戦敗退も準優勝も同じ。でも、ここまで来た過程は最高だった」（山下）。ナインは〝準〟のついた結果を胸を張って受け止めた。

（中尾　毅理）

関学―育英　61年ぶりの甲子園出場を果たせず、試合後ベンチで悔しさをにじませる関学ナイン

育英 11―0 関学

【育英】		打	得	安	点	振	球	犠	盗	失
⑤3	川原	3	2	1	0	0	2	0	0	1
②	藤村	3	2	1	4	0	1	1	0	0
⑦	栗山	5	1	3	2	0	0	0	0	0
⑨	片山	5	0	2	2	2	0	0	0	0
⑧	小林	5	0	1	0	1	0	0	0	0
⑥	上野	4	2	2	0	0	0	0	0	0
6	堀	1	0	0	0	1	0	0	0	0
③5	山下	5	2	2	1	0	0	0	0	0
①	馬場	2	0	1	0	0	0	0	0	0
H	藤田	1	0	0	1	0	0	0	0	0
1	橋本	2	0	0	0	2	0	0	0	0
④	武田	3	2	2	1	0	0	1	0	0
4	小山	0	0	0	0	0	0	0	0	0
	計	39	11	15	11	6	3	2	0	1

【関学】		打	得	安	点	振	球	犠	盗	失
④	松永	5	0	1	0	0	0	0	0	0
⑤	柴田	4	0	0	0	0	0	0	0	0
⑦	山下	4	0	2	0	2	0	0	0	0
7	伊藤	0	0	0	0	0	0	0	0	0
⑧	竹田	1	0	0	0	0	0	0	0	0
H8	塩飽	3	0	1	0	1	0	0	0	0
⑨	佐井	3	0	2	0	1	0	0	0	0
6	小城	1	0	0	0	0	0	0	0	0
③	館森	3	0	0	0	0	0	1	0	0
②	沢野	4	0	0	0	0	0	0	0	0
①	橋本	1	0	0	0	0	0	0	0	0
1	山本	0	0	0	0	0	0	0	0	0
H	鳥谷	1	0	1	0	0	0	0	0	0
1	泉川	1	0	0	0	0	0	0	0	0
1	樋口	0	0	0	0	0	0	0	0	0
H	浜田	1	0	1	0	0	0	0	0	0
⑥	辻本	2	0	1	0	1	0	0	0	0
H9	大庭	1	0	1	0	0	1	0	0	0
	計	35	0	10	0	5	1	1	0	0

投手	回	安	振	球	失	責
馬場	4	6	1	0	0	0
橋本	5	4	4	1	0	0
橋本	$3\frac{2}{3}$	9	2	1	6	6
山本	$1\frac{1}{3}$	2	0	0	2	2
泉川	3	4	2	2	3	3
樋口	1	0	2	0	0	0

▽三塁打　川原、栗山、山下（育）▽二塁打　藤村、山下（育）、片山、武田▽捕逸　藤村▽残　育6、関10▽併殺　育2、関0▽2時間8分

うちらしい野球できた　柴田主将

○…力尽きたノーシードの関学だったが、それでも育英の2投手から10安打。

再三、得点機を築いた内容に、柴田主将は「点は入らなかったけど、走者を出して好機を作る、うちらしい野球はできたと思う」とチームをたたえた。

昨秋ベスト4の尼崎北やシード校の仁川、神港学園などの難敵に、ことごとく競り勝った。

大会8試合で無失策試合を六度も記録するなど、ここ一番で素晴らしい集中力を発揮。1回戦から試合を重ねるごと、メンバーたちは確実に成長を続けてきた。

柴田主将は言う。「正直いって、ここまで来れるとは思わなかった。みんなが頑張ってきたことは間違っていなかった」。そして、「自分たちにとって準優勝は自信にもなる。胸を張って学校へ帰りたい」と、さわやかな表情を浮かべていた。

次につなぎたい一心

関学・大庭外野手（今大会通算6打数6安打）「相手は橋本君だったが、打てないとは思わなかった。ぼくのところで点を取るのは難しい状況だったので、とにかく次につなぐ気持ちで臨んだ。（打率10割は）気持ちはいいけど、もう少し試合に出たかった」

敢闘賞に関学、津名

兵庫県高校野球連盟

兵庫県高校野球連盟は、兵庫大会の敢闘賞に関学と津名、応援優秀賞に姫路、姫路南、豊岡の各校を選び、閉会式で表彰した。

全国高校野球 兵庫大会

第13日

第85回全国高校野球選手権記念兵庫大会第13日は27日、明石、姫路の両球場で準々決勝を行い、育英、東洋大姫路、神港学園、滝川第二がベスト4に進撃した。私学勢が4強を独占したのは4年ぶり。

注目の好カードとなった一戦は東洋大姫路が八回に福永の左線二塁打で逆転。投げてもアンが10奪三振。前年覇者の報徳を4―1で破り、2年ぶりに準決勝に進んだ。育英は五回に4連打で逆転。小刻みな継投で関学高を振り切り、3年ぶりに準々決勝を突破した。

滝川第二は打線が姫路工の先発・寺田を攻略。盤石の試合運びで4年ぶりに4強に名乗り。神港学園は小技で機先を制し、初優勝を目指した社に快勝。6年ぶりに準決勝に駒を進めた。

明石球場第1試合終了後、準決勝の組み合わせ抽選が行われ、対戦カードは神港学園―滝川第二、東洋大姫路―育英となった。28日は休養日で試合はなく、第14日は29日、明石球場で準決勝を行う。

第13日の成績

▽準々決勝

①…明石球場…①

育英 9―5 関学高

東洋大姫路 4―1 報徳

①…姫路球場…①

神港学園 6―2 社

滝川第二 6―1 姫路工

強振 小兵の奮起

育英

9番・平良が4打点

関学高―育英 長打3本で4打点をマーク、準決勝進出の立役者となった育英の9番・平良（撮影・幾野慶子）

【評】育英が打ち勝って3年ぶりの準決勝進出を決めた。3点を追う四回、4連打で1点差に迫り、五回二死から3連打で満塁とし、平良の2点二塁打で逆転。1点差に追い上げられた直後の八回には浜田、大前の連続適時打で突き放した。

関学高は3点を追う七回、3連打と敵失で2点を返し、なお一死満塁と攻め立てたが、後続が打ち取られた。

▽準々決勝

育英	000	220	221	9
関学高	200	100	200	5

明石

反撃、逆転、そしてダメ押し打。身長160ｾﾝの小兵・平良が強打の育英打線をけん引した。

3点を追う四回一死一、三塁、中堅右へ二塁打を放ち、五回二死満塁では逆転の2点二塁打を左中間へ。さらに七回、左越え三塁打で6点目をたたき出した。4打点。「自分の役目は『つなぎ』。何も考えずに思い切りバットを振ったのがよかった」。平良は無類の勝負強さを発揮した。

初戦(2回戦)は2打数無安打で途中交代したが「気持ちを切り替えた」という3回戦以降は全試合で安打を記録。持ち味の積極性を取り戻し、2試合連続3安打で大会打率は5割に達した。

昨秋の県大会覇者、育英は近畿大会準々決勝で東洋大姫路に惜敗(1―2)。センバツ4強で脚光を浴びた、その東洋大姫路と29日に準決勝を戦う。決戦前に藤村監督は「秋より精神的に強くなった」と手応えを示す。

平良も「ここまで来たら気持ちの問題。後悔しないよう全力を尽くす」。3年ぶりの"夏制覇"へ向け、「恐怖の9番打者」に大きな自信が備わった。（大原篤也）

育英・浜田康弘主将（3年ぶりの優勝まであと2勝）「昨夏の初戦敗退と、今春のセンバツに出られなかった悔しさを晴らそうと、ミーティングで毎日話し合っている。ランニング量を増やし、昨年の3倍くらいは走っている。まだ好機を生かし切れていないが、全体でカバーできるようになってきた」

白球を追って

粘った2投手 関学高が健闘

○…「全員野球。見ていて、ぐっとくるものがあった」。関学高の広岡監督は選手たちの健闘をねぎらった。大会前、春は背番号1を付けた矢野がひじを痛め、厳しい投手のやりくりを迫られた。センターから2番手で登板した浜田は途中、疲労で足がつりながらも「気力で投げた」。八回途中からは痛み止めの注射を打った矢野が登板。痛みに耐えながら「絶対に抑える」と力投したが、育英打線の勢いは止められなかった。

満身創痍（そうい）の中で打線は13安打と奮起、あきらめない粘りをみせた。「よく頑張った」。広岡監督はほほ笑んで、選手たちを見やった。

育英 9―5 関学高

【育英】	打	得	安	点	振	球	犠	盗	失
⑨ 茂倉	6	0	4	1	0	0	0	2	0
④ 橋本	3	2	2	0	0	1	2	0	1
⑤ 北野	6	1	2	1	1	0	0	0	0
⑦ 玉川	4	0	0	0	0	1	1	0	0
③ 土器手	0	0	0	0	0	0	0	0	0
3 西田	2	0	0	0	1	0	0	1	0
3 浜田	3	1	2	1	0	0	0	0	0
② 大前	3	1	2	1	0	1	1	0	0
⑥ 岡田	0	0	0	0	0	0	0	0	0
6 近藤	3	2	2	0	0	0	0	2	1
H6 高山	0	0	0	1	0	0	2	0	0
① 松本	1	0	0	0	1	0	0	0	0
1 春名	2	2	2	0	0	1	0	0	0
1 吉井	1	0	0	0	0	0	0	0	0
⑧ 平良	4	0	3	4	0	1	0	0	0
計	38	9	19	9	3	5	6	5	2

【関学高】	打	得	安	点	振	球	犠	盗	失
⑧18 浜田	3	0	1	0	1	3	0	0	0
R 田鴨	0	0	0	0	0	0	0	0	0
⑨8 小松	4	0	0	0	2	0	1	0	0
1 矢野	0	0	0	0	0	0	0	0	0
H 前田	1	0	1	0	0	0	0	0	0
③ 桑口	6	1	2	0	1	0	0	0	0
⑦ 今井	5	1	1	1	0	0	0	0	0
⑤ 青山	4	0	1	0	0	1	0	0	0
⑥ 久保田	4	2	2	0	0	1	0	0	0
4 安達	0	0	0	0	0	0	0	0	0
② 藤井	1	0	1	0	0	2	0	0	0
H2 正井	2	1	1	0	0	0	0	0	0
④6 小城	5	0	3	2	0	0	0	0	0
① 竹川	2	0	0	0	1	0	0	0	0
H9 玉田	2	0	0	0	0	1	0	0	0
計	39	5	13	3	5	8	1	0	0

投手	回	安	振	球	失	責
松本	1	3	1	2	2	1
春名	5 1/3	9	4	3	3	2
吉井	2 2/3	1	0	3	0	0
竹川	5	10	2	4	4	4
浜田	2	5	1	1	4	4
矢野	2	4	0	0	1	1

▽三塁打 平良▽二塁打 平良2、茂倉、浜田（育） 橋本、北野▽捕逸 大前2▽残塁 育13、関16▽併殺 育0、関1▽2時間35分

2003年7月28日『神戸新聞』

関学、21点大勝

関学	7	1	1	12	0	21
村岡	0	2	0	0	0	2

（五回コールドゲーム）

【評】関学が21点を挙げて大勝した。一回に久保田の左越え2ラン本塁打などで7点を奪うと、その後も着々と加点。四回にも今井の左越え2ランなど打者16人で大量12点を挙げた。村岡は、二回一死一、二塁から、竹下の中前打と上田の内野ゴロで2点をかえすのが精いっぱいだった。

関学・広岡正信監督（打線が爆発しての圧勝に）「相手投手がいいので、強い打球を打つことを心がけた。シャープにバットを振れたと思う。本塁打はその延長。一回に点が取れたことで、初戦の緊張が解けたのも大きかった」

2004年7月18日

『神戸新聞』

久保田（兄）さんがホームランで勝利の口火を切りました。

継投奏功 逃げ切り

関学

関学	1	0	2	0	1	0	0	0	0	4
東洋大姫路	1	1	0	1	0	0	0	0	0	3

目まぐるしく流れが入れ替わる接戦は、関学が得意の継投策で逃げ切った。広岡監督は「予想通りの好ゲーム。きょうは岸の好投じゃないですか」と、救援した左腕を手放しでたたえた。

同点に追いつかれ、再び勝ち越した後の三回裏。「最初から継投のつもりだったし、点を取られた後だから代えやすかった」という監督の判断が功を奏した。

直球と切れ味鋭いカーブ、スライダーの組み立てで7回を被安打4、失点1。岸が「打線が打てていたし、相手に連打はないと思っていた」と言い切ったように尻上がりに調子を上げ、五回以降は三塁を踏ませなかった。

これまでの3試合はすべてコールドゲーム勝ちだったこともあり、投球回数は合計1回2/3。今大会初の長いイニングとなったが、「気持ちがいい。これからが楽しみになってきた」。そう快な笑顔に自信と手応えを漂わせていた。

関学―東洋大姫路 5回表関学1死一、三塁、青山が左前タイムリーを放つ（撮影・坂部計介）

【評】関学がシーソーゲームを制した。3―3で迎えた五回、久保田の中前打に犠打、敵失絡みで一死一、三塁とし、青山の左前適時打で勝ち越し。三回からリリーフの岸は、1失点の好救援で追撃をかわした。

東洋大姫路は四回に後藤慎の適時打で追いつく粘りを見せたが、及ばなかった。

背番号「1」リベンジ不発

東洋大姫路

○…1点差で競り負けた東洋大姫路の藤田監督は「背番号1を出して点を取られたのは仕方ない。1点差は監督の責任」と敗戦投手になった後藤慎をかばった。

3回5失点だった4回戦をリベンジすべく、志願救援したが、5回1/3を投げ失点3。七回途中でマウンドを降りる結果に。「東洋の『1』なんで投げ切りたかった」と、悔しそうだった。

関学 4―3 東洋姫路

【関学】	打	安	点
⑦ 村上	5	1	0
⑥ 久保田	3	1	0
①3 坂戸	4	1	0
⑧ 今井	3	1	1
⑤ 青山	2	1	1
⑨ 塩沢	4	2	2
② 大久保	4	1	0
④ 徳永	1	0	0
1 岸	3	0	0
③4 西尾	3	1	0
計	32	9	4

【東洋姫路】	打	安	点
④ 山根	4	0	0
⑨ 河合	4	1	0
⑤ 林崎	3	0	0
③ 高橋	4	2	1
⑥ 今村	4	0	0
⑦ 吉田	4	1	0
⑧ 松下	2	1	0
H 後藤大	1	0	0
② 加藤	3	1	1
H 大野	1	0	0
① 乾	0	0	0
1 後藤慎	2	2	1
1 北山	2	0	0
計	34	8	3

	振	球	犠	盗	失	残	併
関	3	6	2	0	1	9	0
東	5	1	1	1	1	6	2

▽三塁打 高橋、塩沢▽二塁打 今井▽ボーク 北山▽2時間11分

2004年7月25日

『神戸新聞』

この試合ではダブル・エースの一人、岸さんの好投で東洋大姫路を振りきりました。岸さんはその後、読売ジャイアンツに入団されました。

終盤猛攻 坂戸が力投

関学圧倒

関学	00010024	7
多可	00000000	0

（八回コールドゲーム）

背番号3の坂戸の投打の活躍が関学に快勝劇を呼び込んだ。

中盤まで1点を争う展開も我慢の投球で7回無失点。テンポ良く追い込み、フォークボールなど変化球で打者を仕留めた。無四球の好投に「甲子園のマウンドは投げやすかった」と、そう快に笑った。

打っても2本の長打を含む3安打2打点。四回に先制攻撃の口火を切り、八回には試合を決める右越え2点三塁打。公式戦初の3番抜てきに応えた。

制球に課題を残す控え左腕だったが、春以降、打撃を見込まれて一塁手での試合出場が増えた。「四球より打たれた方がいい」。バックの立場を知り、投手としての成長につながった。広岡監督が「安定度が抜群」と信頼する左腕は今やチームに不可欠な存在だ。

【評】関学が終盤の猛攻で多可を突き放した。1—0の七回に村上の適時三塁打、北田の右犠飛で加点。八回には坂戸の2点三塁打など4長短打を集中した。先発坂戸は無四球で7回無失点。多可は先発吉川英が6回1失点と力投したが打線が沈黙。二回以降は二塁を踏めなかった。

中盤まで互角 多可継投失敗

○…多可は強豪の関学と中盤まで互角に渡り合ったが、結果は八回コールドゲーム負け。継投が運命を分けた。

先発吉川英は内角の直球を武器に六回まで1失点。だが、ボールが甘いコースに集まり出し、捕手の徳岡主将は「いつか打たれる」と溝尻監督に進言。七回から救援した1年生高田が連打で6点を失った。

「悔いはない」という吉川英の一方、高田は涙を浮かべて「悔しい」。徳岡主将も「もっと（精神面で）リードしてやればよかった」と目を真っ赤にはらした。

多可打線を7回無失点に封じ、チームをベスト32に導いた関学の左腕坂戸

関学 7—0 多可

【関学】		打	安	点
⑦	村上	5	4	3
④	徳永	2	0	0
H	北田	0	0	1
4	遠藤	0	0	0
①9	坂戸	5	3	2
⑧	今井	4	1	0
⑨	塩沢	4	1	1
1	船職	0	0	0
1	岸	0	0	0
⑥	久保田	4	1	0
⑤	青山	4	2	0
②	大久保	3	1	0
③	西尾	4	0	0
	計	35	13	7

【多可】		打	安	点
⑧	井上	4	1	0
⑥	安藤	2	0	0
⑦	万浪	3	1	0
③	松本	3	1	0
⑤	吉川和	3	0	0
⑨	宮下	2	0	0
H9	東田	1	0	0
②	徳岡	3	0	0
①	吉川英	2	0	0
1	高田	0	0	0
H	稲岡	1	0	0
④	平松	2	2	0
	計	26	5	0

	振	球	犠	盗	失	残	併
関	2	3	3	0	0	10	1
多	10	1	1	0	1	4	0

▽三塁打 村上、坂戸▽二塁打 坂戸▽暴投 高田▽1時間37分

2004年7月21日『神戸新聞』
この試合ではダブル・エースの一人、坂戸さんが力投しました。坂戸さんは関学大野球部でもエースとして大活躍されました。

2005年7月20日『神戸新聞』

反撃も及ばず 西宮南力尽く

主将「悔い残らず」

関学	1040213	11
西宮南	0100003	4

（七回コールドゲーム）

七回裏、一死満塁から長田が放った打球は三塁ゴロ。二塁走者の段は、迷わず本塁を狙った。結果は凶と出た。併殺崩れの一塁手からボールがホームに返されタッチアウト。西宮南の夏が終わった瞬間だった。試合後、段は「あの場面で走らない方が悔いが残ったと思う」と振り返った。

主将としてチームをまとめてきた。エースの下津は「段は本当によくやってくれた。最後の走塁も、あいつに悔いがないのなら、みんなも納得するはず」と話した。段は「最高の仲間と野球ができてよかった」とすがすがしい表情を見せた。

関学・菅井裕介主将（2試合連続のコールド勝ち）「三回に4点とって気持ちが楽になった。3年生もまとまってきて、チームはいい状態。この勢いでシード校を倒し甲子園を目指す」

【評】関学は三回、先頭打者の徳永が右中間三塁打で出塁、四死球などで一死満塁として、西尾卓が2点タイムリー。続く青山も左中間二塁打を放ってこの回4点。その後もリードを広げた。

西宮南は七回、無死満塁の絶好機に段の右前打などで3点を返したが力尽きた。

関学 11－4 西宮南

【関学】		打	安	点
⑧	菅井	3	1	0
④	徳永	4	2	2
⑨3	中山	4	3	1
①9	塩沢	4	1	1
③	菅原	2	1	1
1	正田	0	0	0
1	井上	1	0	0
H	菅野	1	0	0
1	飛嶋	0	0	0
1	西尾範	0	0	0
⑤6	西尾卓	4	2	2
⑦	青山	3	2	2
②	森実	1	0	0
2	新見	3	2	2
⑥	橋本	2	0	0
H5	尾西	0	0	0
	計	32	14	11

【西宮南】		打	安	点
④	米沢	3	1	0
⑤	駿河	1	1	1
①8	下津	2	1	0
②	段	4	1	2
⑨	伊藤	2	0	0
③	小西	3	1	0
⑥	長田	4	1	1
⑧7	上田	2	0	0
⑦	山ノ井	1	0	0
1	小林	1	0	0
	計	23	6	4

	振	球	犠	盗	失	残	併
関	4	7	2	0	0	9	2
西	2	9	2	0	0	9	0

▽三塁打 徳永▽二塁打 青山2、西尾卓▽2時間1

関学旋風 シード校破る

飾磨工 100000000｜1
関　学 00320020×｜7

試合後、関学の広岡監督は満面の笑みを浮かべた。「どうです、強いでしょう」。ノーシードだった今大会。シード校を破っての5回戦進出に、チームは自信を深めた。

先発の塩沢は、立ち上がりこそ制球に苦しみ先制を許したものの、二回以降は被安打2で完投と安定した投球を見せた。打線も切れ目なく、12安打で飾磨工を圧倒した。

塩沢は「チームにいい勢いがついていて、点を取られても取り返せると信じて投げられた」と話した。次戦に向けても「おくすることなく向かっていくだけ」と指揮官。上昇気流に乗って、さらに上を目指す。

【評】関学が12安打7点で快勝。1点先制されて迎えた三回、徳永、青山のタイムリーなどで一気に逆転。四回にも菅井の左適時打などで2点を追加し、突き放した。投げては塩沢が被安打5、失点1で完投。

飾磨工は一回、沢田の右前打で先制したが、以降は打線が沈黙した。

2005年7月22日
『神戸新聞』
姫路球場
この試合で塩沢さんは投打に大活躍。のちに関学大の準硬式野球部に入り頭角を現しました。

本主将は「二回は体が動いていなかったけど、二回に逆転してから集中力が高まった」と話した。

課題は2失策を記録した内野守備。藤田監督は「これからの試合はミスをした方が負ける」と表情を引き締めていた。

関学 光った2年バッテリー

▽2回戦
神戸北 0000000｜0
関　学 1000015×｜7
（七回コールドゲーム）

16日に降雨ノーゲームとなり、待ちわびた試合を制したのは関学。「気持ちよく投げられた」と先発した2年生エース正田が、6回を3安打無失点に抑える好投。支えたのは、同じく2年の捕手布施だった。

前回の試合で硬さがあった正田を引き立てようと、広岡監督は3年北村の代わりに、テンポよく投手に投げさせるのがうまい持ち味の布施を起用した。布施は投球のリズムを重視するリードを展開。「バックを信じて」と大声で支えた。正田は「安心して投げられた。自信を胸に勝ち進みたい」と誇らしげだった。

【評】関学が七回コールドゲーム勝ち。一回二死二塁から、青山の中前適時打で1点を先制し、五回にも1点を追加。六回には、高見の2点左中間二塁打、中山の左中間適時三塁打などで5点を挙げた。

神戸北は、関学の継投の前に散発3安打。5失策と守備も乱れた。

神戸北・八色大希投手（16日の降雨ノーゲームの試合でも投げ）「前回には攻められなかった内角に、序盤はうまく投げられたが…。（大量失点の）六回に力みが出た。3年生に申し訳ない。秋の大会は勝ち進み、先輩にいい報告をしたい」

2005年7月23日『神戸新聞』

関学 着々加点し完勝

▽4回戦
姫路東 0001000｜1
関　学 205100×｜8
（七回コールドゲーム）

【評】関学が盤石の試合運びで完勝。一回一死から布施、中根の連打と、黒木の左越え二塁打で2点を先制。三回は打者9人の猛攻で5点、四回には中根が右越えにソロ本塁打を放った。投げては3投手で10三振を奪い、1失点に抑えた。姫路東は打線が3安打。四回に中津の中前打で1点返すのがやっとだった。

関学・中根遼左翼手（ソロ本塁打を含む3安打を放ち）「きょうはボールがよく見えていた。（本塁打は）直球にうまく体が反応した。チームと一緒に、自分の調子も上がってきた」

姫路東・小田成将主将（コールドゲーム負けし）「シード校は強かった。一時は部員が10人しかおらず、最初は練習試合でも勝てなかったので、ここまでくることができて満足している」

2006年7月25日『神戸新聞』
この試合の相手投手、乾さんはプロに行くまでのすばらしい実力を発揮されました。

東洋大姫路 勢い本物

強豪関学を寄せ付けず

姫路

▽3回戦

東洋大姫路	030000100	4
関学	020000000	2

最後の打者を併殺で仕留めると、4月に就任したばかりの堀口監督の目が輝いた。強豪相手の勝利に「価値ある1勝」とほおを緩めた。

「新監督の就任でチーム内にいい意味での競争が広がり、活気づいている」。完投勝ちを収めたエース乾が話すように、東洋大姫路ナインの勢いが目立った。

中盤戦屈指の好カードといわれた試合だった。二回一死一、二塁の場面で打席に立ったのは井上。「監督にアピールしたかった」との言葉通り、初球の高めの直球をフルスイングして左越えの3点本塁打を放ち、貴重な先制点をもたらした。乾も縦に鋭く落ちるカーブを駆使して勝利に貢献し、新監督から高い評価をもらった。

新体制になって以降、チームはどんな場面でも一人で考え、判断できる選手の育成を目標に掲げてきた。

「精神的な弱さが出る場面もあったが、選手はいい状態に仕上がりつつある」と堀口監督。新指揮官を迎えた伝統校が、頂点へ向けて大きな一歩を踏み出した。

（植田治男）

関学自慢の中軸が不発

「ここ数年で、もっとも充実した打撃力」と広岡監督が自信を持っていた打線は、東洋大姫路の乾の前に散発7安打で終わった。

3、4番を任される中山、青山はプロ注目の大砲だが、安打は青山が放った一回の左前打だけ。直球とカーブをコースに投げ分ける乾に屈した。

好機はあった。1点を追う六回。四球から一死二塁としたが、きわどいコースを直球で攻められ三直、右翼フライと後続が倒れた。「ボール球を振らされたり、粘りが足りなかった」と青山。二回に敵失で2点を挙げて以降はわずか3安打で、三塁も踏めなかった。

【評】東洋大姫路が危なげない試合運びで逃げ切った。二回一死一、二塁から井上が3点本塁打を放って先制。七回には吉川の内野安打で4点目を挙げた。先発乾が被安打7で完投した。

関学は二回に敵失で2点を返したが、打線がつながりを欠き、六回一死二塁の好機も生かせなかった。

地力に勝る 関学が大勝

関学10−1猪名川

関学・清見修也二塁手（先制のスクイズを決めるなど2打点の活躍）「公式戦は初の先発出場なので緊張した。とにかく必死だった。（スクイズは）絶対決めるしかないと食らいついた」

猪名川・西川洋平主将（3回戦で敗れ）「みんなが頑張ってくれたおかげで悔いなく終われた。特に2年生が成長してくれた。来年はもっと勝ってくれると思う」

2008年7月14日『神戸新聞』
清見さんは苦労してベンチ入りを果たし、その努力の結果として先制のスクイズをみごとに決めることができ、大活躍しました。

第90回全国高校野球 東兵庫大会 第10日

関学、伊丹北が16強入り

13日は尼崎記念球場で3回戦2試合を行い、関学、伊丹北のシード2校が16強入りを決めた。

関学は15安打を放ち、10−1で猪名川にコールドゲーム勝ち。伊丹北は神戸北の追撃を振り切り、7−5で競り勝った。

尼崎記念

▽3回戦

関学	0103321	10
猪名川	0100000	1

（七回コールドゲーム）

【評】関学が投打に力の差を見せて完勝した。二回一死二、三塁から清見がスクイズを決めて先制。四回は清見、山崎の適時打などで3点を加え、五回は中尾の適時二塁打などで3点を追加した。先発の中尾は6回を投げて1失点の好投。

猪名川は二回に1点を挙げて同点に追い付いたが、以降は抑え込まれた。

神戸北	002000210	5
伊丹北	20201011×	7

【評】伊丹北が接戦を制した。同点の三回二死一塁から、相良の左越え本塁打で勝ち越した。1点差にされた直後の七回は、一死三塁から追田のスクイズで追加点を挙げ、八回には尾形の左前適時打で突き放した。

神戸北は八回に山本が左越えソロ本塁打を放つなど粘ったが、反撃もここまでだった。

2009年8月13日『朝日新聞』

第91回全国高等学校野球選手権大会

酒田南戦

これは100点満点の試合展開でした。関学の選手全員が持ち味を出し切れた試合でした。リリーフの山﨑さんも光り、捕手の中塚さんも要として締めてくれました。梅本さんが足をつり、部長の芝川先生が外野までダッシュで駆けつけてくださいました。安食さんが代打で、勝負を決める長打を放ちました。

関西学院 7−3 酒田南

積極性ズバリ

◇1回戦（第1試合）

		計
関西学院（兵庫）	002002021	7
酒田南（山形）	000200100	3

⑪…関西学院の積極性が光った。先行、勝ち越しなど5本の適時打のうち4本は3球目までをはじき返したもの。特に8回の2点二塁打は、守備から入って初打席の安食が、初球をとらえた。酒田南は左腕安井が要所で踏ん張りきれず、5失点を2死の場面で喫した。

関西学院―酒田南 6回表関西学院2死二、三塁、山崎純の適時打で三塁走者黒木（右）と二塁走者永井が生還

関西学院は左翼の梅本が7回の守備でポール際の打球を処理する際に、右足をつらせて退場。急きょ、外野守備に入ったのが背番号「9」の安食。「勝負どころの代打でいくと言われていたけど、守備から入ったので、打席にもすんなり入れた」。直後の8回の攻撃で、試合を決める右越え2点二塁打。2人は普段から一緒に買い物に出かけるなど仲良し。「安食が打ってくれてうれしかった。感謝したい」と梅本も喜んだ。

〇広岡監督（関） 満員の甲子園で70年ぶりの勝利。「本当に素晴らしい環境で試合ができた。9回はベンチとスタンドが一体になって戦えた」

〇新川（関） 先発するも、3回途中で降板。「6、7回は投げたかった」

▼関西学院は勝利も70年ぶり。前回出場した39年の25回大会では、1回戦で天津商（満州）を22−8で下した。2回戦では長野商に2−4で敗れた。

酒田南 粘投無念

酒田南の安井は山形大会5試合を1人で投げきり無失点だったエース。だが、この日は関西学院につかまり、昨夏に続き初戦の壁に阻まれた。

同点の6回1死から二塁打を浴びた。死球や盗塁で2死二、三塁とピンチを広げ、2点適時打を許す。疲れもあったのか「腕が振れなかった」。その後も変化球が甘く入り、突き放された。4番としては3安打と意地は見せたが「相手はきっちり芯に当て、打球も速かった」と力負けを認めた。「やっぱり悔しい」とも。ただ、西原監督は「うちの柱で負けたのだから仕方がない」と文字通りの大黒柱を責めなかった。

●阿部（酒） 4回に1打点。「投手の安井は調子は良かったんだけど、中盤から球が上ずってしまって……」

●西原監督（酒） 昨夏に続く1回戦敗退。「夏は打ち勝たないと勝てない。甲子園で勝たせてやりたかったが、ご苦労様と言ってやりたい」

▼山形勢は3年連続初戦敗退。89回大会は日大山形が2回戦で常葉菊川（静岡）に4−12で、90回は酒田南が1回戦で福井商に1−6で、それぞれ敗れた。

【関西学院】	打	得	安	点	振	球	犠	盗	失
左 梅本	4	1	2	0	1	0	0	0	1
右 安食	1	0	1	2	0	0	0	0	0
遊二 窪	2	0	0	0	1	0	3	0	0
捕投 山崎裕	5	2	3	1	1	0	0	0	0
中 高馬	4	0	0	0	0	0	1	0	0
三 黒木	5	1	3	2	2	0	0	0	0
右左 鳥内	5	0	1	0	0	0	0	0	0
二 木下	2	0	1	0	0	0	0	0	0
打 永井	0	1	0	0	0	1	0	1	0
遊 小原	1	0	0	0	0	0	0	0	0
一 山崎純	3	1	1	2	1	1	0	0	0
投 新川	1	0	0	0	1	0	0	0	0
捕 中塚	3	1	1	0	1	0	0	0	0
残 8	36	7	13	7	8	2	4	1	1

【酒田南】	打	得	安	点	振	球	犠	盗	失
一 平川	4	0	1	0	0	0	0	0	0
二 五十嵐	4	0	0	0	0	0	0	0	0
右 奥野	4	0	1	0	0	0	0	0	0
投 安井	4	1	3	0	0	0	0	0	0
中 林	4	0	0	0	1	0	0	0	0
左 工藤	3	1	1	0	1	1	0	0	0
捕 阿部	4	0	1	1	1	0	0	0	0
三 野崎	4	1	2	1	0	0	0	0	0
遊 高橋	3	0	0	0	0	0	1	0	1
残 6	34	3	9	2	3	1	1	0	1

投手	回	打	安	振	球	失	責
新川	2⅓	10	3	1	0	0	0
山崎裕	6⅔	26	6	2	1	3	2
安井	9	42	13	8	2	7	7

［三］平川 野崎 黒木 ［二］山崎裕 黒木2 安食 ［併］関1 ［暴］山崎裕 ［逸］阿部【審判】（球）小谷（塁）西貝 中西 仲田

1時間53分

伊丹西、強豪関学破る

伊丹西8−2関学

〇…チームリーダーのバットが火を吹いた。伊丹西の新田主将が5打点の大活躍。シード校の関学を破る殊勲の白星に「私学を倒すことが公立の高校球児の夢です」と会心の笑顔を見せた。

七回の一打が見事だった。1点を勝ち越した直後のチャンスで左翼フェンス直撃の三塁打。満塁の走者を一掃した。2年生バッテリーがけん引するチームで存在感を誇示した3年生は「みんなで『次の主役はおれや』と言い合っていた。意地を見せられた」と満足そうだった。

関学・石井孝典主将（七回に救援登板したが適時打を浴び）「交代した投手のためにも抑えようと思ったが自分の甘さが出た。チーム全体として完成度が低かった。個人個人の心の強さがなかった」

2008年7月18日『神戸新聞』

関学 本領の13安打

第91回 全国高校野球 第3日

第91回全国高校野球選手権大会第3日は12日、甲子園球場で1回戦を行い、第1試合は1939年の第25回大会以来、70年ぶり出場の関学(兵庫)が7－3で酒田南(山形)に勝った。打線が2けたの13安打を放ち、山形大会で無失点を誇った好投手・安井を攻略した。

(1面参照)

関学は2－2の六回、山崎純の2点適時打で勝ち越した。1点差とされた直後の八回は、安食の二塁打で2点を加えて突き放した。投げては新川－山崎裕の継投で3失点に封じた。

夏の甲子園に校歌「空の翼」が響く。史上最長となる70年のブランクを経て出場した関学が、古豪復活を高らかに聖地に告げた。監督として1998年春のセンバツ以来11年ぶりの甲子園。広岡監督は「本当に幸せものです」と感無量の表情を浮かべた。

就任20年目のベテラン監督の采配(さいはい)が攻守で的中した。2－2の六回2死三塁の場面で代打に送った永井が死球で出塁し、二塁へ盗塁。山崎純の勝ち越し打を呼び込んだ。「交代で入った選手の力は(先発メンバーと)変わらない」と指揮官。足がつった梅本に代わって、外野の守備に就いた安食も八回に2点二塁打。見事な選手起用で勝利を大きく引き寄せた。

三回途中、先発新川から山崎裕への早々の継投も「想定内」と広岡監督。激戦の兵庫を制した必勝リレーが、大舞台でも力を示した。

アルプススタンドを埋めた地元の大声援も励みで「すべてが追い風。それでも選手たちは浮つかないんです」と広岡監督。普段着野球を貫いた教え子の姿に、指揮官は誇らしげだった。

(小川康介)

普段着野球貫き復活

2009年8月13日『神戸新聞』

関学－酒田南 3回表関学1死二塁、山崎裕が右中間に先制の適時二塁打を放つ。捕手阿部(撮影・山口 登)

▽1回戦

関学(兵庫)	002	002	021	7
酒田南(山形)	000	200	100	3

【評】関学が快勝した。同点の六回2死二、三塁から山崎純の左前打で2点を勝ち越した。八回には、2死一、二塁から安食の右越え二塁打で2点を加えて、突き放した。

三回途中から救援した山崎裕は粘り強い投球で、3点に抑えた。

酒田南の安井は8三振を奪ったが、制球が甘くなったところを狙われた。打線はつながりを欠いた。

第2試合は30度目出場の龍谷大平安(京都)と、春夏合わせて最多の10度の優勝を誇る中京大中京(愛知)の古豪対決。試合は中京大中京が序盤から主導権を握った。

2けた被安打 首ひねる左腕

山形大会で5試合無失点

○…酒田南のエース安井は、山形大会の全5試合を1人で投げ抜いて、無失点だった。だが、甲子園では13安打を浴びて7失点と勝利を呼び込むことができなかった。「悔しい。調子は悪くなかったが…」と肩を落とした。

三回に2点を奪われて今夏で初の失点を喫した。その後も相手の勢いを止められなかった。左腕は「ボールが上ずったり、何かがおかしかった」と首をひねった。

中京大中京が2回一挙5点

【経過】中京大中京は二回、打者9人の攻撃で5点を挙げた。二回1死三塁、金山の右中間二塁打で1点を先制。岩月の左前二塁打で1死二、三塁とし、山中が中前へ2点適時打を放って3－0。さらに2死一塁、河合の左越え適時二塁打と堂林の中前適時打で5－0と畳み掛けた。

龍谷大平安は三回1死一、三塁から、内野ゴロで1点を返した。

龍谷大平安(京都)	001	000	000
中京大中京(愛知)	050	000	00

先発メンバー

【平安】④青木 ⑧妻鳥 ⑨前田 ②橋本 ③中 ⑦斉藤 ⑤浦谷 ①縄田 ⑥坂本

【中京】⑥山中 ④国友 ⑤河合 ①堂林 ②磯村 ⑦伊藤 ③柴田 ⑨金山 ⑧岩月

◆携帯サイトで関学特集 iモード携帯サイト(月額210円)でも、関西学院の兵庫大会での活躍の記録や「名門の軌跡」、校歌歌詞などを掲載しています。接続はQRコードから。

必死の粘り 優勝候補と互角

全員野球 新たな歴史

白球を追って

関学－中京大中京 9回表関学2死一、二塁、鳥内(中央)が内野安打で一塁に滑り込みチャンスを広げる(撮影・山口 登)

関学は優勝候補の中京大中京に全員で食らいついた。「本当に粘り強く戦ってくれた」と広岡監督。悔し涙を流すナインに、スタンドからは惜しみない拍手が送られた。

「みんなで一生懸命しぶとくつないでいけた」。3安打の山崎純は充実感をのぞかせた。1点を追う九回、先頭の2番猩が四球を選び、送りバントの後、高馬が両足をつりながら執念のヒット。球場の盛り上がりはピークに達した。「スタンドが僕に祈ってるかのように聞こえた」と5番黒木。2球目をレフトに高々と打ち上げ、土壇場で試合を振り出しに戻した。

まだ終わらなかった。山崎純が内野安打を放ち、鳥内も一塁へのヘッドスライディングで内野安打をもぎ取り、満塁とした。続く小原の中飛はあと一伸びが足りなかったが、相手エース堂林を追い詰めた。

70年ぶりの出場で話題を集めた。兵庫大会から報徳や育英をはじめ、強豪に次々と競り勝った。捕手兼抑え投手の山崎裕というヒーローこそ生まれたが、決してワンマンチームではなかった。

この日出場したのはメンバー18人中17人。格上とされた相手に総力戦で挑んだ。三、五回の得点はいずれも2死から。しぶとく、あきらめない姿を最後まで貫いた。

広岡監督は言う。「体格や打線、投手、すべてに差があったが、それでもここまで戦い抜いた選手たちは素晴らしい」。古豪が全員野球で新たな歴史を紡いだ。

(山本哲志)

2009年8月18日『神戸新聞』

第91回全国高等学校

野球選手権大会

中京大中京戦

この大会で優勝したチームに対し、拮抗したみごとな試合を展開してくれました。途中では一時、関学がリードを奪う場面もありました。18人中、17人が出場するまさに「全員野球」でした。相手投手の堂林さんは、プロ入り(広島カープ)されて、オールスター戦でも大活躍されるほどの注目選手になりました。

特集

PART1

選手をノセる

本番で力を出しきらせる 心のつかみ方、動かし方

90人を超える大所帯には中学で野球経験がない選手も含まれるが、全員が戦力。控え選手の保護者を含め、「みんなの力が選手をノセる一番の源」と広岡監督は言う

現場からの声 4

兵庫・関西学院高

広岡正信

ひろおか・まさのぶ。1954年1月30日生まれ。関西学院高で投手兼外野手。同大学時代は中、高等部の指導に当たる。1年余りの銀行勤めの後、通信教育で社会科教諭免許を取得、報徳学園高コーチ、同中学監督を経て86年高校監督就任、89年センバツ出場。90年母校の監督に就任、98年センバツに導く。

大会ぎりぎりまで 多くの子に試合出場の チャンスを与え 控え選手、保護者も含め 気持ちを一つにして みんなの力で戦う

これは高校野球に携わる多くの方々に愛読されている雑誌です。

定期考査後にもう一度立て直して大会に臨む

どこの学校もそうだと思いますが、6月は野球漬けで、一番野球に集中できる時期です。ウチは毎年、第1週に社高校、最終日曜日に関大一高と定期戦を組んでいるほか、第2週には強化遠征で県外に出かけて試合をします。定期戦のレベルも上がり、県外遠征も、昨年は徳島の鳴門工、今年は県岐阜商と恵まれた相手と真剣勝負ができて、この時期、チームのテンションはかなり上がります。特に県外遠征は非常に燃えるので、いい結果が残せれば、大きな自信につながります。チームの最終段階ということで、選手自身も6月の試合で全部仕上げるくらいの気持ちで臨んでいると思います。

ただ、これも大半の学校がそうだと思いますが、7月初めに期末考査があるために、せっかくできあがってきていたものが、いったん落ちてしまいます。ですから、7月は勉強で疲れた体をもう1回立て直してから、大会に入るという形になります。ウチは定期考査が大学の推薦に絡んでいて、これでいい点数を取らないと関学大に行けないので、試験中はとにかくよく勉強しています。悪く言えば一夜漬けということなんですが、徹夜が3日くらい続いている子が少なくないので、ふだんのような練習は危なくてとてもできません。中間考査は試験前から完全に休みますが、期末考査は大会も近いので、時間割を考慮した上で、多少は練習しています。それでも、よそ以上に落ちるのが現実なのです。

本当は野球に100㌫集中と言いたいところですが、彼らの人生がかかっていることです。そこで、じたばたしても仕方ありません。それよりも、いままでやってきたことを信じて、もう1回態勢を立て直していくと考えたほうが、かえってうまくいくようです。ウチは淡路島や和歌山から来ている子もいますし、練習時間では、とてもよそにはかないません。では、どこで勝負するか。私はよく「24時間練習」だと言うのです。勉強も集中力を養う練習だと考えれば、試験中にやっている勉強は、よそには負けないものがありますから、試験が終わって体力的なものを立て直しても、十分やれると思うのです。

夏の大会は〝暑さとの戦い〟ということで、体力勝負と言われますが、兵庫県は開幕が早いため、始めのころは、まだ梅雨の時期ですし、カンカン照りでやる試合はそう多くはありません。夏休み前にたくさんのチームが負けることを考えると、焦って、いきなりピークにもっていく必要もない気がします。そのあたりは意外に盲点ではないでしょうか。必要に迫られてのことですが、戦いながら体力をつけていくくらいのつもりで、もう一度じっくり練習し、そのなかで気持ちも徐々に盛り上げて、大会に入っていくというのがウチのスタイルになっています。

奥で大学のアメフト、野球部が練習するオープンスペースのグラウンドで行われる練習は、ランナーをつけた実戦練習が中心

ランナーコーチ、スコアラーもみんなで競争

私が赴任した当初は、バックネットもなく、部員も少ない、ティーをやっても当たらない、野球経験者が入らない、そんな野球部でした。男子校ですが、大学と同じ敷地内にあるため、女子学生もいて華やかですし、自由な校風で裕福な家庭の子が多いということもあって、何も野球に一生懸命にならなくてもいいという雰囲気があります。そんな一種、独特の環境のなかで、その気にさせるのには、ものすごいエネルギーを使いましたが、最近は、この学校では、一番あきらめにくいクラブ、集中できるクラブになったと思います。

いまは90人余りの大所帯となり、野球でウチに来たいという子も10人くらいいますから、うれしい限りです。しかし、野球というのは、どれだけ頑張ってもベンチに入れない子が出てきます。そしてベンチに入れない子も一緒にやっていくのですから、そのあたりが非常に大事ではないかと私は思います。ベンチに入っている選手が試合でノッてやれるのも、力が発揮できるのも、控えの子の力が大きいと思うのです。

一学年に30人も部員がいれば、入部したときから少なくとも半分は背

よくも悪くも、とにかく先輩が後輩に優しいのが特徴。体つきを別にすれば、ちょっと見ただけでは見分けがつかない

番号をつけられないわけで、それがわかっているのに3年間黙々と練習するのですから、そういう選手たちも一緒に、いかにやっていくかが7月までの私の大事な務めです。

大会が近づくにつれて、メンバーは絞られてきますが、練習試合は大会ぎりぎりまで登録外の子も使います。そこで頑張ったら、いったん登録したメンバーも第1試合までは変更が可能なので、入れ替えもあります。ふだんは、毎週チームを二つに分けて、部長と副部長、そして3人いる大学生のコーチも二つに分かれて試合に出かけます。いわゆるAチーム、Bチームという分け方もありますし、例えば一方が尼崎で試合をするときは、近い子がそちらに行くというふうに地域性も入れながら、6月の遠征中も、控え選手は試合をしています。そういう積み重ねのなかで配慮はしているつもりです。

おかげさまで、控え選手の保護者の方も熱心で、夏の大会は、選手も保護者も一緒になってスタンドからチームを盛り上げてくれます。また、最近うれしいのは、レギュラーが一生懸命にしないと、控えの子が怒るようになってきたことです。たくさんの部員のなかには中学時代に野球をやっていない子も何人かいるのですが、みんな一生懸命です。そういう子が、うまい選手に「あんなプレーをされたらつらいよ。オレらが後ろにおるんやから頼むわ」という感じで、決してきつい言い方ではなく、言うのです。これほどやる気にさせるものはありません。

ウチはレギュラーも控えも、部長も、副部長も、コーチも、保護者も入れて、みんなの力で戦っていくチームです。ですから、メンバーを決めるときも、いろんな役割の選手を入れています。例えばピッチャーが何人、代打が何人といった具合に決めて、ランナーコーチ、ムードメーカーまでみんなで競争するのです。スコアラーでも倍率は4倍か5倍で、甲乙つけがたい場合は1試合交代にするケースもあります。ベンチで声を出す選手、落ち込んでいる子に頑張れと声をかけてやれるような選手も含めて、総合的にベストな形でメンバーを決めています。

私が全部決めるのではなく、当落線上の選手がたくさんいるので、決められないときは、選手に近い立場にいるコーチも会議に入れて意見を聞きます。彼らは選手からいろんな意見を聞いています。それを、そのまま伝えるのではなく、選手選びのポイントをよく理解したうえで、意見を言ってくれるので、一応、その意向に添うようにしています。

力で多少劣っても一生懸命な子が流れを呼ぶ

大会に入ってしまえば、ふだんの練習から常に力を発揮させるようにしていますから、特別なことはないのですが、私が監督になって最初に思ったのは、ヒットを打ったら喜ぶ、エラーをしたら怒るというのはやめようということです。特にエラーをしたときに怒らないことは気をつけてきたつもりです。ただ、最近思うのですが、はたして、そういう〝模範解答〟がいいのかどうか。逆に人間くさいほうがいい場合もあるんじゃないかと思うようになりました。

若いときは完璧を求めますから、私も理想に忠実であろうとしてきました。でも、「監督はおかしいんじゃないか」というくらい感情を表したほうが、選手の肩の力が抜けるのかもしれません。〝模範解答〟を基本としながらも、喜怒哀楽をそのまま出すほうがいい場合もあるかもしれないと思うのです。だから変えています。まだ手さぐりですけれど、例えば、監督がベンチで先頭に立って声を出して盛り上げてもいいという気がしています。そのあたりは、雰囲気を読むと言いますか、野球には絶対〝流れ〟というものがありますから、それが大事だと思いますね。

ピッチャーなんかに対しては単純で、よく「ボールは置きにいくな」と言いますが、私はときどき、反対に「置きにいけ」と言います。それで意外といいボールがいったりするのです。また、四球で崩れるのが一番よくないので、四球を出さないためにはどうすればいいかと言うと、「真ん中に投げればいい」し、もっと言ったら「１球目から打たれたら四球はない」んです。そういうことを言ってやったら力が抜けるかなとか、いろいろ考えますね。ちょっとした気の持ちようで変わるのが、高校野球の面白いところであり、難しいところでもあります。

それから、流れを生む選手起用ということでは、よく言われるラッキーボーイの存在があります。流れを呼べる選手、この子を出したらチームが活性化するという選手はぜひ使いたいもの。高校野球は一発勝負ですから、基本的にはオーダーは無難に、守備のいい子を使いますが、例えば、先に点を取られたら攻撃をしかけないといけないので打てる子を考えます。そのときに、どちらがいいか迷ったら、多少、力が劣っても、一生懸命練習する子、授業中の態度や登下校の様子まで、トータルにみていいと思う子のほうが使えるケースが多いと思います。

一般に怠慢プレーでは流れはこないものです。昨年のセンバツに出場したチームも、秋の県大会の村野工戦（２回戦）で、一塁にヘッドスライディングした選手がセーフになって、そこから反撃して勝ったということがありましたが、「最近、授業中、あきませんよ（よくないですよ）」と言われるような子では到底できないことですし、そういう子は最初から使わないことにしています。それは選手も納得しています。

制服もなく、自由な校風は独特で、以前はあきらめやすいところもあったというが、近年は集中力で勝負強さをみせている

先輩後輩の仲のよさをプラスの方向に生かす

昨年のチームは、もう少しやれると思っていましたが、夏は予選の２回戦で敗れました。センバツが決まる秋までのチームは100点満点でした。センバツの試合も、あの時点ではよくやったと思います。でも、センバツの後は、心も体も背伸びをしていたので続かなかったという感じです。エースの子をはじめ、故障者が続出したこともありますが、もともと夏向きのチームではないのに、そのまま夏を迎え、車に例えると、1500cc以下の車で高速で走ってしまったようなものです。相当無理があったと思います。

６月の試合も、とにかく勝てなくて、関関戦だけがかろうじて引き分けでした。５月の中間考査明けに、無理を承知で引き受けた福井商との試合が０対19、一番燃えるはずの強化遠征でも、鳴門工に０対14という結果に終わっています。こんな試合をしたら悔しいのが当たり前ですし、ダメなら練習するしかないのですが、最後まで秋のいい状態には戻りませんでしたね。ヘタだということを自覚して一生懸命だった選手たちが、センバツに選ばれたことで「自分たちはうまい」と思ってしまったのです。そうなるともう伸びません。あれだけの大敗をしても、まだそれに気がつかなかったと思います。

やはりヘタを自覚してこそ、うまくなるんですね。いまのチームは、昨年のメンバーが全部上級生でしたから、苦労しているぶん、毎日うまくなっています。ちょうどセンバツに行ったチームの秋の状態です。91人も部員がいると、力のある選手、そうでない選手といろんな子がいますが、ウチはうまい子がヘタな子を教えるんです。ヘタな子はうまい子に聞きます。だからみんな、うまくなります。これはウチが誇れるところじゃないかと思います。そういうなかからやる気も出てくるんじゃないでしょうか。

また、先輩が本当に優しいのです。それがいいところでもあり、悪いところでもあって、少しは怒れば、と思うこともあるのですが、学校自体がそういう学校ですし、まあ、いいかなと思っています。バラバラでやるよりは、みんなで気持ちを合わせてやったほうがいい。それは間違いないですからね。

みんなその気になっていますし、昨年の経験も踏まえて、今年は順調に来ているので楽しみです。力はありませんが、ウチはずっと力はないですから、打たせて、飛びついて、みんなで守って、少ないチャンスをものにして勝ちたいですね。厳しい戦いが続きますが、なんとか頑張りたい。一生懸命やりたいと思います。

野球指導者を対象としたパネルディスカッションの討論者として参加させていただきました。

全日本野球会議指導者講習会 IN 関西

BASEBALL COACHING CLINIC IN KANSAI

関西球界が誇る"頭脳"が討論 実り多き2日間に284人が参加

1日目に行われた「実戦講座」のシンポジウム。各氏とも豊富な経験を積んでいるだけに、受講者は大いに参考になったはずだ

全日本野球会議が主催する「第5期指導者講習会 IN 関西」が12月11、12日の2日間、兵庫県立総合体育館（西宮市）を主会場に行われ、社会人から小学生チームまで幅広い層の指導者284人が参加した。講習会は両日合わせて19時間以上にのぼったが、著名講師による実技指導や座学を体験でき、参加者にとっては実りの多い2日間となった。なかでも、初日に行われたシンポジウムでは、尾藤公(元箕島高監督)、早瀬万豊(日本生命監督)、本川貢(近大監督)、高嶋仁(智弁和歌山高監督)、広岡正信（関西学院高監督）の5氏が、「指導者として試合ではどのような配慮が必要か」をテーマに意見発表。豊富な経験から得たノウハウが披露され、受講者から好評を博した。

小・中学生の指導者中心に史上2位の参加数

この講習会は今回で5回目を迎えたが、284人という参加者数は、第1回に次いで2番目の多さ。特に今回は小・中学生チームを指導する人の参加が目立ち、受講者の約半数にあたる135人を数えた。これに関して主催者側の竹中雅彦氏（和歌山県高野連理事長）は、「これも松坂（西武）効果でしょう。子どもの間で野球の人気が盛り返してきたのは何よりうれしい」と笑顔を見せていた。

受講者は「高校・大学・社会人の指導者」と「小・中学生チームの指導者」とに分かれ、講義と実技指導を受けた。また、それぞれのグループにおいても「過去に受講歴のある人」と「初めて受講する人」とに分かれ、受講者それぞれのニーズに合った講座が用意された。実技指導のデモンストレーションの合間には著名人を招いての講義が行われ、医学や栄養学、スポーツ障害の救急処置法などを学んだ。今回は低年齢層を指導している監督・コーチの参加が多かっただけに、成長軟骨や身体の仕組みについて学ぶことは貴重な経験だったはずだ。

なかでも注目を集めたのは、初日に行われた「スポーツ選手の栄養と食事」の講義。講師を務めた野口美紀氏は、ふだんは宮城・仙台育英高野球部の栄養サポートを務めており、若年・少年層が好む食事と問題点、スポーツにおける効果的な間食の摂り方を実例を交えて紹介していた。

また、水分摂取の重要性と熱中症の危険性を説き、「練習の前後に選手の体重を計り、減った体重の半分にあたる分量の水を飲ませてください。また、練習開始前にはコップ１杯の水を与えてください」と訴えていた。

受講者の一人、舞鶴シニア（京都）で中学生を指導している川北剛治さん（42歳）は、「講習会には初めて参加しましたが、技術にしろ食生活にしろ、基本的なことがいかに大切かわかりました」と感想を述べていた。川北さんをはじめ参加した多くの指導者から、「少しでも多くのことを学んで子どもの指導に役立てたい」という熱意が感じられた、今回の講習会。指導者の情熱により、少年野球界に再び隆盛期が到来することを期待したい。

著名５講師が実戦にまつわるノウハウを伝授

１日目の最終プログラムは、「実戦講座」と題したシンポジウム。関西を代表する４監督と尾藤氏が長年の経験で培ったノウハウを聞けるとあって、受講者の高い関心を集めていた。このシンポジウムは、尾藤氏が司会進行役として質問を投げかけ、４氏が順に意見を発表していく形で行われたが、１時間40分の予定時間をオーバーするほど熱気を帯びたものになった。

四つのグループに分かれて行われた実技指導。各会場とも、一つでも多くのものを持ち帰ろうという受講者の鋭い視線が印象的だった

海老久美子氏による「活性酸素について」の講義。技術面以外にも多くのことを学べる貴重な講習会だった

「試合開始の初球から、一丸となって相手に立ち向かう姿勢を大事にしたい」と日本生命・早瀬監督

都市対抗大会で３度優勝し、出場回数も全国最多（42回）を誇る名門・日本生命を率いる早瀬監督。97年に史上初のアマ五冠を達成した近大・本川監督。94年春と97年夏に全国制覇を達成している智弁和歌山高・高嶋監督。関西有数の難関校でありながら、98年春にセンバツ出場を果たした関西学院高・広岡監督。そして、箕島高監督として79年に甲子園春夏連覇を果たした尾藤氏。率いるチームのタイプは違っても、各氏とも幾度となく修羅場をくぐってきただけに、一つひとつの発言に重みを感じさせた。

最初の設問は、「朝早い試合への臨み方」。開始時刻に合わせて数日前から早起きの習慣をつけるチームは少なくないが、高嶋監督は「試合当日は早めに起きるが、それ以外はふだん通りに過ごしたほうが、生活や練習のリズムが崩れなくてよい。以前はウチも試合の何日か前から早起きをしていたが、それをしている間は甲子園で勝てなかった」と話した。

「試合前のノックで心掛けること」について、早瀬監督は、「私はノックの時点で相手に差をつけたいと考えている。徐々に気持ちを高めていって、プレーボール後の第１球からチーム全体で相手にぶつかっていきたい」と述べた。また、広岡監督は、「正直言って我が校のノックは他チームより見劣りするが、へたでもいいから〝負けない〟という気持ちだけは相手に見せようと思っている」と話した。

意見が分かれたのは、「投手起用について」。本川監督が「初戦にはチームで一番信頼のおける投手を投げさせる。信用してマウンドに上げる以上、立ち上がりが少々悪くても我慢する」と話したのに対し、早瀬監督は「先発以外にもう一人投手をつくっておき、〝ダブル先発〟で試合に臨

「木製バットを使う野球では、投手を含めた守備が勝敗を決める」と述べた近大・本川監督

むことにしている」と話した。広岡監督も「同じくらいの力を持つ投手が3人ほどいるので、だれが先発してもいいように、準備だけはさせておく」と答え、2戦先勝方式のリーグ戦を戦うチームと、トーナメントで戦うチームとの違いをうかがわせた。

「毎日の積み重ねが試合に出る」に一同納得

ゲームの戦い方、進め方に関しては四者四様、それぞれに興味深い意見が聞かれた。

先制パンチの重要性を説いたのが、早瀬、高嶋両監督。「初回の攻撃で

智弁和歌山高・高嶋監督は「できるだけ先攻をとり、早く点を奪って試合の流れをつかむべき」と話した

は、たとえ得点を挙げられなくてもスコアリングポジションに走者を進めたい。そうすれば、その後の攻略の糸口がつかめるから」と早瀬監督が言えば、高嶋監督は「ウチはジャンケンに勝ったら必ず先攻をとる。先に点を奪って相手にプレッシャーを与えれば、試合を優位に進められる」と先制点の重要性を説いた。

これに対し本川監督は、「大学球界は木のバットを使用し、防御率0点台の投手も多い。投手を中心にしていかに9回を守り切るかというのが基本的な考え方」。広岡監督も、「たとえ先制点を奪っても、その後が続かないといけない。もちろん先行することも大事だが、それがすべてではないと思う」と述べた。

相手チームに関するデータについ

関学高・広岡監督は「だれが投げても大丈夫なように複数投手の準備をしておく」という

ては、早瀬監督が「ビデオを用いて研究している。相手を分析することもそうだが、自分たちの感性を磨くことが狙い」と話したのに対し、他の3監督は概ね、「データも参考にするが、基本的には自分の目から入ってきたものを頼りにする」という意見だった。

4監督および尾藤氏の見解が一致したのが、「日ごろの練習を大切にしているかどうかが、必ず試合に出てくる」という点。「選手、特に高校生というのは、ふだんでは考えられない力を土壇場で発揮することがある。それには、指導者があせい、こう

司会を務めた尾藤氏は、「ふだんから一日一日の練習を大事にしていたから、大舞台で力を発揮できたのだと思う」という発言でシンポジウムを締めくくった

せいと言うのではなく、選手自身が〝自分たちの野球なんだ〟という気持ちで練習に取り組むことが重要」と尾藤氏。この言葉には、会場を埋めた指導者たちも一様にうなずいていた。

2日目には、豊田泰光氏はじめプロ野球ＯＢクラブを講師にして実技指導が行われたほか、一枝修平氏による「指導者に求められるもの」と題した講演が開かれた。長時間の講習会だったが、その内容の濃さに、参加者は満足そうな表情を浮かべていた。講習会で得た成果は近い将来、それぞれのチームで必ず生かされるだろう。

関学・坂戸が力投

多可打線を7回無失点に封じ、チームをベスト32に導いた関学の左腕坂戸

関学 7—0 多可

（20日・甲子園）

8回猛攻で決着

関学	0	0	0	1	0	0	2	4	7
多可	0	0	0	0	0	0	0	0	0

（八回コールドゲーム）

【評】関学が終盤の猛攻で多可を突き放した。1—0の七回に村上の適時三塁打、北田の右犠飛で加点。八回には坂戸の2点三塁打など4長短打を集中した。先発坂戸は無四球で7回無失点。多可は先発吉川英が6回1失点と力投したが打線が沈黙。二回以降は二塁を踏めなかった。

関学 7—0 多可

【関学】		打	安	点
⑦	村上	5	4	3
④	徳永	2	0	0
H	北田	0	0	1
4	遠藤	0	0	0
①9	坂戸	5	3	2
⑧	今井	4	1	0
⑨	塩沢	4	1	1
1	船職	0	0	0
1	岸	0	0	0
⑥	久保田	4	1	0
⑤	青山	4	2	0
②	大久保	3	1	0
③	西尾	4	0	0
	計	35	13	7

【多可】		打	安	点
⑧	井上	4	1	0
⑥	安藤	2	0	0
⑦	万浪	3	1	0
③	松本	3	1	0
⑤	吉川和	3	0	0
⑨	宮下	2	0	0
H9	東田	1	0	0
②	徳岡	3	0	0
①	吉川英	2	0	0
1	高田	0	0	0
H	稲岡	1	0	0
④	平松	2	2	0
	計	26	5	0

	振	球	犠	盗	失	残	併
関	2	3	3	0	0	10	1
多	10	1	1	0	1	4	0

▽三塁打 村上、坂戸▽二塁打 坂戸▽暴投 高田▽1時間37分

大量12点奪い圧勝

東洋大姫路 12—2 洲本実

（21日・姫路）

洲本実	1	0	0	0	1	0	2
東洋大姫路	2	2	0	3	0	5	12

（六回コールドゲーム）

【評】序盤に主導権を握った東洋大姫路が、12安打12点で六回コールドゲーム勝ちした。一回、今村の2点二塁打ですかさず逆転。二回に2点、四回に3点を挙げると、六回は打者10人を送り、高橋の二塁打などで5得点と畳みかけた。

洲本実は一回に1点を先制したが、その後は1点を返すのがやっと。5失策が悔やまれた。

東洋姫路 12—2 洲本実

【洲本実】		打	安	点
⑦	宮谷	3	2	0
②	赤羽根	2	0	0
①	五平地	1	1	0
⑨	吉永	3	1	0
⑤	柿谷	2	1	1
5	山本	0	0	0
⑧	北口	3	0	0
⑥	松永	3	0	0
④	菅	3	0	0
③	溝上	1	0	0
	計	21	5	1

【東洋姫路】		打	安	点
④	山根	4	2	2
⑨	河合	2	1	1
⑤	林崎	3	1	0
③	岡田	3	1	1
⑥	今村	4	3	4
⑦	大野	2	0	0
H	高橋	1	1	0
⑧	後藤大	1	0	0
H	田中	1	0	0
8	松下	0	0	0
①	北山	4	2	1
②	加藤	3	1	0
	計	28	12	9

	振	球	犠	盗	失	残	併
洲	6	4	1	0	5	6	0
東	2	6	6	1	1	11	2

▽二塁打 今村、五平地、高橋▽暴投 五平地▽1時間46分

着実に加点し快勝

明石 10—3 北須磨

（21日・姫路）

北須磨	0	0	2	0	0	0	1	0	3
明石	4	0	0	1	2	1	0	2	10

（八回コールドゲーム）

【評】着実に加点した明石が八回コールドゲーム勝ち。一回無死二、三塁から暴投、バント安打などで4点を先制。四回に1点、五回は斎本、菅長の連続長打とスクイズで2点を追加し、優位にゲームを進めた。

北須磨は三回、宮本の二塁打で2点を挙げたが、12三振と狙い球を絞り切れなかった。

明石 10—3 北須磨

【北須磨】		打	安	点
④	本近	4	1	0
⑦	八尾	2	0	0
⑥	石塚	1	1	0
⑧	神足	2	0	0
②	宮本	4	1	2
⑤	内海	3	0	0
⑨	松田	4	1	0
③	高田	2	0	0
1	平田	0	0	0
H	東田	1	0	0
1	井上	0	0	0
①	永江	2	0	0
H3	中山	1	0	0
	計	25	4	2

【明石】		打	安	点
⑧	藤井	4	3	1
⑨	筧	4	1	0
H	橋本	1	1	1
②	斎本	3	1	0
⑦	菅長	5	3	3
⑤	小林	2	0	1
③	福本	2	1	1
⑥	田中	3	2	0
①	中島	1	0	0
1	近原	1	0	0
④	山下	1	0	1
H4	井上	2	1	0
	計	29	13	8

	振	球	犠	盗	失	残	併
北	12	9	0	3	2	8	0
明	1	5	6	1	0	9	1

▽三塁打 菅長、井上（明）▽二塁打 本近、宮本、藤井2、斎本、田中▽暴投 永江、井上（北）▽2時間3分

市尼崎 畑 気迫の

「完全燃焼」 胸張る関学

4―2と突き放す

好機に決定打を欠く

【評】市尼崎が接戦を制した。2―2で迎えた八回、川端、水江の連打で無死二、三塁の好機を築き、大橋が右前へ適時打を放って2点を勝ち越し。畑は5安打完投。三回以降は三塁を踏ませなかった。

関学は七―九回に先頭打者が出塁したが、決定打を欠いた。九回一死二塁の好機も併殺に終わった。

関学は、打線が市尼崎の畑を攻略しきれなかった。荒れ球に手を焼き、「見ていこうとしたときに限ってストライクがきた」と今井主将。わずか5安打に封じられた。

しかし、今井が「みんな完全燃焼したから悔いはない」というように、試合運びは堅実だった。

四回から好救援した岸をはじめ、3投手は13安打を浴びながら無四死球。堅守も光り、六回の一死一、三塁など、ピンチを3併殺で切り抜けた。攻めては少ない好機を逃がさず、2点を取った。岸は「今までで最高の試合やったと思います」と胸を張った。

市尼崎 4―2 関学

【市尼崎】		打	得	安	点	振	球	犠	盗	失
⑨	江城	5	0	0	0	3	0	0	0	0
9	西明	0	0	0	0	0	0	0	0	0
④	牧	4	1	2	0	1	0	0	0	0
⑤	川端	3	1	2	0	1	0	1	0	0
⑧	水江	4	1	1	0	1	0	0	0	1
③	大橋	4	1	3	3	0	0	0	0	0
⑦	寒川	4	0	1	0	0	0	0	0	0
②	大谷	4	0	1	0	0	0	0	0	0
⑥	鴇田	4	0	2	1	0	0	0	0	0
①	畑	4	0	1	0	2	0	0	0	0
	計	36	4	13	4	8	0	1	0	1

【関学】		打	得	安	点	振	球	犠	盗	失
⑦	村上	3	0	0	0	0	1	0	0	0
⑥	久保田	4	0	0	0	1	0	0	0	0
①3	坂戸	3	0	0	0	0	1	0	0	0
⑧	今井	4	1	2	0	0	0	0	0	0
⑤	青山	3	1	1	0	0	1	0	0	0
⑨	塩沢	3	0	1	0	0	0	1	0	0
②	大久保	3	0	1	2	0	0	1	0	0
④	徳永	0	0	0	0	0	0	0	0	0
H	北田	1	0	0	0	1	0	0	0	0
1	船職	0	0	0	0	0	0	0	0	0
1	岸	2	0	0	0	1	0	0	0	0
③4	西尾	3	0	0	0	0	0	0	0	0
	計	29	2	5	2	3	3	2	0	0

投手	回	安	振	球	失	責
畑	9	5	3	3	2	2
坂戸	2	5	1	0	1	1
船職	1	2	0	0	1	1
岸	6	6	7	0	2	2

▽二塁打 大橋2、寒川▽暴投 坂戸▽残塁 尼6、関5▽併殺 尼1、関3▽1時間49分

力勝負

（25日・明石）

市尼崎	011000020	4
関　学	020000000	2

力投した市尼崎・畑投手

市尼崎ー関学　ダブルプレーで試合終了。完投した畑（中央）を囲み喜び合う市尼崎ナイン

大橋が勝ち越し打

勝ち越し呼ぶ エースの粘技

市尼崎は七回まで10安打を放ちながら2得点と、関学投手陣を攻めあぐねた。好機を併殺で逃すなど嫌な流れだったが、先発の2年生畑が、気迫の投球で打ち破った。

圧巻は同点で迎えた七回裏。一死二塁のピンチで、好投を続ける関学の岸を三振に打ち取ると、続く西尾はファウルで粘られた後の10球目。「気持ちで負けたらだめ」と、直球でショートフライに仕留め、マウンドで跳びはねた。これで流れは市尼崎へ。直後の八回、3連打で2点を挙げ勝負を決めた。

制球が課題だった右腕は、今大会から常にセットポジションで投げる。「1球1球を大事に投げられるようになった」。そのかいあって、この日は3四球。竹本監督は「大会が始まってから急に成長した」と評価する。

準決勝は社と対戦。畑は「同じ体育科なのに差がついた」とライバル心を燃やす。「自分たちの力を出せば勝てる」とも。3春夏連続の甲子園出場を目指す社に、挑戦状をたたきつけた。（今福寛子）

関学 継投奏功 逃げ切り

（24日・明石）

関学	102010000	4
東洋大姫路	110100000	3

関学—東洋大姫路　5回表関学1死一、三塁、青山が左前タイムリーを放つ

関学—東洋大姫路　2回裏東洋大姫路、1死2塁、加藤のサード内野安打で送球の間に2塁走者・吉田が一気にホームを突き、2—1とする

【評】関学がシーソーゲームを制した。3—3で迎えた五回、久保田の中前打に犠打、敵失絡みで一死一、三塁とし、青山の左前適時打で勝ち越し。三回からリリーフの岸は、1失点の好救援で追撃をかわした。

東洋大姫路は四回に後藤慎の適時打で追いつく粘りを見せたが、及ばなかった。

関学 4—3 東洋姫路

【関学】		打	安	点
⑦	村上	5	1	0
⑥	久保田	3	1	0
① 3	坂戸	4	1	0
⑧	今井	3	1	1
⑤	青山	2	1	1
⑨	塩沢	4	2	2
②	大久保	4	1	0
④	徳永	1	0	0
1	岸	3	0	0
③ 4	西尾	3	1	0
	計	32	9	4

【東洋姫路】		打	安	点
④	山根	4	0	0
⑨	河合	4	1	0
⑤	林崎	3	0	0
③	高橋	4	2	1
⑥	今村	4	0	0
⑦	吉田	4	1	0
⑧	松下	2	1	0
H	後藤大	1	0	0
②	加藤	3	1	1
H	大野	1	0	0
①	乾	0	0	0
1	後藤慎	2	2	1
1	北山	2	0	0
	計	34	8	3

	振	球	犠	盗	失	残	併
関	3	6	2	0	1	9	0
東	5	1	1	1	1	6	2

▽三塁打　高橋、塩沢▽二塁打　今井▽ボーク　北山▽2時間11分

市尼崎 圧勝

15安打12点

（24日・尼崎記念）

加古川南	200000	2
市尼崎	014034	12

（六回コールドゲーム）

【評】市尼崎が15安打12得点で、六回コールドゲーム勝ち。1—2で迎えた三回、江城の右ソロ本塁打で同点とした後、大橋、寒川の連続適時二塁打などでさらに3点を挙げて逆転。五回は水江の2点本塁打などでリードを広げた。

加古川南は一回に二死一、三塁から岩迫、井上の連打で2点を先制したが、二回以降は散発3安打に封じ込まれた。

市尼崎 12—2 加古川南

【加古川南】		打	安	点
⑧	松尾	3	0	0
④	中島	2	2	0
⑦	粕谷	3	1	0
⑤	植田	2	0	0
① 3	岩迫	3	1	1
⑨	井上	3	1	1
②	池本	3	1	0
③	奥本	2	0	0
1	牧野	0	0	0
⑥	金平	3	1	0
	計	24	7	2

【市尼崎】		打	安	点
⑨	江城	4	1	1
④	牧	3	0	0
⑤	川端	4	3	1
⑧	水江	2	1	2
③	大橋	4	3	3
⑦	寒川	4	4	2
②	大谷	4	1	1
⑥	鴇田	3	1	1
①	原	1	0	0
1	畑	2	1	0
	計	31	15	11

	振	球	犠	盗	失	残	併
加	7	3	0	0	0	7	1
尼	6	3	0	0	0	6	1

▽本塁打　江城、水江▽三塁打　川端▽二塁打　岩迫、大橋2、寒川、大谷▽暴投　牧野4▽捕逸　大谷▽1時間38分

滝川第二 関学破り連覇

地神1失点 打線も着々

【姫路】決　勝（5月5日）

関　学	010000001	2
滝川第二	00111020×	5

（学）坂戸、岸―大久保、堀江（滝）地神、倉谷―内橋▽本塁打　地神▽三塁打　坂戸、富▽二塁打　村上、久保田

【評】滝川第二が危なげない試合運びで快勝した。四回に地神の左越えソロ本塁打で勝ち越すと、その後も、五回の山本のスクイズなどで着実に得点を重ねた。関学は九回、久保田の左越え二塁打で1点を返したが、反撃もそこまでだった。

滝川第二は2連覇を果たし、初戦コールド負けを喫した昨年秋の県大会の雪辱を果たした。投打に活躍した地神は「悔しくて一生懸命練習した。自分もチームも成長した」と胸を張った。

秋に亘監督から「史上最弱」と言われ、正田主将は悩んだという。全国大会でベスト4に入ったサッカー部の主将に相談。「チームがバラバラやからあかん」と気づいた。以来、ミーティングを重ね、まとまりが生まれた。

その成果が4試合すべて無失策、攻めても好機を着実に生かす堅実な野球に結実した。亘監督は「今年の戦力では、これしかない」と目を細めた。

正田主将は「僕らは1回どん底に落ちた。このチームで優勝できて最高にうれしい」と声を弾ませた。（永見将人）

洲本が接戦制して3位

▽3位決定戦

神港学園	000002000	2
洲　本	00000300×	3

【評】洲本が接戦を制した。2点を追う六回裏、後の中前適時打と田中の適時三塁打で3点を奪って逆転。先発三谷が1点差を守った。神港学園の得点は福本の2ラン本塁打のみ。九回一死満塁でスクイズ失敗が痛かった。

【明石】準決勝

神港学園	001000002	3
滝川第二	00400000×	4

【評】滝川第二が粘る神港学園を振り切った。1点を追う三回一死から、倉谷、正田の連続三塁打で同点とし、富の左前打で勝ち越し。なおも内橋の適時二塁打で2点を加えた。エース倉谷は鋭く曲がるカーブを決め球に12奪三振の力投。三回の4点を守り切った。

神港学園は九回に4連打で2点と反撃したが、四回から八回まで三者凡退。反撃が遅すぎた。

▽準決勝

関学	000302000	5
洲本	100020010	4

【評】関学が競り勝った。1点を先制されて迎えた四回、打者8人を送り4長短打で3点を奪って逆転。同点とされた直後の六回は、一死一塁から青山の左中間三塁打とスクイズで2点を勝ち越した。坂戸―岸―坂戸の継投も成功した。

洲本は八回一死二、三塁から内野ゴロで1点差まで詰め寄ったが、あと一歩及ばなかった。

2連覇を決め、応援席へ駆け寄る滝川第二ナイン

【明石】準々決勝

市神港	000100000	1
滝川第二	00001203×	6
洲　本	101000120	5
市尼崎	000200100	3

【高砂】準々決勝

関　学	000000110	2
加古川南	000000000	0
神港学園	000000031	4
琴　丘	001000000	1

【姫路】2回戦

川西明峰	000003001	4
加古川南	00060011×	8
神港学園	002000010	3
社	000000100	1

【明石】2回戦

三田祥雲館	1000000	1
滝川第二	100070×	8

（七回コールドゲーム）

洲本	000200001	2	5
報徳	102000000	0	3

（延長十回）

【高砂】2回戦

三木	000000020	2
琴丘	12000000×	3
関学	33010013	11
八鹿	00200200	4

（八回コールドゲーム）

【明石】2回戦

神戸国際大付	300030000	0	6
市　尼　崎	030200100	1	7

（延長十回）

明石南	000110011	4
市神港	000021101	5

【姫路】1回戦

洲本	3304016	17
福崎	0210040	7

（七回コールドゲーム）

神港学園	003100210	7
鳴　尾	000000030	3

【明石】1回戦

川西明峰	001430000	8
山　崎	000020000	2

鳴門工・高橋広監督

バント用に構えたバットを前方から押されても、下半身がガッチリしていれば動かない

逆にバットだけを前に出し、下半身が安定してなければ、速球にバットが押されてしまう

バント時のケガを予防するため、右手は人差し指の上にバットを置き、親指だけ上に置く。握る位置はマークのあたりが目安

指全体でバットを握っていると、ボールが直撃し、大ケガをすることも多い

練習ではバントミスの"痛さ"を実感させるため、レギュラー9人に投手が投げ、全員がノーミスでバントを決められるまで何度も続けたり、ホームベースから3㍍以内にボールを止める、などをさせていますが、なかなか上手くいかない。でもバッティングのいい選手はバントも上手い。何故か、自分のヒットポイントを確実に持ち、ボールの芯をとらえるコツを体で覚えているから。下半身を使い、腰、上半身の捻りでバットを振るからです。バントでもミートポイントをしっかりとつかんでいる者は上手いですね。（談）

広岡正信監督（関西学院）のアドバイス

成功のカギは"対応力"打者だけでなく走者にも必要

最も重要なのは「対応力」です。転がすボールには「方向」と「強さ」がある。一塁走者を送るなら、投球前は一塁手はベースについていること、一般的に一塁手と三塁手の守備力の差を考えると、方向は一塁側。強さは、捕手の守備範囲を出ることがセオリー。しかし、三塁手よりグラブさばき、肩、判断のいい左利きの一塁手がいることもある。その場合、三塁側の方が成功する可能性が高くなる。

二塁走者を送るなら、三塁手に捕らせるのが基本。だが、フィールディングのいい投手がマウンドから三塁側に駆け下りてくる場合、マウンドの右に強く転がすプッシュバントができれば自分も一塁でセーフになる可能性も出てくる。無死一、二塁の送りバントは、どうするか。守備隊形と個々の守備力、投手のタイプに球速とキレ、自分の得意な方向などを考慮し、判断するのです。バントエンドラン、通常のスクイズ、セーフティースクイズもある。様々な状況に素早く対応する力が必要なのです。

対応力をつけるために、バントを繰り返す練習に加え、守備と走者をつけて場面を設定してのバント練習をします。これで打者はもちろん、走者の対応力も磨きます。走者のいない場面でのセーフティーバント以外、バントには走者が関わってくるので、走者を含めて考えなければなりません。特に、送りバントで投球がストライクゾーンに入ったと思っても、走者はスタートを切ってはいけないと徹底します。ほとんどの部員がスタートを切ります。小、中学時代から教えられているからです。次の塁を狙う意識は大切ですが、この場面で打者が見送ったり、空振りして、捕手からの送球に走者が刺されるケースは少なくありません。流れも失うこのリスクは避けたい。投球がバットに当たるまで走者はスタートこそ切らないが、投手のけん制、捕手の肩、守備隊形を考え、どれだけリードするか、それを投球後にどれだけ広げるか判断します。バントでは打者だけでなく走者の対応力も必要なのです。（談）

小菅勲監督（下妻二）のアドバイス

座学＋自主練習で"一撃必殺"を目指す

取手二（84年夏、9番・三塁手として全国制覇）時代の恩師、木内（幸男）監督（現常総学院監督）は機動力野球が身上。バント、盗塁などができないとレギュラーにはなれなかった。こうした小技は私自身も好き。バントができなければベンチ入りは難しい、と選手には話してあります。もちろん「バントありき」ではありませんが、相手に「何かやってくるのでは」と思わせることのできる選手は、打線のポイントに置きます。

練習方法ですが、ウチではまず雨の日などを利用した座学で、独自に作ったプリントを使い、バント、スクイズ、盗塁など各種戦術を選手にしっかり理解させます。それから実践。なぜなら「見たことのない文字、言葉」は、耳で聞いただけではすぐにわからないからです。わからなければ、いくら練習中に声をかけてもピンとこない。わかったつもりの「はい」が一番怖いんです。勝敗を左右しますから、そこは必ず確認します。

バント練習の全体練習に占める割合は、それほど多くありません。時期にもよりますが、1時間もすれば長い方。数をこなすのは自主練習で、です。試合では"一撃必殺"が求められます。1度で決めなければ意味がありませんし、流れを悪くしてしまいます。ですから練習も、実戦形式で行い、1度で決めさせる。1000本転がすより、100本で終わろう。そのための座学であり、自主練習です。「バントの大切さ」を選手に理解させ、自分で練習させるのも私たちの仕事だと思っています。

バントは目線の置き方さえ間違わなければ、多少形を崩しても転がすことは可能。技術的にはさほど難しくありません。従って技術よりもメンタルに成否を左右される確率が、極めて高い作戦だと思っています。自信がなかったり、責任感が強すぎたり、「この角度で、こうしなければ」と形にこだわり過ぎる選手は失敗してしまう。バットの位置、スタンスなどの基本はありますが、それよりも自分のリズムとタイミングの方が重要。練習中も「考え過ぎるな」、「自分のリズムでいいんだ」と声をかけるようにしています。（談）

『報知高校野球』2010年5月号（報知新聞社）

この雑誌は高校野球の正統派として位置づけられています。そこに拙文が掲載されたことは、きわめて光栄なことと受け止めています。

報知野球教室⑫

テーマ

【バント】勝敗の行方を左右する最も基本的かつ難しい作戦

この戦術を使わないチームはほとんどない、と言っていいくらい基本中の基本。技術的にも「バットに当てて、転がす」というシンプルなものなのに、これがなかなか難しい。そこで機動力野球を身上とするチームの監督のうち、今回は4人にアドバイスをいただいた。当然、「バント」にも犠牲バント、セーフティー、スクイズなどさまざまあるが、各論はページの都合上割愛。バントに対する考え方や取り組み方をピックアップしたので、練習の参考にして欲しい。

松下博紀監督（箕島）のアドバイス

犠打の意味を選手に徹底 失敗が怖いのは監督も同じ

かつて"バントの箕島"と呼ばれ、私自身も尾藤（公）監督から教えていただいた一人。例えばバットの位置、角度、打席でのスタンス、目線、転がす方向など"切り口"はいくらでもある。それぞれ持論のある指導者がいていいと思いますが、私は尾藤監督から教示されたことをそのままチームに受け継いでいます。

まず、この意識を徹底させます。「スイングしない。バットを止めて当てて転がす」。これは練習次第で必ずできる。そして今さら何を、かもしれませんが、犠打、犠牲バントというけれど、何を犠牲にするのかを理解すること。ヒットを打てるかもしれない"気持ち"を犠牲にするわけです。監督、打者、両方の気持ちです。それと、当然ですが3アウトのうち1つを犠牲にする。なぜか。それは次の者に託すためです。次の者はそれを汲み取り、攻めの気持ちで相手に向かう。選手は、そして野球はバッティングが一番楽しい。それなのにバントのサインが出る。ここで「なんだ、バントか」と思うか「よし、待っていました」と思うかには、大きな差があります。バント哲学ではありませんが、こうした話を浸透させます。では、野球で一番うれしいのは何か。勝つことです。その勝利に貢献する。力を添える。それなら犠打ではあっても犠牲ではない。本塁打に匹敵する結果になる可能性さえあります。

雨が降る日はそれなりに、条件が悪い時はそれなりに行動する。これもバントに通じると思います。「失敗したらどうしよう」の恐怖心は、本当は監督の方が強いんです。実は監督になって以来、バントのサインを出すのが怖くなりましたからね。（談）

高橋広監督（鳴門工）のアドバイス

バントも打撃も基本は同じ ボールの芯をしっかりとらえる

バントは①送りバント ②スクイズ ③セーフティーバントの3つが基本。これにバスターも加われば、攻めの幅が広がります。打ち方は自分のヒットポイントでボールの芯をとらえる、です。構えは常にバスターも頭に入れているので、バントしますよ、と分かる投手に対して正対ではなく、普通のバッティングと同じように打席に立たせます。相手に最初からバントをしてくる、と思われるより、ひょっとしたらバスターがあるかも、と迷わせる必要があるからです。

最近よく見られるのは、右手（右打者）をバットの先端から15センチぐらいのところに置いている形。ボールをとらえる幅がこの狭さでは、140キロを超す速球を確実に打つには打者も恐怖心があるはず。もし内側に入ってきたら避けられず、右指を直撃、の怖さもある。そこでウチでは、右手はバットメーカーの刻印されたマーク辺りを目安にしています。構えで大切なのは下半身を固めること。右足を踏ん張り、腰を入れる。これはバッティングと同じで、手だけを前に出しても球威に押されてしまう。バットを押し込まれず狙った場所に転がすためには、小手先だけでバットを動かしてもダメ。腰から上半身を捻って、狙う方向にバットを出します。

特集 文武両道

実際に武田さんは慶応義塾大学の法学部の一般入試に合格されました。

メッセージをお願いします!

必ず将来に生きてくることだから、大変でも頑張れ!(長野高・羽入田雄大選手)

野球のときは野球、勉強のときは勉強と、眼前のことに集中する。目の前のことに一生懸命取り組めないようでは、文武両道は実現できません。頑張ってください!!(前橋高・関拓哉選手)

無駄な時間を省くため、切り替えを素早くするといいと思います。(早大学院高・柴田直輝選手)

とにかくどちらも手を抜くことなく、一生懸命頑張ってください。(関西学院高・辻本岳史選手)

まずは勉強を頑張ってください。そうすると野球にもつながってくると思います。(関西学院高・藤井大地選手)

文武両道は難しいですが、あきらめないで、中途半端にならず、真剣に野球や勉強に取り組めばできないことはありません。為せば成る!(関西学院高・武田悠輝選手)

己に勝つこと!!(土佐高・武吉大樹選手)

自分の将来の夢のためにも、文武両道はつらいかもしれないけど、その向こうには必ず「成功」があると思うので、あきらめず頑張ってください。(新潟高・真島裕也選手)

時間の限られた中で、いかに効率よく勉強に取り組むかです。長い時間やる必要はまったくありません。その集中力が野球にも生きてくるのです。(前橋高・山岸賢介選手)

野球と勉強のメリハリをつけて頑張ってください。(早大学院高・岸政孝選手)

野球だけできても高校を出たあとにコマってしまっては、今までの努力が無駄になってしまいます。そのときになって気づいても遅いので、今、気づいて頑張ってください。(沖縄尚学高・桑江圭祐選手)

今、何かを我慢して、勉強、野球に打ち込むことで、必ずあとに差が出てくると思います。頑張ってください。(関西学院高・山﨑泰資選手)

今やれるべきことに精いっぱい取り組んでほしい。(関西学院高・池田将選手)

今している野球は将来必ず役に立つし、部活動も必ず良い思い出になります。苦しいとは思うけど、今を大切に頑張ってください。(郡山高・下御領将義選手)

高校での楽しい生活を思い浮かべて勉強をすれば、勉強も楽しくなると思います。頑張ってください。(春日部共栄高・加島遼平選手)

Q 受験勉強はいつから意識して取り組みましたか?

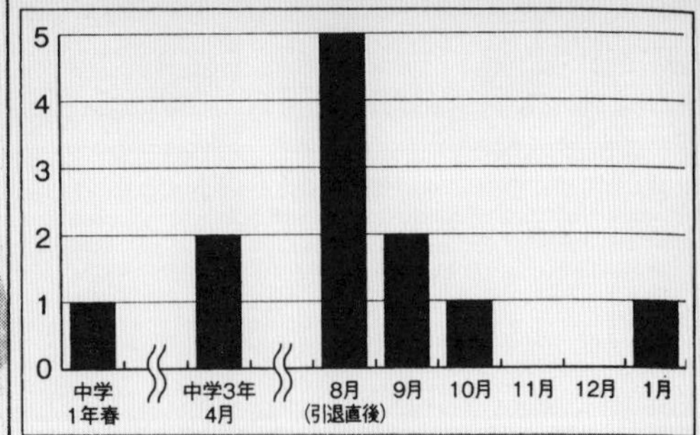

ほとんどのセンパイ球児が引退後の夏休み中から取り組み始めている。また、「引退直後の夏休みは勉強への切り替えができず、2学期から」(前橋高・山岸賢介選手)という意見もあった。一方で、「中学1年から志望校に合格してみせると意気込んでいた」(沖縄尚学高・桑江圭祐選手)、「中学入学時から新潟高校に進学したかった」(新潟高・真島裕也選手)のように、早くから志望校を定め、取り組んでいたセンパイ球児もいる。どちらにしても、志望校が定まってから勉強に取り組んだという意見が多かった。目標が定まると、受験勉強に集中しやすいのかもしれない。

Q 引退後、センパイは何をしてたんですか?

▼勉強時間を2時間増やし、より発展的な問題を解いた。引退前からやっていたランニングと素振りを続け、腹筋や腕立て伏せなどの体幹トレーニングのメニューを増やした。(長野高・羽入田雄大選手)
▼睡眠時間を1時間勉強にあてた。理科、社会を勉強した。(前橋高・関拓哉選手)
▼英語を本格的に勉強した。(関西学院高・池田将選手)
▼完全に勉強中心の生活になった。野球は素振り程度。(早大学院高・柴田直輝選手)
▼勉強時間を1時間増やし、走り込みなど自主練習した。(新潟高・真島裕也選手)
▼勉強時間が3~4時間増えた。自主練習ではランニングをよくやった。(関西学院高・辻本岳史選手)
▼野球の時間をほぼ勉強にあてた。自主練習は硬球になれる程度の練習だけだった。(前橋高・山岸賢介選手)
▼勉強時間が5時間増えた。毎日勉強していると、勉強が楽しくなった。(土佐高・武吉大樹選手)

高校に向けての体作りや受験勉強で毎日が充実していた。
(沖縄尚学高・桑江圭祐選手)

Q 苦手科目ってどう勉強したらいいですか?

▼苦手なのは基礎が身についていないから。まずは基本的な問題だけに取り組むといい。(前橋高・山岸賢介選手)
▼基礎の基礎から始める。「焦らず地道にコツコツと」。(新潟高・真島裕也選手)
▼最初はつらくても、やればできると自信を持って勉強する。(前橋高・関拓哉選手)
▼15分でもいいから毎日勉強する。(早大学院高・岸政孝選手)
▼解けない問題をくり返しして解き方を覚える。(関西学院高・山﨑泰資選手)
▼授業に集中する。あまり苦手と思い込まないこと。(関西学院高・藤井大地選手)
▼毎日しっかり時間を決めて集中してやる。苦手という意識を持たないこと。(土佐高・武吉大樹選手)
▼基礎問題を解く。特に数学は問題をたくさんやってパターンをつかむ。(郡山高・下御領将義選手)
▼得意な人や先生に聞く。その教科を深く知り、好きになれるようにする。(沖縄尚学高・桑江圭祐選手)

どんなことでも苦手意識を持たないこと。(関西学院高・武田悠輝選手)

Q 勉強時間を作るためにどういう工夫をしましたか?

▼予習でも復習でも何でもいいから、とにかく毎日1時間机に向かうことを徹底した。長い時間ではないから、眠くても苦なくやっていけた。(前橋高・山岸賢介選手)
▼昼休みや就寝30分前にも勉強した。すべての時間を勉強につなげるように考えた。(前橋高・関拓哉選手)
▼早起きして勉強した。(関西学院高・藤井大地選手)
▼朝練習がないときは学校が始まる30分前に行き自習した。(早大学院高・岸政孝選手)
▼10分の休み時間でも1日で計40分程度になる。とにかく少しでも時間を無駄にしないようにした。(沖縄尚学高・桑江圭祐選手)
▼常に単語帳を持ち歩き、少しの空き時間でも勉強した。(早大学院高・柴田直輝選手)
▼勉強の中心を授業と考え、空いている時間を予習・復習に使った。(春日部共栄高・加島遼平選手)
▼勉強時間を作るのではなく、習慣として身につけていた。(長野高・羽入田雄大選手)

通学時に英単語や歴史の年号暗記など、空き時間を利用した。
(新潟高・真島裕也選手)

Q 引退後ってやっぱり遊びたくなっちゃうんすけど…。センパイはどうやってたんですか?

▼自分の目指す高校に絶対行くという強い気持ちを持ち続けた。(関西学院高・藤井大地選手)
▼高校に受かることを一番に考えていた。(関西学院高・武田悠輝選手)
▼前橋高校で野球がやりたいという明確な目標を持って達成しようと努力した。(前橋高・山岸賢介選手)
▼「第一志望に絶対受かる」「ここで遊んでいるようでは受験だけでなく、将来も失敗する」と思い込んで勉強した。(前橋高・関拓哉選手)
▼しっかり勉強している友だちと一緒に勉強した。(早大学院高・岸政孝選手)
▼勉強しないと塾の授業についていけなくなるのが嫌だったから、勉強した。(早大学院高・柴田直輝選手)
▼合格後、入学後のことを考えた。(関西学院高・山﨑泰資選手)
▼「他のみんなもこれぐらいやってるぞ」と考えて、勉強した。(関西学院高・池田将選手)
▼勉強だけというとなかなか続かないと思う。体を動かしてから頭を使うようにすると、どちらにも集中できた。(沖縄尚学高・桑江圭祐選手)
▼遊びたいときは思いっきり遊んだ。そのかわり、夜は集中して遊んだ時間を挽回しようとした。(新潟高・真島裕也選手)
▼遊びたい気持ちを我慢してやっても、うまく集中できないので、遊ぶときは遊ぶ、勉強をやるときはやるで、メリハリをつけるといいと思う。(春日部共栄高・加島遼平選手)
▼頭の良い友だちと一緒に勉強し、休むときはゆっくりし、勉強するときはしっかりとやった。(関西学院高・辻本岳史選手)
▼合格するまでは周りに流されないように自分をしかってきた。志望校に絶対合格するという強い気持ちを持っていた。勉強と遊ぶときのメリハリをつけること。(土佐高・武吉大樹選手)

高校に入ってからの自分の姿を思い描いて自分を奮い立たせた。
(長野高・羽入田雄大選手)

この雑誌は高校野球の本音トークで人気があります。

特集 文武両道

高校名	偏差値
山口／岩国	62

商業、工業の実業系高校の活躍が目立つ山口にあって、文武両道の甲子園常連校として君臨するのが岩国。特に1990年代以降の活躍はめざましい。ほかにも、昨秋県大会優勝で21世紀枠候補に選出、今夏も県準優勝と甲子園寸前まで迫った防府や、1997年センバツを含め、春2回、夏3回の甲子園出場を誇る豊浦も、文武両道の好チームだ。

高校名	偏差値
広島／新庄	58

広島の「文」といえば「広島五校」と呼ばれる公立校。そのなかで文武両道校となると、最近の県大会で実績を上げている広島国泰寺、広島観音の名が挙がるだろう。しかし、近年の一番手と考えれば、かつて広島商を率いた迫田守昭監督が指導する新庄が、大いなる注目株となる。そのほか、祇園北も健闘が続く文武両道校だ。

高校名	偏差値
島根／松江北	55

野球の実績とのバランスで考えると、和田毅（ソフトバンク）などを輩出した浜田が一番手だが、文武両道という面では旧制松江中からの伝統を誇り、21世紀枠でセンバツに出場した松江北に軍配を上げたい。また、甲子園に過去6回出場した大田、最近では県大会で上位進出、初の甲子園出場に近づいている出雲も有力な高校だ。

高校名	偏差値
福岡／小倉	70

戦後間もない時代、福島一雄投手が全試合完封、夏の甲子園2連覇の実績を持つ小倉、プロに多くの人材を輩出した東筑、甲子園出場はないものの、最近、県大会上位に進出している修猷館や、2000年代にセンバツに2度出場した戸畑など、候補が目白押しの激戦区。非常に迷ったが、代表校は九州に初めて優勝旗をもたらした小倉に。

高校名	偏差値
愛媛／八幡浜	60

いろいろと意見が分かれる県だが、21世紀枠でセンバツに出場するなど、県内では長く有力校の座にある八幡浜が、総合的に判断して代表校に。県屈指の伝統校である今治西、西条、宇和島東などの野球強豪校も、文武両道校という一面を持つ。やや地味ながら、県内では文武で健闘を続けている松山北も、外したくない存在感がある。

高校名	偏差値
佐賀／佐賀北	55

「EIJO」のユニホームでオールドファンに愛される県下一の進学校・佐賀西も捨てがたいが、やはり「がばい旋風」で全国にその名をとどろかせた公立の雄・佐賀北を代表に挙げたい。他には2007年センバツに出場した小城、2001、2002年と2年連続で夏の甲子園に出場した鳥栖、唐津東、鹿島も押さえておきたい。

高校名	偏差値
沖縄／沖縄尚学	52

2度のセンバツ優勝を含め、春夏通算9回の甲子園出場歴のある沖縄尚学は、県内では進学校として認知されている。私立だが野球部員にも一定の学力を求めるということで、文武両道の一番手とした。その他、2000年夏の甲子園に出場した那覇、沖縄県勢として初めて甲子園に出場した首里も、文武両道のイメージが強い。

高校名	偏差値
鹿児島／鶴丸	72

樟南、鹿児島実、鹿児島商の「御三家」が甲子園をほぼ寡占化するだけに、文武両道校探しは難しい。ここは戦前に1回センバツに出場、県大会でもときおり上位に顔を出す鶴丸を代表に。木佐貫洋（オリックス）など好投手を擁し、甲子園まであと一歩の惜しい戦いが続く川内、過去7回の甲子園出場歴を誇る鹿児島玉龍が続く存在だ。

高校名	偏差値
大分／大分上野丘	68

昨春センバツに21世紀枠で出場、甲子園に過去4回出場し、県内でも有力私学をしばしば食う存在として活躍する、大分上野丘を代表に。続く存在としては、近年、野球で好成績を挙げている大分豊府、最近は目立つ活躍が少ないものの、アマ、プロ両球界に多くの人材を送り出してきた佐伯鶴城も、忘れてはいけない高校だろう。

高校名	偏差値
長崎／長崎西	68

かつての「総合選抜制度」の影響で文武両道校選びは難しいが、甲子園出場経験もあり、今夏も県ベスト8に食い込んだ進学校・長崎西を代表に選びたい。他にも長崎北陽台、諫早と、甲子園出場経験のある高校の名が挙がる。いずれの高校も、今後の爆発に期待したい。新興文武両道校ということでは、西陵がイチオシの存在だ。

高校名	偏差値
熊本／済々黌	70

熊本の文武両道校といえば、甲子園優勝経験もある済々黌が代表になるだろう。久しく甲子園出場がないので、そろそろ全国の舞台で勇姿を見たい。その済々黌の「永遠のライバル」といえば熊本。こちらも50年以上、甲子園から遠ざかっている現状を打開してほしい。その他では熊本北、東稜などが成長著しい文武両道校といえる。

高校名	偏差値
宮崎／都城泉ヶ丘	58

宮崎にも「総合選抜制度」の影響が残る。が、代表となれば2007年センバツに21世紀枠で出場した、都城泉ヶ丘で一致するだろう。ほかにも名門の歴史を持つ高鍋や、織田淳哉（元・巨人）、青木宣親（ヤクルト）と早稲田大→プロという経歴の選手を輩出する日向、大学球界で活躍する選手を育てる宮崎大宮や宮崎南などの名前が上がる。

西日本

高校名	偏差値
滋賀／彦根東	68

滋賀の文武両道校といえば、2009年に3回目のセンバツ出場を果たした彦根東が筆頭になるだろう。練習後は全員で勉強する時間も設けており、そこまでが練習だ。対抗はかつて「Z」のアルファベットを象ったユニホームで甲子園を沸かせた彦根東と並ぶ県有数の進学校・膳所。最近、野球ではちょっと振るわないので、奮起を期待したい。

高校名	偏差値
京都／洛星	ー

受験制度の影響もあって、文武両道校を見つけにくい京都。そこで私立進学校として大きな実績がありながら、野球でもたびたび府ベスト8に進出する洛星を代表校に。それに続く存在として、春夏通算8回、甲子園に出場、夏の甲子園第1回大会優勝校という破格の伝統校・京都二中をルーツにする鳥羽、糸井嘉男（日本ハム）の母校・宮津を挙げたい。

高校名	偏差値
徳島／徳島北	58

甲子園出場はないものの、県大会でたびたび上位進出する進学校の脇町、城南の名が文武両道校として知られる。が、野球の面もトータルした場合、昨夏甲子園に初出場して好ゲームを展開した、徳島北を推したい。また、長く健闘を続けつつも甲子園になかなか手が届かない富岡西、地味ながら文武で成長している阿波にも期待したいところだ。

高校名	偏差値
和歌山／向陽	60

和歌山の文武両道校といえば、戦前の甲子園で数々の伝説、実績を残した和歌山中がルーツの桐蔭。そして、同じく嶋清一投手の好投で甲子園優勝を果たした海草中をルーツにする向陽が二大巨頭。両校とも現在に至るまで、県内ではたびたび上位に進出している。甲乙つけがたい存在だが、代表校には今春センバツに出場した向陽を選んだ。

高校名	偏差値
奈良／郡山	70

まさに、文武両道校の代表例といえそうなのが郡山。奈良県有数の進学校でありながら、野球でも奈良の二大巨頭、天理と智辯学園に対抗する存在としての地位をキープしている。ほかには、センバツ出場経験のある奈良、甲子園出場こそないものの、有力校として認知されている畝傍、近年、文武で力をつけつつある奈良北などの名が挙がる。

高校名	偏差値
香川／高松	70

近年、松家卓弘（日本ハム）を輩出、21世紀枠で甲子園にも出場し、東大野球部に毎年のようにレギュラークラスの選手を送り込んでいる高松が、代表校にふさわしい。続くのは、長年にわたり甲子園出場などコツコツと実績を積み重ねている丸亀。最近は甲子園にご無沙汰の古豪・高松一は、復活に期待。観音寺一も健闘している。

高校名	偏差値
鳥取／鳥取西	62

鳥取は伝統的に、文武両道校が野球でも県内をリードしてきた傾向が強い。その流れを今も受け継ぐのが、鳥取西だ。戦前から現在に至るまで、コンスタントに甲子園に出場。重ねた出場回数は春4回、夏23回と堂々たるもの。その対抗は米子東だが、最近は甲子園にご無沙汰。復活が待たれる。そのほか、倉吉東の名前も挙げておきたい。

高校名	偏差値
大阪／関大一	68

久保康友（阪神）を擁し、復活ののろしを上げた1998年の春夏甲子園出場。それ以降、安定した実力を発揮している関大一を代表校に。府立ではオールドファン感涙のライン入り帽子のユニホームで、春夏通算21回の甲子園出場を誇る伝統校・市岡が筆頭か。ただ、近年の野球の実績では、同じく府立の進学校・春日丘も捨てがたい存在である。

高校名	偏差値
高知／土佐	68

高知といえば少数精鋭、全力疾走で全国的に人気の土佐が、文武両道の代名詞。近年は甲子園から遠ざかっているものの、最近になって復活の気配あり。また、甲子園出場が約60年途絶えているものの、最近は好成績を挙げている高知追手前、やや目立たないながらも、県レベルでは上位進出回数が多い高知小津といったあたりも、覚えておきたい。

高校名	偏差値
岡山／岡山城東	68

文武両道校として思い浮かぶのが、学校創設以来、文でも武でも一気に台頭してきた岡山城東。1996年センバツではベスト4に進出した。ただし、ここ最近はやや低調。県大会でも初戦敗退が続いているだけに、今後の成り行きが気になるところだ。ほかには県ベスト8に食い込むなど力をつけてきた私立の金光学園が、文武両道との評判がある。

高校名	偏差値
兵庫／関西学院	68

代表校は、2009年に70年ぶりとなる夏の甲子園出場を果たした関西学院。戦前は春夏それぞれ1回の優勝経験がある。また、兵庫を代表する野球強豪校・報徳学園は進学実績が上昇中。「野球も進学もがんばれる高校」ということで、大いに人気を集めている。弟分の滝川二に負けず、最近は野球でも上位進出が目立ってきた滝川にも注目したい。

＜打者編＞「投打のフォーム連続写真

大きなステップをしても体が前に行かない 小さな体を最大限に生かしたフォーム

解説◎広岡正信・関西学院高監督

この写真は、昨夏の甲子園１回戦で、酒田南高の安井（亮輔、左投手）君のチェンジアップを右中間方向に二塁打したものです。ただ、実は、山崎裕は兵庫大会が不調でした。この打席で打てたことで、彼自身、気分が楽になったことでしょう。そういう中での打席だったのです。

彼の特徴は、写真を見ていただくと分かるように、大きくない体を最大限に生かしていくというものです。小さい体を大きく見せて打撃をしています。❶の構えは通常の打者と変わりはないと思いますが、その後からすごく大きな動きをしていきます。❷から❸でためたものをステップしていくとき、スタンスを大きく取っている。これが体を大きく見せる打撃です。

小さな体の選手だと、コツコツというイメージだと思いますが、彼の場合は、小さい体を最大限に生かしてい
❹、❺でスタンスをすごく大きく取
ているのが分かると思います。しか
かといって彼の場合は、それでも目
がそんなにずれていないのです。❶
❷の小さいスタンスから大きく出て
っているのに、それほど体は前に行
ず、バランスが崩れない。腰が逃げ
に回っていけるのです。彼のいいと
ろではないでしょうか。

ただ、これはチェンジアップを打
にいったので、ステップしてから打
にいく過程の❼から❽で、少し体が
されています。バットの軌道も下か
出ているのが分かると思います。

兵庫・関西学院高３年

山﨑裕貴

やまさき・ひろき。1991年4月5日生まれ。
伊丹市立天王寺川中（ヤング・兵庫伊丹）出身。
168ｾﾝﾁ64ｷﾛ、右投右打。50ﾒｰﾄﾙ走6秒2、握力・右62ｷﾛ、左62ｷﾛ、遠投110ﾒｰﾄﾙ。

しかし、そこから彼のいいところは、
から❿です。崩されかけたところを
ッと我慢して、しっかり球を見てと
えられている。これは彼のひざの柔
かさ、バランス感覚のよさだと思い
す。バットを振り出してからも、当
にいくのではなく、しっかり振り切
ているのではないでしょうか。その
のフォロースルーもいいですね。頭
しっかりついていっているので、❿
ら⓫などは、お手本のような形だと
います。

彼はこの打席、カウントを追い込ま
ていたと思います。というのも、不
だったので、セーフティーバントをさせていました。でも、それが生きましたね。セーフティーといえども、球をしっかり見ますから、そこが追い込まれてからの粘りにつながったのではないでしょうか。

ただ、彼のバットの軌道を見ていくと、下から出ていると思います。これは課題でもあるのですが、小さな体を最大限に生かすという意味での彼の特徴でもあります。小さい体だからといって、パチンといく打撃ではないのです。体の回転、遠心力を使って打とうとしているので、ドアスイングになってしまっています。❽から❾のバットの振り出しがそうなっているでしょう。大学でやるには、おそらくこれが課題なってくると思います。木製バットで速い球に対応していくには対応が必要でしょうね。

今回、この取材の依頼をいただいたのはうれしく思っています。山崎裕のような体の小さな選手がどういう打撃をしているのか、普通の中学生や高校生レベルの選手には参考になるのではないかと思います。

小さな体の子は小さいなりに、というのも考え方ですし、また、彼のように体を最大限に生かしていく選手が出るのを祈りたいです。

（取材・構成／氏原英明）

夏の選手権地方大会 歴代全参加校通算勝利数 ランキング ［兵庫］

順位	校名	勝	敗	分	年	甲	春	No.
1	■ 報徳学園	244	57	0	70	13	17	173
2	■ 育英	223	77	1	82	6	13	33
3	■ 滝川	177	78	0	85	7	12	115
4	■ 明石	173	71	0	77	6	8	4
5	■ 東洋大姫路	171	34	0	45	11	7	123
6	■ 関西学院	158	83	2	89	6	6	61
7	■ 市神港	155	79	1	86	7	8	94
8	■ 洲本	146	79	0	80	1	2	102
9	■ 県尼崎	135	75	1	76	1	4	18
10	■ 神港学園	132	65	0	68	3	4	95
11	■ 三田学園	131	81	1	81	0	4	85
12	■ 尼崎北	126	77	1	78	1	4	22
13	■ 市尼崎	124	60	0	61	1	0	19
14	■ 津名	123	59	1	59	0	0	121
15	■ 芦屋	119	57	1	63	6	6	14
16	■ 村野工	116	75	0	76	1	2	188
17	■ 兵庫	108	88	1	89	1	4	161
〃	■ 社	108	59	0	59	0	1	189
19	■ 洲本実	106	71	0	71	0	0	104
20	■ 県伊丹	102	89	1	88	0	0	36
21	■ 甲陽学院	101	80	0	84	4	8	80
〃	■ 姫路工	101	61	0	63	2	3	152
23	■ 尼崎工	96	63	1	63	0	0	23
24	■ 神戸	91	85	1	89	4	3	65
25	■ 明石南	90	59	0	60	1	0	11
〃	■ 市川	90	48	0	48	0	1	41
27	■ 加古川東	88	76	0	76	0	0	52
28	■ 神戸国際大付	85	44	0	44	0	2	74
29	■ 滝川二	84	22	0	24	2	3	116
30	■ 加古川西	82	60	0	60	0	0	51
31	■ 神戸弘陵	80	25	0	26	1	4	73
〃	■ 高砂	80	60	0	60	0	0	109
33	■ 兵庫工	77	62	0	62	0	2	166
34	■ 姫路西	75	87	2	87	0	1	157
35	■ 姫路南	75	59	1	60	1	0	160
36	■ 星陵	72	63	0	63	0	0	106
37	■ 赤穂	70	65	0	65	0	0	13
〃	■ 尼崎産	70	57	0	57	0	0	24
〃	■ 小野	70	76	0	76	0	0	45
〃	■ 飾磨	70	59	1	59	0	0	89
41	■ 明石商	69	55	0	55	0	0	8
42	■ 六甲アイランド	67	76	0	77	1	0	197
43	■ 飾磨工	66	66	0	66	0	0	90
〃	■ 長田	66	79	1	79	0	0	128
〃	■ 姫路	66	63	0	63	0	0	151
46	■ 福崎	65	60	0	60	0	0	171
47	■ 柏原	63	67	0	67	0	1	48
48	■ 淡路三原	60	58	0	58	0	0	29
〃	■ 琴丘	60	60	0	60	0	0	81
〃	■ 市西宮	60	59	1	60	1	2	133
51	■ 姫路東	59	60	0	60	0	0	158
〃	★ 御影工	59	41	0	41	0	0	177
53	■ 鳴尾	58	63	0	63	0	2	130
54	■ 須磨	57	60	0	60	0	0	97
〃	■ 北条	57	59	0	59	0	0	172
〃	■ 三木	57	59	0	59	0	1	178
57	■ 豊岡	54	78	1	78	0	0	124
58	■ 篠山鳳鳴	53	63	0	63	0	0	83
〃	■ 龍野	53	63	0	63	0	0	118
〃	■ 龍野実	53	60	0	60	0	0	119
〃	■ 西宮東	53	44	0	44	0	0	137
〃	■ 姫路商	53	65	0	65	0	0	156
63	■ 県西宮	51	65	0	65	0	0	132
64	■ 東播工	50	42	0	42	0	0	122
〃	■ 夢野台	50	59	0	59	0	0	193
66	■ 尼崎西	48	45	0	45	0	1	25
〃	■ 西脇	48	63	0	63	0	0	139
68	■ 上郡	46	61	0	61	0	0	55
〃	■ 仁川学院	46	46	0	46	0	0	131
70	■ 神戸西	45	45	0	45	0	0	79
〃	■ 兵庫商	45	72	0	73	1	1	168
72	■ 神戸商	44	74	1	75	1	0	75
〃	■ 高砂南	44	29	0	29	0	1	110
74	■ 甲南	42	69	0	69	0	0	64
75	■ 伊丹北	40	33	0	33	0	0	39
〃	■ 香寺	40	34	0	34	0	0	63
〃	■ 葺合	40	61	0	61	0	0	170
〃	■ 舞子	40	33	0	33	0	0	175
〃	■ 山崎	40	55	0	55	0	0	191
80	■ 相生産	39	57	0	57	0	0	3
〃	■ 伊丹西	39	29	0	29	0	0	40
〃	■ 小野工	39	62	0	62	0	0	46
〃	■ 西宮今津	39	31	0	31	0	0	134
84	■ 市伊丹	38	63	1	63	0	0	37
〃	■ 柳学園	38	43	1	43	0	0	190
86	■ 西脇工	37	46	1	46	0	0	140
〃	★ 武庫工	37	41	0	41	0	0	184
88	■ 川西緑台	36	39	0	39	0	1	58
89	■ 尼崎小田	35	36	0	36	0	0	21
〃	★ 神戸工	35	60	0	60	0	0	69
〃	■ 八鹿	35	62	1	62	0	0	194
92	■ 西宮南	34	29	0	29	0	0	138
93	■ 灘	33	71	1	71	0	0	129
94	■ 松陽	32	44	0	44	0	0	93
95	■ 生野	30	60	0	60	0	0	34
〃	■ 御影	30	60	0	60	0	0	176

 広岡正信監督のスクラップ帳より

『シリーズにっぽんの高校野球⑩兵庫編』2009年（ベースボール・マガジン社）

甲は夏の全国大会出場回数、春は春のセンバツ大会出場回数、年は夏の地方大会参加年数。№は前掲星取表の参照ナンバー。校名の前の記号は下記を参照。
■は大会参加継続中の学校
その他の記号は現在大会に参加していない学校
▲＝学校は現存、★＝統合、合併などにより消滅
●＝廃校、休校など、※＝旧師範学校など大学等に転換した学校

・統廃合、校名変更等の補足
(2★市相生) 相生に統合
(12★赤塚山) 市神戸商と統合→六甲アイランド
(16▲芦屋南) 校名変更→国際
(38★市伊丹定) 市伊丹に統合
(44★大和田工) 長田工に校名変更後、再編統合→神戸工科
(47★温泉) 浜坂に統合
(67★神戸二工) 神戸一工、兵庫県機械工と統合→兵庫工
(69★神戸工) 御影工と統合→科学技術
(70★神戸市二機工) 神戸市一機工と統合→神戸工
(96★鈴蘭台西) 鈴蘭台と統合→神戸鈴蘭台
(101★住友工) 尼崎商と統合→尼崎産
(103★洲本西淡) 志知に校名変更後、三原と統合→淡路三原
(125★豊岡実) 豊岡南と統合→豊岡総合
(127★豊岡南) 豊岡実と統合→豊岡総合
(153★姫路工大二) 姫路工大一と統合→姫路工大付→姫路工
(155★姫路師範) 御影師範と統合→兵庫師範
(162▲市兵庫) 麻耶と統合→麻耶兵庫
(163★兵庫県機械工) 神戸一工、神戸二工と統合→兵庫工
(164★兵庫県二機工) 兵庫県機械工に統合
(178★御影工) 神戸工と統合→科学技術
(183★湊西) 市兵庫と統合→麻耶兵庫
(185★武庫工) 武庫荘と統合→武庫荘総合
(186★武庫荘) 武庫工と統合→武庫荘総合

《注》科学技術 (神戸工＋御影工)、豊岡総合 (豊岡実＋豊岡南)、武庫荘総合 (武庫工＋武庫荘) については、統合の過程で旧校と新校が同時に出場した年度があるため、統合元旧校の成績を継承せず、新校として扱う

順位	校名	勝	敗	分	年	甲	春	No.
97	■ 相生	29	31	0	31	0	0	1
〃	■ 加古川北	29	23	0	24	1	0	50
99	★ 豊岡実	28	58	0	58	0	0	125
〃	★ 武庫荘	28	27	0	27	0	0	185
101	■ 東播磨	27	34	0	34	0	0	147
102	■ 佐用	26	41	0	41	0	0	84
103	■ 川西北陵	25	26	0	26	0	0	57
〃	■ 篠山産	25	60	0	60	0	0	82
〃	■ 兵庫農	25	74	0	74	0	0	169
106	■ 加古川南	24	25	0	25	0	0	53
〃	■ 神戸鈴蘭台	24	45	0	45	0	0	76
108	■ 川西明峰	23	33	0	33	0	1	59
109	■ 北須磨	22	36	0	36	0	0	62
〃	■ 浜坂	22	57	0	57	0	0	143
111	■ 有馬	21	60	0	60	0	0	27
〃	■ 伊川谷	21	32	0	32	0	0	31
〃	■ 出石	21	59	1	59	0	0	35
〃	■ 伊和	21	46	0	46	0	0	43
〃	■ 香住	21	58	0	58	0	0	54
〃	■ 宝塚西	21	31	0	31	0	0	113
〃	■ 三木北	21	26	0	26	0	0	179
118	■ 明石北	20	35	0	35	0	0	5
〃	■ 尼崎稲園	20	29	0	29	0	0	20
〃	■ 宝塚	20	46	0	46	0	0	111
〃	■ 東灘	20	33	0	33	0	0	146
〃	■ 姫路飾西	20	24	0	24	0	0	154
〃	※ 兵庫師範予科	20	26	0	25	0	0	167
124	■ 明石西	19	28	0	28	0	0	10
〃	★ 赤塚山	19	41	0	41	0	0	12
〃	■ 尼崎東	19	45	1	45	0	0	26
127	■ 明石清水	18	29	0	29	0	0	7
〃	■ 神戸市高専	18	51	0	51	0	0	71
〃	■ 播磨南	18	25	0	25	0	0	144
130	■ 網干	17	30	0	30	0	0	17
〃	■ 神戸甲北	17	34	0	34	0	0	72
〃	■ 多可	17	34	0	34	0	0	108
〃	■ 宝塚北	17	24	0	24	0	0	112
〃	■ 宝塚東	17	33	0	33	0	0	114
〃	■ 西宮北	17	37	0	37	0	0	136
〃	■ 日生学園三	17	24	0	24	0	0	141
〃	★ 姫路師範	17	20	0	20	0	0	155
〃	■ 姫路別所	17	31	0	31	0	0	159
139	● 市芦屋	16	39	0	39	0	0	15
〃	■ 神戸高塚	16	24	0	24	0	0	78
141	■ 猪名川	15	45	0	45	0	0	42
〃	■ 和田山	15	42	0	42	0	0	198
143	■ 神戸北	14	35	0	35	0	0	66
〃	★ 鈴蘭台西	14	25	0	25	0	0	96
〃	■ 須磨友が丘	14	26	0	26	0	0	99
146	▲ 芦屋南	13	23	0	23	0	0	16
〃	■ 伊川谷北	13	23	0	23	0	0	32
〃	■ 須磨東	13	30	0	30	0	0	100
〃	■ 氷上西	13	32	0	32	0	0	149
〃	■ 吉川	13	33	0	33	0	0	195
151	■ 太子	12	33	0	33	0	0	107
〃	■ 白陵	12	45	0	45	0	0	142
〃	■ 氷上	12	46	0	46	0	0	148
154	■ 西宮甲山	11	25	0	25	0	0	135
155	■ 雲雀丘学園	9	42	0	42	0	0	150
156	■ 明石高専	8	39	0	39	0	0	6
〃	■ 淡路	8	13	0	13	0	0	28
〃	■ 淳心学院	8	44	0	44	0	0	91
〃	★ 住友工	8	9	0	9	0	0	101
〃	■ 北摂三田	8	23	0	23	0	0	174
161	■ 兵庫県立大付	7	14	0	14	0	0	165
〃	■ 三木東	7	31	0	31	0	0	180
〃	■ 村岡	7	49	0	49	0	0	187
164	■ 神崎	6	29	0	29	0	0	60
〃	★ 豊岡南	6	27	0	27	0	0	127
166	■ 三田祥雲館	5	7	0	7	0	0	86
〃	■ 三田西陵	5	15	0	15	0	0	88
168	■ 明石城西	4	23	0	23	0	0	9
〃	★ 大和田工	4	24	0	24	0	0	44
〃	▲ 川西	4	22	0	22	0	0	56
〃	■ 千種	4	34	0	34	0	0	120
〃	■ 豊岡総合	4	5	0	5	0	0	126
〃	★ 兵庫県機械工	4	2	0	2	0	0	163
〃	▲ 六甲	4	13	0	13	0	0	196
175	● 東神戸	3	16	0	16	0	0	145
〃	■ 夢前	3	14	0	14	0	0	192
177	★ 市相生	2	10	0	10	0	0	2
〃	■ 科学技術	2	5	0	5	0	0	49
〃	★ 神戸二工	2	3	0	3	0	0	67
〃	★ 神戸市二機工	2	2	0	2	0	0	70
〃	■ 須磨学園	2	8	0	8	0	0	98
〃	★ 洲本西淡	2	4	0	4	0	0	103
〃	▲ 県湊川	2	9	0	9	0	0	181
〃	■ 武庫荘総合	2	6	0	6	0	0	186
185	★ 温泉	1	31	0	31	0	0	47
〃	■ 神戸第一	1	8	0	8	0	0	77
〃	■ 三田松聖	1	3	0	3	0	0	87
〃	★ 姫路工大二	1	12	0	12	0	0	153
189	▲ 家島	0	2	0	2	0	0	30
〃	★ 市伊丹定	0	1	0	1	0	0	38
〃	▲ 県神戸工	0	5	0	5	0	0	68
〃	● 城北	0	13	0	13	0	0	92
〃	● 青年会商	0	4	0	4	0	0	105
〃	▲ 但馬農	0	6	0	6	0	0	117
〃	▲ 市兵庫	0	11	0	11	0	0	162
〃	★ 兵庫県二機工	0	1	0	1	0	0	164
〃	★ 湊西	0	6	0	6	0	0	182
〃	● 武庫	0	13	0	13	0	0	183

校名	年・回	大会	回戦		対戦相手	備考
川西明峰	1978（昭53）60	兵庫	2回戦	●3－4	和田山商	
川西明峰	1979（昭54）61	兵庫	2回戦	○10－4	夢野台	
		兵庫	3回戦	●1－3	西宮東	
川西明峰	1980（昭55）62	兵庫	2回戦	○3－2	神戸西	
		兵庫	3回戦	●1－2	東播磨	
川西明峰	1981（昭56）63	兵庫	2回戦	○7－0	雲雀丘学園	
		兵庫	3回戦	●3－4	松陽	
川西明峰	1982（昭57）64	兵庫	2回戦	○3－0	兵庫商	
		兵庫	3回戦	●2－3	市西宮	
川西明峰	1983（昭58）65	兵庫	2回戦	○10－0	神戸商	
		兵庫	3回戦	●3－5	市神港	
川西明峰	1984（昭59）66	兵庫	1回戦	●0－1	小野工	
川西明峰	1985（昭60）67	兵庫	1回戦	●2－4	伊丹北	
川西明峰	1986（昭61）68	兵庫	2回戦	●0－3	須磨東	
川西明峰	1987（昭62）69	兵庫	2回戦	●1－2	芦屋	
川西明峰	1988（昭63）70	兵庫	1回戦	●2－8	明石高専	
川西明峰	1989（平1）71	兵庫	2回戦	●1－2	兵庫	
川西明峰	1990（平2）72	兵庫	2回戦	○7－0	宝塚東	
		兵庫	3回戦	●0－4	伊丹西	
川西明峰	1991（平3）73	兵庫	1回戦	●1－3	市神港	
川西明峰	1992（平4）74	兵庫	1回戦	○1－0	三木東	
		兵庫	2回戦	●1－2	須磨東	
川西明峰	1993（平5）75	兵庫	2回戦	○9－3	猪名川	
		兵庫	3回戦	○4－3	星陵	
		兵庫	4回戦	●1－2	滝川二	
川西明峰	1994（平6）76	兵庫	1回戦	●0－5	西宮南	
川西明峰	1995（平7）77	兵庫	1回戦	○12－1	星陵	
		兵庫	2回戦	○5－0	姫路工大付	
		兵庫	3回戦	○8－1	武庫工	
		兵庫	4回戦	●2－3	洲本実	
川西明峰	1996（平8）78	兵庫	1回戦	●2－4	姫路飾西	
川西明峰	1997（平9）79	兵庫	1回戦	○3－2	尼崎東	
		兵庫	2回戦	○6－5	姫路	
		兵庫	3回戦	○6－5	御影	
		兵庫	4回戦	●2－4	伊丹西	
川西明峰	1998（平10）80	東兵庫	1回戦	○6－4	西宮東	
		東兵庫	2回戦	●2－6	西宮今津	
川西明峰	1999（平11）81	兵庫	1回戦	●4－8	市西宮	
川西明峰	2000（平12）82	兵庫	1回戦	●5－7	伊丹北	
川西明峰	2001（平13）83	兵庫	2回戦	○8－3	尼崎北	
		兵庫	3回戦	●0－3	尼崎産	
川西明峰	2002（平14）84	兵庫	1回戦	○9－2	明石西	
		兵庫	2回戦	●0－10	神港学園	
川西明峰	2003（平15）85	兵庫	2回戦	○7－0	甲南	
		兵庫	3回戦	●3－5	関西学院	
川西明峰	2004（平16）86	兵庫	2回戦	○10－3	姫路	
		兵庫	3回戦	●3－4	武庫工	
川西明峰	2005（平17）87	兵庫	1回戦	●1－3	伊川谷北	
川西明峰	2006（平18）88	兵庫	2回戦	○6－5	三田学園	
		兵庫	3回戦	●1－2	加古川東	
川西明峰	2007（平19）89	兵庫	2回戦	●0－1	神戸弘陵	
川西明峰	2008（平20）90	東兵庫	2回戦	○1－0	簑合	
		東兵庫	3回戦	●4－9	六甲アイランド	

60■神崎［0］29年＝通算6勝29敗

校名	年・回	大会	回戦		対戦相手	備考
神崎	1980（昭55）62	兵庫	2回戦	●1－4	小野工	
神崎	1981（昭56）63	兵庫	2回戦	●1－8	出石	
神崎	1982（昭57）64	兵庫	1回戦	●0－7	山崎	
神崎	1983（昭58）65	兵庫	2回戦	●0－2	御影	
神崎	1984（昭59）66	兵庫	2回戦	●4－11	尼崎北	
神崎	1985（昭60）67	兵庫	1回戦	●3－7	氷上西	
神崎	1986（昭61）68	兵庫	2回戦	●2－5	小野工	
神崎	1987（昭62）69	兵庫	1回戦	○5－0	神戸北	
		兵庫	2回戦	●0－16	川西緑台	
神崎	1988（昭63）70	兵庫	1回戦	●8－10	吉川	
神崎	1989（平1）71	兵庫	2回戦	●2－11	加古川北	
神崎	1990（平2）72	兵庫	2回戦	●2－10	篠山産	
神崎	1991（平3）73	兵庫	2回戦	○5－2	姫路西	
		兵庫	3回戦	○7－0	多可	
		兵庫	4回戦	●1－2	柏原	
神崎	1992（平4）74	兵庫	2回戦	●3－6	伊川谷	
神崎	1993（平5）75	兵庫	1回戦	○4－3	北須磨	
		兵庫	2回戦	●1－8	伊丹北	
神崎	1994（平6）76	兵庫	2回戦	○6－2	西宮甲山	
		兵庫	3回戦	●1－9	市神港	
神崎	1995（平7）77	兵庫	1回戦	●2－4	東播工	
神崎	1996（平8）78	兵庫	2回戦	●4－11	加古川北	
神崎	1997（平9）79	兵庫	2回戦	●6－7	浜坂	
神崎	1998（平10）80	西兵庫	1回戦	●0－10	姫路	
神崎	1999（平11）81	兵庫	1回戦	●0－19	須磨	
神崎	2000（平12）82	兵庫	2回戦	●1－15	網干	
神崎	2001（平13）83	兵庫	1回戦	●0－10	明石清水	
神崎	2002（平14）84	兵庫	2回戦	●0－11	明石清水	
神崎	2003（平15）85	兵庫	2回戦	●0－10	西宮南	
神崎	2004（平16）86	兵庫	1回戦	●0－7	村岡	
神崎	2005（平17）87	兵庫	1回戦	●0－31	姫路	
神崎	2006（平18）88	兵庫	1回戦	○5－0	伊和	
		兵庫	2回戦	●4－5	和田山	
神崎	2007（平19）89	兵庫	1回戦	●2－12	川西北陵	
神崎	2008（平20）90	西兵庫	1回戦	●0－7	三木北	

61■関西学院［6］89年＝通算158勝83敗2分

校名	年・回	大会	回戦		対戦相手	備考
関西学院中	1915（大4）1	兵庫	1回戦	○29－8	神戸商	
		兵庫	準決勝	○3－2	神戸一中	
		兵庫	決勝	●2－3	神戸二中	準優勝
関西学院中	1916（大5）2	兵庫	1回戦	○4－0	神戸一中	
		兵庫	準決勝	○9－3	神戸二中	
		兵庫	決勝	◎16－2	神戸商	出場（1）
関西学院中	1917（大6）3	兵庫	1回戦	○ －	神戸一中	不戦勝
		兵庫	2回戦	○19－3	育英商	
		兵庫	準決勝	○5－3	神戸二中	
		兵庫	決勝	◎14－4	御影師範	出場（2）
関西学院中	1918（大7）4	兵庫	1回戦	○28－0	兵庫農	
		兵庫	2回戦	○9－2	神戸一中	
		兵庫	準決勝	○10－0	御影師範	
		兵庫	決勝	◎3－2	神戸商	出場（3）
関西学院中	1919（大8）5	兵庫	1回戦	○7－0	伊丹中	
		兵庫	2回戦	●1－6	神戸商	
関西学院中	1920（大9）6	兵庫	1回戦	○22－0	御影師範	
		兵庫	2回戦	○10－0	甲陽中	
		兵庫	準決勝	○4－1	神戸商	
		兵庫	決勝	◎8－2	第一神港商	出場（4）
関西学院中	1921（大10）7	兵庫	1回戦	○10－3	御影師範	
		兵庫	2回戦	●2－7	甲陽中	
関西学院中	1922（大11）8	兵庫	1回戦	○8－1	伊丹中	
		兵庫	2回戦	●3－7	第一神港商	
関西学院中	1923（大12）9	兵庫	2回戦	●5－12	姫路中	
関西学院中	1924（大13）10	兵庫	1回戦	●1－9	甲陽中	
関西学院中	1925（大14）11	兵庫	2回戦	○13－2	小野中	
		兵庫	準々決勝	○8－1	三田中	
		兵庫	準決勝	●4－13	神戸二中	ベスト4
関西学院中	1926（大15）12	兵庫	2回戦	○15－0	姫路商	
		兵庫	準々決勝	○4－1	神戸三中	
		兵庫	準決勝	○8－0	神戸二中	
		兵庫	決勝	●1－2	第一神港商	準優勝
関西学院中	1927（昭2）13	兵庫	1回戦	○4－2	神戸一中	
		兵庫	2回戦	○8－0	中外商	
		兵庫	準々決勝	○3－0	神戸三中	
		兵庫	準決勝	●3－4	甲陽中	ベスト4
関西学院中	1928（昭3）14	兵庫	1回戦	○7－2	加古川中	
		兵庫	2回戦	●6－7	姫路師範	
関西学院中	1929（昭4）15	兵庫	1回戦	○10－2	尼崎中	
		兵庫	2回戦	○9－4	姫路師範	
		兵庫	準々決勝	○10－2	小野中	
		兵庫	準決勝	○9－8	神戸一商	
		兵庫	決勝	◎7－4	神戸一中	出場（5）
関西学院中	1930（昭5）16	兵庫	1回戦	○15－0	第一神港商	
		兵庫	2回戦	○6－3	神戸三中	
		兵庫	準々決勝	○8－2	育英商	
		兵庫	準決勝	●2－4	明石中	ベスト4
関西学院中	1931（昭6）17	兵庫	2回戦	●1－2	御影師範	
関西学院中	1932（昭7）18	兵庫	1回戦	○13－0	赤穂中	
		兵庫	2回戦	○3－0	御影師範	
		兵庫	準々決勝	●1－10	甲陽中	ベスト8
関西学院中	1933（昭8）19	兵庫	1回戦	○9－1	甲陽中	
		兵庫	2回戦	○9－2	村野工	
		兵庫	準々決勝	●5－8	明石中	ベスト8
関西学院中	1934（昭9）20	兵庫	2回戦	○6－0	姫路商	
		兵庫	準々決勝	●4－5	第一神港商	ベスト8
関西学院中	1935（昭10）21	兵庫	1回戦	○11－0	姫路師範	
		兵庫	2回戦	○5－2	甲陽中	
		兵庫	準々決勝	○4－1	御影師範	
		兵庫	準決勝	●0－3	明石中	ベスト4
関西学院中	1936（昭11）22	兵庫	1回戦	○9－0	小野中	
		兵庫	2回戦	●0－2	滝川中	
関西学院中	1937（昭12）23	兵庫	1回戦	○11－1	小野中	
		兵庫	2回戦	●2－3	第一神港商	
関西学院中	1938（昭13）24	兵庫	1回戦	○5－4	第一神港商	
		兵庫	2回戦	○4－0	報徳商	
		兵庫	準々決勝	●0－2	滝川中	ベスト8
関西学院中	1939（昭14）25	兵庫	1回戦	○15－1	姫路商	
		兵庫	2回戦	○7－0	洲本商	
		兵庫	準々決勝	○2－0	神戸二中	
		兵庫	準決勝	○4－3	育英商	
		兵庫	決勝	◎3－0	明石中	出場（6）
関西学院中	1940（昭15）26	兵庫	1回戦	●0－1	育英商	
関西学院中	1946（昭21）28	兵庫	2回戦	○12－0	育英商	
		兵庫	3回戦	○10－0	洲本中	
		兵庫	準々決勝	○4－2	滝川中	
		兵庫	準決勝	△8－8	神戸一中	
		兵庫	準決勝	○11－0	神戸一中	
		兵庫	決勝	●0－4	芦屋中	準優勝
関西学院中	1947（昭22）29	兵庫	1回戦	●0－2	伊丹中	
関西学院	1948（昭23）30	兵庫	1回戦	○7－0	市兵庫	
		兵庫	2回戦	○2－1	報徳商	
		兵庫	3回戦	●1－2	三田	
関西学院	1949（昭24）31	兵庫	2回戦	○1－0	六甲	
		兵庫	3回戦	●3－4	長田	
関西学院	1950（昭25）32	兵庫	2回戦	●1－3	報徳学園	
関西学院	1951（昭26）33	兵庫	2回戦	●1－5	育英	
関西学院	1952（昭27）34	兵庫	2回戦	●2－4	市西宮	
関西学院	1953（昭28）35	兵庫	1回戦	○3－0	山崎	
		兵庫	2回戦	●1－8	長田	
関西学院	1954（昭29）36	兵庫	1回戦	●1－9	北条	
関西学院	1955（昭30）37	兵庫	2回戦	○10－2	東神戸	
		兵庫	3回戦	●3－5	県伊丹	
関西学院	1956（昭31）38	兵庫	1回戦	●0－5	報徳学園	
関西学院	1957（昭32）39	兵庫	1回戦	○3－1	六甲	
		兵庫	2回戦	●0－1	鳴尾	
関西学院	1958（昭33）40	兵庫	1回戦	●6－8	六甲	
関西学院	1959（昭34）41	兵庫	2回戦	○10－2	兵庫商	
		兵庫	3回戦	●1－2	飾磨	
関西学院	1960（昭35）42	兵庫	1回戦	○10－0	姫路東	
		兵庫	2回戦	●1－3	県西宮	
関西学院	1961（昭36）43	兵庫	2回戦	○9－2	龍野	
		兵庫	3回戦	○3－1	西脇	
		兵庫	4回戦	●1－2	兵庫工	
関西学院	1962（昭37）44	兵庫	1回戦	○9－5	明石商	
		兵庫	2回戦	○2－0	簑合	
		兵庫	3回戦	○3－1	兵庫工	
		兵庫	4回戦	○9－2	市神戸商	
		兵庫	準々決勝	●2－7	滝川	ベスト8
関西学院	1963（昭38）45	兵庫	2回戦	○10－0	大和田工	
		兵庫	3回戦	○3－0	兵庫	
		兵庫	4回戦	●0－2	報徳学園	
関西学院	1964（昭39）46	兵庫	1回戦	△0－0	八鹿	
		兵庫	1回戦	○3－2	八鹿	
		兵庫	2回戦	○10－0	雲雀丘学園	
		兵庫	3回戦	●2－3	尼崎北	
関西学院	1965（昭40）47	兵庫	2回戦	●1－4	柏原	
関西学院	1966（昭41）48	兵庫	1回戦	○4－2	柳学園	
		兵庫	2回戦	○7－0	氷上農	
		兵庫	3回戦	○4－3	県伊丹	
		兵庫	4回戦	●1－3	三田	
関西学院	1967（昭42）49	兵庫	1回戦	○8－1	篠山鳳鳴	
		兵庫	2回戦	●3－5	明石商	
関西学院	1968（昭43）50	兵庫	1回戦	●0－3	八鹿	
関西学院	1969（昭44）51	兵庫	1回戦	○4－0	兵庫工	
		兵庫	2回戦	●1－8	報徳学園	
関西学院	1970（昭45）52	兵庫	1回戦	○3－0	神戸工	
		兵庫	2回戦	○2－1	育英	
		兵庫	3回戦	○4－0	神戸	
		兵庫	4回戦	○2－0	姫路南	
		兵庫	準々決勝	●1－4	洲本	ベスト8
関西学院	1971（昭46）53	兵庫	2回戦	○7－3	豊岡実	
		兵庫	3回戦	○5－0	御影工	
		兵庫	4回戦	○2－0	私神港	
		兵庫	準々決勝	●1－10	山崎	ベスト8
関西学院	1972（昭47）54	兵庫	1回戦	○9－3	加古川西	
		兵庫	2回戦	○4－1	上郡	
		兵庫	3回戦	●1－2	洲本実	
関西学院	1973（昭48）55	兵庫	1回戦	●5－9	明石商	
関西学院	1974（昭49）56	兵庫	1回戦	●2－3	赤穂	
関西学院	1975（昭50）57	兵庫	1回戦	○7－1	神戸甲北	
		兵庫	2回戦	●1－4	市川	
関西学院	1976（昭51）58	兵庫	1回戦	●5－10	津名	
関西学院	1977（昭52）59	兵庫	2回戦	●3－7	尼崎産	
関西学院	1978（昭53）60	兵庫	2回戦	●3－4	武庫工	
関西学院	1979（昭54）61	兵庫	1回戦	○7－0	北須磨	
		兵庫	2回戦	○8－7	三木	
		兵庫	3回戦	○7－1	姫路工	
		兵庫	4回戦	●3－6	村野工	
関西学院	1980（昭55）62	兵庫	2回戦	○2－1	淳心学院	
		兵庫	3回戦	●0－1	東灘	
関西学院	1981（昭56）63	兵庫	2回戦	○7－2	加古川東	
		兵庫	3回戦	●6－10	尼崎工	
関西学院	1982（昭57）64	兵庫	2回戦	○2－1	姫路南	
		兵庫	3回戦	○3－2	伊川谷	
		兵庫	4回戦	○6－0	武庫工	
		兵庫	5回戦	●3－5	村野工	
関西学院	1983（昭58）65	兵庫	2回戦	○5－0	北須磨	
		兵庫	3回戦	○8－1	舞子	
		兵庫	4回戦	●3－4	尼崎小田	
関西学院	1984（昭59）66	兵庫	1回戦	●0－2	姫路西	
関西学院	1985（昭60）67	兵庫	1回戦	○3－1	星陵	
		兵庫	2回戦	●0－3	三田学園	

『シリーズにっぽんの高校野球⑩兵庫編』2009年（ベースボール・マガジン社）

校名	年・回	大会	回戦		対戦相手	備考
関西学院	1986（昭61）68	兵庫	2回戦	○5－1	伊丹北	
		兵庫	3回戦	●6－7	加古川北	
関西学院	1987（昭62）69	兵庫	2回戦	●4－5	相生産	
関西学院	1988（昭63）70	兵庫	2回戦	○3－2	神戸西	
		兵庫	3回戦	●3－5	神戸弘陵	
関西学院	1989（平1）71	兵庫	2回戦	○10－0	長田	
		兵庫	3回戦	○6－0	明石高専	
		兵庫	4回戦	○3－1	松陽	
		兵庫	5回戦	○4－1	高砂	
		兵庫	準々決勝	●2－3	神港学園	ベスト8
関西学院	1990（平2）72	兵庫	2回戦	●2－6	相生産	
関西学院	1991（平3）73	兵庫	2回戦	●3－10	武庫荘	
関西学院	1992（平4）74	兵庫	1回戦	●2－3	尼崎稲園	
関西学院	1993（平5）75	兵庫	2回戦	○8－0	東播工	
		兵庫	3回戦	○3－1	篠山産	
		兵庫	4回戦	●1－10	加古川南	
関西学院	1994（平6）76	兵庫	2回戦	○14－0	福崎	
		兵庫	3回戦	○9－4	洲本実	
		兵庫	4回戦	○4－3	西脇工	
		兵庫	5回戦	●2－3	市神港	
関西学院	1995（平7）77	兵庫	1回戦	○12－3	仁川学院	
		兵庫	2回戦	●0－8	神港学園	
関西学院	1996（平8）78	兵庫	2回戦	○16－3	鈴蘭台	
		兵庫	3回戦	○8－1	芦屋	
		兵庫	4回戦	○7－2	西脇	
		兵庫	5回戦	○2－0	加古川南	
		兵庫	準々決勝	●6－8	報徳学園	ベスト8
関西学院	1997（平9）79	兵庫	2回戦	○5－3	神戸工	
		兵庫	3回戦	○3－0	西宮南	
		兵庫	4回戦	○8－3	滝川	
		兵庫	5回戦	○5－3	育英	
		兵庫	準々決勝	●3－7	神港学園	ベスト8
関西学院	1998（平10）80	東兵庫	2回戦	●5－6	川西北陵	
関西学院	1999（平11）81	兵庫	2回戦	○3－1	尼崎北	
		兵庫	3回戦	○6－2	津名	
		兵庫	4回戦	○4－3	龍野	
		兵庫	5回戦	●1－4	報徳学園	
関西学院	2000（平12）82	兵庫	1回戦	○5－1	尼崎北	
		兵庫	2回戦	○12－2	多可	
		兵庫	3回戦	○3－2	尼崎小田	
		兵庫	4回戦	○5－1	仁川学院	
		兵庫	5回戦	○5－3	市神港	
		兵庫	準々決勝	○5－4	神港学園	
		兵庫	準決勝	○2－1	津名	
		兵庫	決勝	●0－11	育英	準優勝
関西学院	2001（平13）83	兵庫	1回戦	○4－3	三木	
		兵庫	2回戦	○3－2	三田学園	
		兵庫	3回戦	○2－1	川西緑台	
		兵庫	4回戦	○8－1	鈴蘭台	
		兵庫	5回戦	●4－9	神戸国際大付	
関西学院	2002（平14）84	兵庫	1回戦	○1－0	西宮北	
		兵庫	2回戦	○5－4	芦屋	
		兵庫	3回戦	●2－6	福崎	
関西学院	2003（平15）85	兵庫	2回戦	○8－2	加古川東	
		兵庫	3回戦	○5－3	川西明峰	
		兵庫	4回戦	○3－1	村野工	
		兵庫	5回戦	○5－3	兵庫農	
		兵庫	準々決勝	●5－9	育英	ベスト8
関西学院	2004（平16）86	兵庫	2回戦	○21－2	村岡	
		兵庫	3回戦	○7－0	多可	
		兵庫	4回戦	○8－0	神戸西	
		兵庫	5回戦	○4－3	東洋大姫路	
		兵庫	準々決勝	●2－4	市尼崎	ベスト8
関西学院	2005（平17）87	兵庫	1回戦	○4－3	武庫荘総合	
		兵庫	2回戦	○7－0	市神港	
		兵庫	3回戦	○11－4	西宮南	
		兵庫	4回戦	○7－1	飾磨工	
		兵庫	5回戦	●1－11	洲本	
関西学院	2006（平18）88	兵庫	2回戦	○7－0	神戸北	
		兵庫	3回戦	●2－4	東洋大姫路	
関西学院	2007（平19）89	兵庫	2回戦	○5－0	宝塚東	
		兵庫	3回戦	○5－0	宝塚西	
		兵庫	4回戦	○8－1	姫路東	
		兵庫	5回戦	○5－2	福崎	
		兵庫	準々決勝	○5－0	明石南	
		兵庫	準決勝	●1－8	報徳学園	ベスト4
関西学院	2008（平20）90	東兵庫	2回戦	○13－2	県伊丹	
		東兵庫	3回戦	○10－1	猪名川	
		東兵庫	4回戦	●2－8	伊丹西	

62■北須磨 [0] 36年＝通算22勝36敗

北須磨	1973（昭48）55	兵庫	1回戦	○1－0	鈴蘭台	
		兵庫	2回戦	●0－7	姫路南	
北須磨	1974（昭49）56	兵庫	1回戦	●0－10	柳学園	
北須磨	1975（昭50）57	兵庫	1回戦	○7－3	八鹿	
		兵庫	2回戦	●2－5	赤穂	
北須磨	1976（昭51）58	兵庫	1回戦	○5－0	神戸市高専	
		兵庫	2回戦	○9－5	柳学園	
		兵庫	3回戦	●0－10	三木	
北須磨	1977（昭52）59	兵庫	2回戦	○5－0	市伊丹	
		兵庫	3回戦	○2－1	小野工	
		兵庫	4回戦	●0－2	東播工	
北須磨	1978（昭53）60	兵庫	2回戦	●1－7	社	
北須磨	1979（昭54）61	兵庫	1回戦	●0－7	関西学院	
北須磨	1980（昭55）62	兵庫	2回戦	●0－2	甲陽学院	
北須磨	1981（昭56）63	兵庫	2回戦	●2－3	宝塚東	
北須磨	1982（昭57）64	兵庫	2回戦	○9－0	氷上西	
		兵庫	3回戦	●3－8	明石南	
北須磨	1983（昭58）65	兵庫	1回戦	○5－3	西脇工	
		兵庫	2回戦	●0－5	関西学院	
北須磨	1984（昭59）66	兵庫	2回戦	●0－8	県尼崎	
北須磨	1985（昭60）67	兵庫	1回戦	●1－2	飾磨	
北須磨	1986（昭61）68	兵庫	2回戦	○9－0	浜坂	
		兵庫	3回戦	○8－6	県尼崎	
		兵庫	4回戦	○3－0	育英	
		兵庫	5回戦	●2－3	須磨	
北須磨	1987（昭62）69	兵庫	2回戦	○5－1	姫路商	
		兵庫	3回戦	●0－4	川西緑台	
北須磨	1988（昭63）70	兵庫	1回戦	○13－0	温泉	
		兵庫	2回戦	●2－3	西脇	
北須磨	1989（平1）71	兵庫	2回戦	○4－0	豊岡	
		兵庫	3回戦	●1－3	社	
北須磨	1990（平2）72	兵庫	2回戦	●0－6	明石	
北須磨	1991（平3）73	兵庫	1回戦	●4－11	北摂三田	
北須磨	1992（平4）74	兵庫	2回戦	●0－10	尼崎小田	
北須磨	1993（平5）75	兵庫	1回戦	●3－4	神崎	
北須磨	1994（平6）76	兵庫	2回戦	○9－2	三田西陵	
		兵庫	3回戦	○1－0	明石	
		兵庫	4回戦	●2－12	西宮南	
北須磨	1995（平7）77	兵庫	2回戦	●0－1	姫路商	
北須磨	1996（平8）78	兵庫	2回戦	●1－5	県伊丹	
北須磨	1997（平9）79	兵庫	1回戦	○7－5	琴丘	
		兵庫	2回戦	●1－8	加古川東	
北須磨	1998（平10）80	東兵庫	2回戦	●0－7	伊丹西	
北須磨	1999（平11）81	兵庫	2回戦	●1－8	宝塚西	
北須磨	2000（平12）82	兵庫	1回戦	●3－9	川西北陵	
北須磨	2001（平13）83	兵庫	1回戦	○7－5	相生産	
		兵庫	2回戦	○8－1	佐用	

夏の選手権地方大会

歴代全参加校通算勝利数ランキング（兵庫県）

1位は報徳学園で244勝57敗と断トツである。2位は育英で223勝77敗と続く。3位は滝川で177勝78敗。4位が明石で173勝71敗。5位が東洋大姫路の171勝34敗。そして関西学院がなんと6位に位置しているのは興味深い。158勝83敗と健闘していることが窺われる。ちなみに7位には市神港、8位洲本、9位県尼崎、10位神港学園と続いている。

補足説明／ 2009年版資料では「関西学院2008（平成20年）年 90回大会」までしか掲載されていないため、その後の戦績を資料として補足しておきたい。

関西学院2010（平成21）年　91回

兵庫　2回戦　○4－9　三木北
兵庫　3回戦　○9－0　川西緑台
兵庫　4回戦　○6－2　市川
兵庫　5回戦　○5－4　報徳　ベスト8
兵庫　準々決勝　○3－2　神戸弘陵　ベスト4
兵庫　準決勝　○2－0　滝川第二　ベスト2
兵庫　決勝　○4－0　育英　優勝

関西学院2011（平成22）年　92回

兵庫　2回戦　○9－6　三田祥雲館
兵庫　3回戦　○6－0　須磨友が丘
兵庫　4回戦　○13－3　六甲
兵庫　5回戦　●1－2　市川

関西学院2012（平成23）年　93回

兵庫　2回戦　○11－7　尼崎産業
兵庫　3回戦　●3－4　姫路飾西

関西学院2013（平成24）年　94回

兵庫　2回戦　○6－4　神戸第一
兵庫　3回戦　○3－1　科学技術
兵庫　4回戦　○4－0　西宮北
兵庫　5回戦　○4－3　篠山産業　ベスト8
兵庫　準々決勝　○3－0　尼崎双星・産業・東　ベスト4
兵庫　準決勝　●1－7　加古川北　ベスト4

04 西阪神［11校］

●県西宮、西宮甲山、西宮北、関西学院、甲陽学院、仁川学院、宝塚、宝塚北、宝塚西、宝塚東、雲雀丘学園

阪急沿線の住宅地にあたる西宮市北部と宝塚市がこのエリア。戦前の関学中時代、春夏ともに全国優勝を果たしている古豪の関西学院が常にリーダー的存在で、その対抗馬は時代とともに移り変わっている。とは言っても、関西学院にも長い低迷期があり、戦後初めて復活の甲子園出場を果たしたのは98年春のセンバツ。すると、同年夏、記念大会で東西に分かれた東兵庫大会で仁川学院が決勝まで進んで、存在感を示した。その後、00年代前半は仁川学院と関西学院が拮抗してきたが、この2、3年は関西学院が優位に立つ状況だ。

関西学院の戦後初めての甲子園は98年センバツだった

かつては甲子園球場の目の前に校舎があり、グラウンドが出場校の練習会場にもなっていた甲陽学院は、78年に苦楽園の現在地に移転してきた。23年夏に初出場で全国制覇の輝かしい歴史を持つものの、進学校化で野球部は厳しい戦いが続く。

宝塚市には少年野球の強豪チームがあり、隣接する伊丹市とともに有望選手の宝庫。しかし、こちらも人材は他地区に流出し、市内に4校ある県立校はなかなか私学に対抗できないのが現状だ。

■最近10年の県大会出場校（※は推薦出場）

1999 秋	仁川学院　関西学院　宝塚北　甲陽学院	2000 春	仁川学院
2000 秋	仁川学院　関西学院　宝塚東　宝塚北	2001 春	仁川学院
2001 秋	仁川学院　関西学院　宝塚西　宝塚	2002 春	関西学院
2002 秋	仁川学院　関西学院　宝塚西　県西宮	2003 春	関西学院
2003 秋	仁川学院　県西宮　関西学院　西宮北	2004 春	関西学院
2004 秋	宝塚西　仁川学院　関西学院　西宮甲山	2005 春	仁川学院
2005 秋	関西学院　甲陽学院　県西宮　宝塚東	2006 春	仁川学院
2006 秋	関西学院　県西宮　仁川学院　宝塚北	2007 春	関西学院
2007 秋	県西宮　関西学院　仁川学院　宝塚西	2008 春	関西学院
2008 秋	関西学院　宝塚東　宝塚　仁川学院	2009 春	関西学院

西阪神11校

要約してみよう。戦前の関学中時代に、春夏ともに全国優勝を果たしている古豪の関西学院が常にリーダー的存在である。

関学の対抗馬は時代とともに移り変わっている。とはいうものの、関学にも長い低迷期があり、戦後初めて復活の甲子園出場ができたのは1998年春のセンバツであった。同年夏には、東兵庫大会で仁川学院が決勝まで勝ち残り存在感を示した。

その後2000年代前半は仁川学院と関西学院が拮抗してきたが、ここ数年は、関西学院が優位に立つ状況である。かつては甲子園球場の目の前に公舎があり、グラウンドが出場校の練習場にもなっていた甲陽学院は、1923年夏に初出場で全国制覇の歴史を持つものの、
進学校化で、野球部は厳しい戦いが続く。市内に4校ある県立校はなかなか私学に対抗できないのが現状である。

文責　広岡義之

特集

高等部野球部70年ぶり
夏の甲子園大会出場

高等部野球部が今夏、70年ぶりに全国高校野球選手権大会に出場した。初戦の酒田南（山形）を7－3で下し、校歌「空の翼」が甲子園球場から全国へと響き渡った。2回戦で対戦した中京大中京（愛知）には4－5で惜敗したもの甲子園に爽やかな風を残し、学院創立120周年の節目に花を添えた。監督の広岡正信高等部教諭に話を聞いた。

――今季を振り返って、今の心境からお聞きします。

生徒は本当によく頑張ったと思います。甲子園で優勝していませんので最高の形とはいえませんが、いい形でシーズンを終えることができたと思います。ただ、今年のチームだけが特別優れていたわけではありません。去年のチームは兵庫大会のベスト8、一昨年のチームはベスト4と、水準の高いチームでした。今年は70年ぶりに夏の甲子園に出場したという意味で結果を出しただけのこと。その背景には先輩たちの努力の積み重ねがあって、それが結実したのだと思います。

――県大会から強豪続きでした。

初戦の三木北高校は昨秋のベスト4でしたから、とても緊張しましたし、実際に厳しいゲームでした。その後も強豪ばかりでしたが、スリリングなゲームを何とかものにすることができました。

――県大会決勝で9回2アウトまで追い込んだときの心境は。

年齢のせいか、性格のせいか、心臓は動いていても、どきどきしませんでした。芝川部長はベンチの中でずっと泣きっぱなしでしたが、私は平静だったと思います。面白くない男です（笑）。

――甲子園には大応援団が駆けつけました。

すごかったですね。本当に幸せで、感謝しています。齢を重ねると応援席を見る余裕があって、声援は全部聞こえました。11年前の選抜大会のときとはひと味違う心地よさがありました。

――マスコミの取材も過熱しました。

甲子園出場が決まっても生徒が浮き足だつようなことはなく、平常心を保てたと思います。各社には大きく取り上げていただき感謝しています。関学は子どもとお年寄りには人気がありましたが、それがよかったのかもしれません。花巻東の宿舎などは人が殺到して大変なことになっていました。うちは学校の応援態勢も自然体で、手探りでやっている感じが逆によかったと思います。応援団も「ALL関学」のいい雰囲気を作っていただきました。まさに高野連が望む学校だったと思います。

――甲子園に臨むにあたり、生徒にどんな声をかけられましたか。

とにかく「普通にやろう」と言いまた。宿舎では毎晩ミーティングを行い、徒をリラックスさせるため、野球の話をる前にミニ授業をしました。初日のテーは英語の5文型について。2日目が政経済。3日目が音の話。4日目がパブロの犬の話。最後は映画にもなった「武の一分」の話です。関学担当の新聞記も生徒に交じって、SVOやSVOOの話聴いていました。

――初戦をいよいよ迎えます。

酒田南は野球の上手な生徒を集め野球に力を入れています。でも関学はではありません。「関学はいっぱい選手集めている」と言う方もいますが、ご承のとおり学力試験を突破しなければ入できません。特待生制度もなく、みんな業料を払っています。だから生徒にはたちは野球以外に勉強や日常生活をて人格形成をしてきた。だから絶対に負へん」と言って送り出しました。

――甲子園で校歌を歌った感想は。

地方大会では歌いませんでしたが子園では校旗に向かって無心で歌いた。甲子園球場は音響がよくて、本当幸せで、気持ちよかったですね。

――次の中京大中京戦は大接戦でした

中京大中京はとてつもなく強いす。欠点を言う人は一人もいないし、

方が強いと言う人もいなかったと思います。名古屋圏に根を張っていて、強豪ぞろいの愛知県で敵なしです。エースの堂林君は名古屋のプリンスで、他のメンバーもすごい。実際に生徒の体を見るとやっぱりすごい。プロにも何人かいくといいますが、まさに死角なしでした。

対戦前夜のミーティングで先述の「武士道一分」の話をし、この作品の主人公のように弱者が強者に勝負を挑むうえでの心構え等を説きました。すると生徒も平常心を保ってくれて、ゲームではすばらしい熱戦を展開してくれました。結果は敗れましたが、今にして思えばいい相手とめぐり合ったと思います。散るには最高の相手でした。

──采配にも注目が集まりました。

いろんな方から褒めていただき、恐縮しています。采配はトータルでは確かに当たったと思います。長年監督をしているのである程度の勝負勘は備わっていると思いますが、決してそれだけではないですね。ほか選手の不慮の怪我とか、いろんな要素が重なったと思います。野球は結果論ですし、だから面白いのだと思います。

──無失点で抑えている投手を替えるのは勇気がいりませんか。

その試合だけを見た方は疑問に思うでしょうが、年間200以上の試合をする中の判断です。113人の部員全員の技術や性格、家族構成を把握していますので、すべて根拠に基づいてのことです。

──広岡先生はいつも笑顔ですね。

大会中は生徒をあまり怒りませんが、普段はそうでもないですよ。今はほとんどありませんが、怠慢プレーや自分勝手なプレーには雷を落とします。テレビが朝から晩まで全国中継してくれたり、新聞で大々的に報じてくれるなんて高校野球ぐらいのものです。国際化の時代になっても、不思議なことに「のど自慢」と高校野球だけはこのノスタルジーなんですね。

関学のような普通の高校生が甲子園に出て頑張っている。世間はスターを求めているといいますが、高校野球はそれだけじゃない。普通の子どもが一生懸命頑張る姿が人々の感動を呼ぶのだと思います。本当に恵まれた場所を与えていただいたと思いますし、今回、放送局や新聞社の中にも教え子がたくさんいて、いろいろ話ができて嬉しかったですね。

──負けて泣いていた生徒たちにどんな声をかけられたのですか。

「ようやった」と言ったと思います。甲子園はシステムがよくできていて、泣かしてくれる時間も砂をとる時間もすべて決められているんですね。次の試合がありますから。私がこの大会で涙を流したのは、開会式のときだけですが、大の大人が泣ける機会などそうはないと思います。本当に幸せでした。

──教師として日ごろ心がけていることは何ですか。

社会科を担当する普通の教師としてきちんと仕事をしよう、ということですね。あとは時間厳守。私の授業は時間にはうるさいと思います。

──関学に来られる前に報徳学園でも甲子園に出られています。

関学の中、高、大で学んで、銀行勤務を経て、報徳学園に勤めました。最初は臨時職員でしたが、同高野球部のコーチを務め、そのときに夏の甲子園に出ました。79年から正規教員になり、中学の監督を7年、高校の監督を3年半しました。報徳を辞める前年にも甲子園に出ましたが、関学の方から声をかけていただいて、90年4月から母校で教えています。

──当時の関学野球部の状況は。

就任当初は3年連続1回戦で敗退しました。そもそも部員がいない。しかもキャプテンはロンドン帰りの帰国生。数年経って、やっと初戦を突破できるようになりました。練習環境も悲惨で、グラウンドにバックネットすらない。10年かけて、部長の退職事業の寄付でやっと設置されました。せめて公立高校なみの施設をつくってほしいと願っていましたが、皆さんのご厚意のおかげで今は飛躍的に整備されてきました。

少子化が進み、今はスポーツでも学校の力がものを言うようになっています。私学の強豪校にはかなわないものの、神戸や長田、北野、天王寺、膳所、彦根東といった高校がいま結構強いんです。そういった学校は内申書が高くないと入れませんから、体育の成績も優秀で、運動能力の高い生徒が集まっている。とても刺激を受けますし、そういった高校との定期戦や練習試合も大切にしています。

よく正月返上で朝から晩まで練習している姿が美徳のように報じられますが、一体いつ勉強しているのかと、疑問に思うことがあります。関学は勉強もしないといけませんから、そんなに遅くまで練習できないですね。

──今夏は多忙を極めたかと。

幸か不幸か、この夏は休みなしでした。家族は悲劇でしょうね。家にいませんから。自分の妻子より、生徒や保護者と接している時間の方が長いですからね。生徒には勉強と野球の両立を説いていますが、私は野球と家庭の両立を目指さないといけませんね。

──今後の目標をお聞かせください。

甲子園で負けた次の日から新チームが発足し、練習を始めました。新チームは8月末時点で10勝2敗と、順調です。120周年に続いて121周年もやりますよ。

MASTERY FOR SERVICE

関西学院高等部ニュース
K.G.H. REVIEW

2010年2月18日
第34号

発　行　関西学院高等部
住　所　〒662-8501
兵庫県西宮市上ヶ原

高等部長メッセージ

選びに応えて

高等部長　澄田　新

二〇〇九年夏、私はある感動を覚えました。それは、八月一七日、甲子園の二回戦で高等部野球部が、中京大中京高校に敗れた時でした。

中京大中京高校との闘いぶりは、本当に爽やかなもので選手は全力を尽して闘いました。敗れた瞬間、グランドにうつぶせになる選手、天を仰ぐ選手、しかし、すぐホームプレートに戻って来ました。そして、勝ったチームの校歌が流れている間、敗れても堂堂と胸を張り、勝者を称えている。私はこの姿に感動を覚えたのです。この姿こそ、関西学院スピリットそのものでした。

歴史と伝統の中で、先輩から後輩へと、身を持って伝えられてきたことを、本当に大切な時に示すことができる、これが大切です。あの時、高度に洗練された姿を、自然に選手一人ひとりが示したのです。そして、このスピリットを甲子園で応援した高等部生が、心と体で学び取ったのです。

私は五年前、『武士道』（新渡戸稲造著）を、高校三年生の選択授業で生徒たちと読み、学びました。江戸時代士農工商という階級制度の中で、上層階級の武士たちが作った厳しい規範の武士道は、武士の本来の戦士としての役割がなくなっていた時代、また、武士の存在意義が薄れつつあった時代に出来上がりました。

ところで、「江戸しぐさ」（仕草、思草）という言葉を知っていますか。最近よく言われるようになったので、知っている方も多いと思います。「江戸しぐさ」とは、江戸時代の商人道で、口伝により各商家に伝えられてきたものです。近年になって、現代にも通用することが知られ、注目されている言葉です。

江戸時代、階級制度で最下層であった商人たちが、武士道という規範を持っていた武士階級に、優るとも劣らない規範を持ち、生活していたのです。武士道を持っている武士階級と共存し、商人は商人の生き方、生活の仕方を作っていたのです。

江戸は、徳川時代、百万人を超える大都会でした。この大都会で生きていくために、商人は商人たちにも何らかの規範が必要でした。そこで考え出されたのが、「江戸しぐさ」と言われる商人道です。よく知られているものを紹介します。

「七三歩き」　狭い道の真ん中を歩くのでなく、道の三割を歩き、残り七割を他の人

― 野球部　70年ぶり ―

夏の甲子園へ

超満員・大歓声のなか　熱戦繰り広げる

関西学院高等部にとって、忘れられない夏になった。史上最長という七十年のブランクを経て、関西学院が夏の甲子園に戻ってきた。真夏の太陽が照りつける甲子園に超満員の観客がつめかけ、たくさんの笑顔と歓声がスタンドを埋め尽くした。そして、今も昔も変わらぬオール関西学院の熱い想いを胸に、大観衆がひとつとなって歌い上げた地響きのような校歌「空の翼」もまた、関西学院に繋がる者全ての心を震わす強烈な想い出となった。

秋季大会ベスト８の実績と春季大会での東洋大付姫路との熱戦を経て、チーム状態もよく、上昇ムードで夏の県選手権を迎えた。県大会の組み合わせは、強敵ぞろいで、初戦の三木北戦から緊張した試合となった。そして、五回戦で強敵・報徳と対戦。ただ、秋の練習試合を接戦でものにしていただけに、ある程度の自信はあった。試合は予想通りの接戦。相手の守備のわずかな綻びをつき、きめ細かい攻めを続け、リードを奪う。全員がノーエラーで守りきり、相手の反撃を抑え歴史的な勝利を挙げる。実に夏に報徳に勝ったのは、六十一年ぶりだ。

実力を秘めたチームに、勢いが増す。その先の準々決勝は、ここ数年安定した戦いをみせる神戸弘陵だったが、接戦をものにし、いよいよベスト４。

ここで今大会本命の神港学園が準々決勝で滝川第二に敗れた。その激戦の影響で変更された先発投手の緊張につけ込み二点を先取。それを完封リレーで守りきり、決勝進出。決勝の相手は育英。九年前の決勝の再現だ。その経験がここで生きる。競り合いに焦らず、腰を落ち着けて最後まで戦えた。見事な逆転だった。球場の後押しを受け、七十年ぶりの奇跡が起きた。

ふりーりん

「私学に勤めて何が変わったか」公立高校に勤める元同僚からよくそう聞かれる。答えは、「どうしたら自分の学校がいい学校になるかを朝から晩までずーっと考えるようになった」さらに「日本の社会全体が私たちの目指す学校みたいになったらいいのにと考えるようになった」そう言うと、相手はきまって目を白黒させ、冷笑あるいは絶句する。

だが私は大真面目である。来るべき未来の社会の先駆的形態をめざして、今自分が所属している組織のあり方を考えるのは私には当然のやりかたである。

あの日、私たちは炎天下のプールサイドにいた。雨天順延で、甲子園の初戦と関学水泳部主催の試合が重なってしまったのだ。今は携帯で野球中継が観戦できる時代である。試合の手伝いと応援をかねてやって来た三年生が審判長席にいる私のもとに飛んできた。「勝ちました！」そのとき試合のアナウンスを担当していた他校の女子生徒が私にささやいた「先生、それ、通告していいですか？」「うん、頼む」そして「試合中ですが・・・」と関西学院高等部野球部の甲子園の勝利が告げられ、試合会場は大きな拍手と歓声につつまれた。やがて会場整理と応援で甲子園に行っていた三年生部員が戻って来て、何事もなかったかのように試合の手伝いをしてくれた。

三年生の諸君、卒業おめでとう。諸君はこれから社会に出てゆく過程で、しばしば高等部での生活を思い出すことになる。「あのときおれはなぜあんな行動をしたのだろう」という形で。それはこの三年間が君たちにとってきわめて濃密であった証である。

「ずーっと考えて」いたのは私だけではない。君たちもそうだったのである。

甲子園を終えて

主将　窪　大介

甲子園を終えて、最高の経験ができ、あらゆる面で本当に成長できたなと感じます。それは甲子園に至るまでの過程や高校野球生活を通して野球に関する技術はもちろんですが、チームワークの重要性や意思の疎通の大切さといったことでした。百十三人の部員全員が「甲子園」という同じ目標、同じ方向性を持ってレギュラーやベンチ入りメンバーだけでなく全員が日々の努力を積み重ねたことが甲子園出場に繋がったのだと思います。悩んだことや苦労した日々もありましたが、七十年ぶりの甲子園出場という最高の形で締めくくることができ本当に感謝の気持ちでいっぱいです。こんなに熱く長い夏にすることができたのは、多くの人の支えがあったからこそだと思っています。練習試合や遠征での運営をして下さった保護者の方々、遠方でも応援にかけつけて下さったOBの方々、甲子園の応援などの運営をして下さった高等部の先生方、そして広岡監督、芝川部長をはじめとする指導者の方々、これまでお世話になり本当にありがとうございました。

監督　広岡正信

まず第九十一回全国高校野球選手権大会出場に際して、皆様からいただいた温かい物心両面のご協力に感謝したいと思います。

窪主将を中心によくまとまり、抜群の集中力を持って戦い続けられたというのが、今の率直な気持ちです。石井前主将からバトンタッチされた当初は、力はあるものの、なかなか完全燃焼しきれないもどかしさが常にありました。それが、冬の基礎練習と春の実践練習を重ねていくうちに徐々に成熟していくのを肌で感じました。五月六月をうまく乗り切り、チームの形ができあがり夏を迎えられました。

一気に夢の舞台に駆け上がり、甲子園の晴れ舞台で気持ちよく全力でプレーできたことに、改めて感謝したいと思います。私自身は、驚くくらいに自然体でいられたのですが、超満員の甲子園の真ん中で受けた応援と歓声は、心強く、やさしく、勇気づけられたことを鮮明に覚えています。もちろん選手たちの活躍は嬉しいのですが、それを可能にしてくれた舞台裏がなによりも素晴らしかったと感じています。至るところで支えられていることを感じました。このような学校は出場チームで間違いなくトップであったと思います。学校関係者のきめ細かい配慮を心に刻み、御礼の言葉としたいと思います。ありがとうございました。

七十年ぶりの伝統校復活は、様々な新聞やテレビで全国へ伝えられ、多くのOBの方々からもたくさんのご声援をいただいた。

学校でも急遽、応援体制について準備が始められた。ほとんど初めての経験で、限られた時間のなか、「一生誇れる応援を」という想いのもと、アルプススタンドを青く染め、そこに黄色の三日月を浮かび上がらせる人文字が計画された。

八月八日に開幕した第九十一回大会。開会式の入場行進で関西学院メンバーが受けた拍手と歓声は、どこよりも大きかった。生憎の悪天候で、試合日程の延期が続き、関西学院の初戦は十二日第一試合となった。

初戦の相手は、強敵の山形県・酒田南。大会初となった満員の甲子園、アルプススタンドには中学部・高等部の生徒、教職員、保護者、OBのほか、メンバー以外の野球部員、さらに大学のチアリーダーや啓明・仁川・報徳の吹奏楽部も応援に参加してくれた。苦労した三日月の人文字もきれいに浮かび上がった。

試合は、関西学院が先制し、追い上げられつつも十三安打七得点で、酒田南を振り切り、見事な勝利。試合後には、甲子園球場一杯に、歓喜の校歌「空の翼」が響いた。

続く二回戦は、十七日第三試合、相手は優勝候補の愛知県・中京大中京。初回から二点を先制されるも、メンバー全員で食らいついた。三回に同点に追いつき、四回には勝ち越し。その後再び二点リードを許すも、九回に再び同点に追いつき希望をつないだ。スタンドのボルテージも最高潮、しかし九回裏、鮮やかなサヨナラホームラン一球で劇的な幕切れ。その時の甲子園は、何とも言えない空気が支配していたが、試合後には鳴りやまない拍手が、関西学院のメンバーを包んでいた。

捕手と投手を兼任しチームの命運を一手に背負った山崎裕貴をはじめ、まさに全員でその優勝候補と互角に戦ったその激闘は、関西学院ここにありというメッセージを強烈に伝え、多くの人にひたむきさや気迫、そして清々しさを残してくれたことだろう。

のためにあげておく。「傘かしげ」　雨の日に、お互いの傘を外側に傾け、濡れないようにすれ違う。

これらの「しぐさ」は、一見なんでもないように思いますが、その何気無さの中に、そっと規範が忍ばされていることが分かります。人としての在り方を、さりげなく言葉に込めています。

この言葉は、商人たちが、生きて行く中で、学んだ知恵や、人として大切にしてきた歩みを、洗練された言葉として、生き方として残してきたのです。商人たちの息づかいを感じます。

甲子園に出場した選手一人ひとりの姿は、「江戸しぐさ」ではありませんが、関学スピリットそのものでした。この生き方を、高等部は大切にしていきたいと願っています。

『K.G.H.Review』2010年2月18日
関学高等部の新聞で夏の甲子園を大きく取り上げていただき、感謝の念でいっぱいです。

第5章

歴代監督のインタビュー

長い歴史のなかで、活躍されてきた歴代監督の中からお二人の方に思い出を語っていただきました。過去のこうした地道な野球部の活動の歴史の積み重ねの上に、現在の輝かしい実績が花咲いたということがよくわかるインタビューです。そして、歴代監督の野球精神は今もなお、現役監督に脈々と引き継がれていることが理解できる貴重な証言となっています。

歴代監督インタビュー

森田（田村）文夫監督

―― まず先生の野球のご経歴を教えていただけますか。

森田 中学は普通の公立で野球をやっていまして、それから三重県立伊勢高校でピッチャーとショートをやっていました。大学は東京教育大学、今の筑波大学ですね、そこではずっとショートでした。

―― どういうきっかけで関西学院高等部へ赴任されたのですか。

森田 武庫川女子大学の先生から関西学院が体育の先生を探しているということでご紹介をいただきまして、それがきっかけで赴任することになりました。高校野球の指導者として甲子園を目指したいという思いがありましたし、関西学院は旧制の中学時代に甲子園で優勝している名門校ですから、ぜひという気持ちで招聘を受けました。

―― 赴任されて最初の関学野球部の印象はいかがでしたか。

森田 正直なところ、まさか、何これという感じで、びっくりしました。高校のグラウンドですからほかのクラブがいるのは当たり前として、バックネットはない、太陽が正面から来るのでまぶしくてボールが見えない、グラウンドはガタガタ。硬式野球のグラウンドですよ、情けなかったですね。そのとき、これはバックネットを建てないといけない、いつかはと思いました。

―― 先生が来られたときは今のアメリカンフットボールが練習している場所が野球部のグラウンドだったわけですが、それを今の場所に移されたのですね。

森田 バックネットはなかなかハードルが高いということがわかったのですが、とにかく野球のできる環境を整えたいということで、かなり反対もされたけれど強引に今のこの場所にグラウンドを移しました。ただマウンドを造るのは駄目だと言われましたので、土を入れて自分で造りました。時間はかかりましたが、意地でやりましたね。

―― 先生の高校野球指導者としての歩みは、自分の手でマウンドを造るという、そこから出発したわけですね。

森田 とにかく試合のできるグラウンドにしたかったですから。自分のところのグラウンドで試合ができないなんて、そんな辛いことないですもの。ただバックネットはどうしてもできませんでした。だから今このバックネット*を見て、ほんとによくできたなと思います。

― 指導者としてはどんなチームを目指されたのですか。

森田 常にベスト8をねらえるチームを目指しました。部員数が、多くて14、5名でしたから、甲子園は正直難しいと思っていました。ただ、ベスト4まで行けば甲子園は見えてくる。そのためには、コンスタントにベスト8がねらえなければいけない、そう考えてチーム作りをしていたと思います。

―― チーム作りで工夫されたことはどのようなことでしたか。

森田　外部から選手を取ることは難しかったので、中学部と連携をとって、中学部の選手を育てることに力点をおきました。実際私の在任中に2度ベスト8まで行ったのですが、その時の選手のほとんどは中学部出身でした。

—— 監督として戦ってこられたなかで、いろいろな思い出がおありだと思うのですが、特に印象に残っている試合について教えてください。

森田　昭和45年の夏の大会の育英戦ですね。その年の育英は優勝候補だったのですが、1－1で延長に入って、11回裏にノーアウト満塁からスクイズを決めてサヨナラ勝ちをしました。この試合は忘れられません。その時は打者も走者もスクイズが来るなと直感的に思ったそうで、みごとに決まりました。

—— 逆に悔しかった試合というのはいかがですか。

森田　その次の年の夏の大会でベスト8まで行きまして、ベスト4をかけて戦った山崎高校との試合です。春に正捕手が故障をしたのですが、代わりの捕手が頑張ってくれてベスト8まで進みました。ところが準々決勝の試合前のブルペンでその捕手が突き指をしてしまいまして、急きょショートの選手を捕手にまわしたのですが、結局は負けてしまいました。ベストメンバーなら十分可能性はあっただけに、これは残念でしたね。いま考えてみれば、それが部員数の少ないチームの悲しさだったと思います。

—— 話は変わりますが、現在高等部野球部の監督をされている広岡正信さん、そしてこの記念誌の編集委員長をなさっている広岡義之さん、このご兄弟はともに野球部での先生の教え子になるわけですが、先生からこのご兄弟についてのコメントをいただけますか。

森田　お兄さんの正信さんは、高校1年のとき教室で将棋を指している姿を見まして、理知的な理詰めな選手だと思っていました。生真面目でよく練習しましたね。セーフティバントをできるようになれというと、面白くない練習だと思うのですが、とにかく一生懸命やる、そんな選手でした。

森田　弟の義之さんは、これがお兄さんに輪をかけて真面目でした。お兄さんの方はクソはつかないけれど、弟さんはクソのつく真面目でしたね。バント練習など、もうボールに当たるんじゃないかというくらい必死でやる。当たれと言ったら、ほんとに当たりにゆくというタイプでした。まあ、二人とも手を抜くということを知らない兄弟でしたね。

—— 今の高等部野球部をご覧になっていかがですか。

森田　私が監督をしていたときの教え子である広岡君が監督をしていて川口君がコーチをしている、その姿を見ることができてほんとにうれしいです。感無量ですね。これだけたくさんの選手がいて、実にみごとにシスティマティックな練習をしている、すごいと思います。これからも頑張ってほしいですね。

—— グラウンドの環境を含めて、先生がきちんと野球に取り組める基礎を作ってくださったおかげで今があるということがよくわかりました。ありがとうございました。

注:高等部グラウンドのバックネットは、
高中部長 中島貞夫先生の退職記念事業として1995年に竣工しました。

歴代監督インタビュー

伊藤益朗監督

—— まずは伊藤さんの野球のご経歴を教えていただけますか。

伊藤 関西学院の中学部でショート、高等部ではピッチヤーとショート、大学の野球部でもショートをやっていました。それから社会人野球の鐘ケ淵化学へ行きまして、そこでもショートをやっていました。

—— 付け加えさせていただけば、中、高、大すべてキャプテンを務められました。まさしく関西学院野球の王道を歩いてこられたと言えると思います。そして1975年に高等部野球部の監督になられました。就任のいきさつを教えていただけますか。

伊藤 1975年に父が亡くなりまして、実家の家業を継ぐために会社を辞めて戻ってきました。ちょうどそのころ森田先生が監督を退任されまして、その後任ということで当時の顧問の岡島先生からお話があり、お引き受けすることになりました。

—— 監督としてはどのようなチーム作りを目指されましたか。

伊藤 最初は下手でも、やり方によってうまくなれるし、その結果として本人もチームも喜べる、そういうチームですね。たとえば、山田太郎という選手がいるとして、彼が駄目だから田中次郎に代えてチームを強くするのではなくて、山田太郎が山田太郎のまま良くなっていけて、それがチーム全体の喜びになるような、そんなチームを目指していたような気がします。

——ほんとによく選手を教えておられました。私は今でも忘れられないのですが、あるときの練習試合のあとで、相手チームの監督さんが「伊藤さん、よくこんな下手な子どもたちを教える気になりますね」と感心したように言われていた。下手な子がうまくなることが、指導者としての伊藤さんの喜びであったわけですね。

伊藤 自分でも、自分のことは福祉型の人間かなと思います。

—— 野球の監督と家のお仕事の両立は大変だったのではありませんか。

伊藤 時間というのは同じだけしかないわけですから、こちらに時間を使えば片方の時間は減ります。私の場合は、仕事の時間が減っても、それを補ってくれる存在が家庭にいてくれたということです。初めはおふくろ、それから家内ですね。それは恵まれていたと思います。おふくろなどは、あんたは家にいたらあかん、グラウンドに行けと言ってくれました。

—— 11年間の監督生活のなかで、印象に残っていること、忘れられないことを教えてください。

伊藤 最初の2年間、公式試合で一つも勝てませんでした。今から思うと、部員の保護者の方も学校もよく我慢してくれたと思いますが、時間がもらえたおかげで自分も視野が広がりましたし、初めて公式戦で勝てたとき、それから初めて地区で優勝できたときはうれしかったです。それは忘れられません。

—— 勝てるようになったきっかけというのな何かあるのですか。

伊藤 ピッチャーがよくなってチームが整備されてきたこと、そして私自身も野球が見えるようになってきたことが大きかったと思います。

—— 野球が見えるというのはどういうことですか。

伊藤 それまでは細かいことばかり気になって、こまごまといろんなことを教えていました。そのために、こうしたら勝てるというもっと根本のところが見えていなかったんです。極端な話クッションボールの取り方まで教えていたんですが、クッションボールの処理がいくらうまくても試合には勝てないんです。勝つための優先順位というのか、教えたいことがあっても、勝つためにはこちらを先にした方がよいという、そういうことがわかってきたということですね。

—— 練習の方法も変わりました。フリーバッティングをしないで、ハーフバッティングだけになさいました。

伊藤 グラウンドが狭くてアメリカンフットボール部に気を遣わなければならなかったので、そこから思いついた苦肉の策です。ただ、打てないには2種類あって、一つはピッチャーのボールに対応できない、これは相手との関係です。もう一つは、ボールは見えているけどうまく打てない、これは自分の側の問題で、ここで打てると思ったときそこへうまくバットが行くかどうかなんです。その感覚を身につけるための練習がハーフバッティングだったわけです。もともと打てる人にはそれほど関係ないのですが、あまり打てなかった人がハーフバッティングの積み重ねでぐっと力が上がったということは感じました。

—— ほんとにいろいろ工夫されてましたね。

伊藤 四六時中考えていましたから。あいつ、こうやったらうまくなるんじゃないか、とか、ふっと思い浮かぶんです。トレーニングの道具も自分で手作りしましたが、そういうことを工夫しながら没頭しているときは本当に楽しかったですね。

—— 逆に辛かったのは、どんなときですか。

伊藤 夏の大会で負けて新チームになって、ああ、また一からかというときがしんどかったですね。孤独感があって。まあ、やってるうちにまた忘れてゆくんですが。

—— 恵まれない環境のなかでご苦労をおかけしました。下手な選手が多くていやになったことはありませんか。

伊藤 もしも選手が生意気だったらそうなったかも知れません。しかし、みんな真面目でしたので、そんな気になることはありませんでした。それはやはり、ご家庭の教育がしっかりしていたからだと思います。

—— 11年間、全身全霊を込めて高等部野球部をご指導いただきました。そして、技術もさることながら、何よりも伊藤イズムによって高等部の野球の精神性を高めてくださったと思います。ありがとうございました。

関西学院高等部野球部サポーターのメッセージ

関学野球に思う

原 敏郎（高等部野球部ファン）

広岡先生から寄稿のお話をいただいたとき部外者の私としてはいささか戸惑いもあったが、考えてみれば光栄なことでありお引き受けした。関学とは特に接点がなかった私が、今こうやって関学野球にのめり込んだ要因があるとすれば、次のようなものであろう。海外からの転勤で住んだ所が関学城下町の上ケ原だったこと。澄田先生とは今は何かとお話しさせていただいているが、以前登校時間に「おはよう」と生徒に声を掛けておられたのをお見かけしていたので特別な思いが

関西学院高等部野球部毎年優勝や！

松本照治（松本商店店主）

関西学院中学部のグラウンドで、私は小学校1年生のころから野球部の学生さんに野球のことやスポーツのこと精神的なことなど、いろいろなことをいつとなく教えていただくようになりました。小学校5年生になり終戦を迎えました。それからもずっと野球部の皆さんから野球に

関西学院高等部野球部に魅せられて

山本 等（高等部野球部ファン）

私が関西学院高等部の入試に合格したのは、昭和45年大阪万博の年でした。当時、関学高等部に進学するか長田高校に進学するか迷いに迷い、結局両親と中学の先生の反対に遭い、関学進学を断念しました。以来、私の心の中に関学高

あったこと。芝川先生と広岡先生とが教室からグラウンドまでの一貫教育を通じて示される文武両道の精神とその情熱。学生・社会人のコーチ陣による関学野球伝承への心意気。これらを受けて生徒たちが目を輝かせて日々練習に取り組んでいる姿。今でこそ、このような偉そうなことを言っているが、何も知らない私にはコーチ、監督、部長から聞いたことはすべて血となり肉となった。選手一覧表を持ち歩き、ユニホーム背中の名前と照合しながら、気づいたことを書き込んだ。手元にある選手一覧表で古いのが石井組2年生分だから彼らが私にとっての長男、甲子園の窪組が次男、圓尾組が三男ということになる。

ここ上ケ原のグラウンドで育った関学球児には、3年間の汗と涙の青春という一生の財産がある。上ケ原を巣立ってからひょっとして出会うかもしれない苦難のとき、あるいは道を外しそうになったとき、この貴重な財産がそして関学野球部OBというプライドが力を貸してくれると思う。間もなく球春。新入生が加わりグラウンドは一段と賑やかになるだろう。そして何よりも、私にとって四男となる甲子園を目指す上田組に皆さんとともに心からなる声援を送りたい。

上ケ原ふるえ、私の胸もふるえる。

対する情熱、スポーツに対するマナーなどを教えていただいた気が致します。私も社会人になり、高等部野球部は芝川先生、伊藤さんの時代になりました。そして合宿、ミーティング等、毎年毎年努力されました。平成2年に広岡正信先生が監督さんになられ、長い練習の結果、兵庫県代表になられました。小学校のころより見せていただいた高等部野球部の長い歴史、そして広岡先生の御兄弟が高校野球部員だった頃の練習や試合など見せていただいたことが、なつかしく思い出されました。そして、春休み夏休み等朝から夕方まで特に暑かった今年。元気で来年の春、そして来年の夏を見つめて練習に励んでおられる野球部員さんに、心より「頑張って！」と叫びたい気持ちで一杯です。

関西学院高等部野球部毎年優勝。

等部に対する憧れが常にあり、それに火がついたのが、平成10年野球部のセンバツ出場でした。元々高校野球が大好きな私はそれ以降、関学高等部野球部の応援に足繁く通うようになり、次第に華麗でひたむきな関学の「全員野球」と広岡先生の温かい人柄に魅了されていきました。以来十数年、さまざまな人たちと出会い、たくさんの試合を見ることができました。毎年、生徒たちを応援激励することを通して私自身も成長させていただき、私にとって欠かせないライフワークの一つになりました。これから私もだんだん年をとっていきますが、気力と体力の続く限り、関西学院高等部野球部の応援を続けたいと思っています。

歴代部長・監督

昭和21年以降夏の大会時

年度	部長	監督
昭和21年度	喜多福治	青木 霖
22年度	小池文雄	〃
23年度	山本善偉	〃
24年度	児玉国之進	中村泰男
25年度	中川久一	〃
26年度	〃	〃
27年度	〃	播磨基弘
28年度	〃	浅井増次郎
29年度	〃	金子 寛
30年度	〃	〃
31年度	〃	〃
32年度	〃	酒谷孝雄
33年度	〃	津門義明
34年度	岡島四郎	沼田 勇・安倍 誠
35年度	〃	沼田 勇
36年度	〃	〃
37年度	〃	〃
38年度	〃	原田 勝
39年度	〃	〃
40年度	荒川 肇	伊藤卓朗
41年度	吉岡治郎	高橋恭三
42年度	小村俊之	桜木博公
43年度	森田文夫	森田文夫
44年度	〃	〃
45年度	〃	〃
46年度	〃	〃
47年度	〃	〃
48年度	〃	〃
49年度	〃	〃
50年度	〃	〃
51年度	芝川又美	伊藤益朗
52年度	〃	〃
53年度	〃	〃
54年度	〃	〃
55年度	〃	〃
56年度	芝川又美	伊藤益朗
57年度	〃	〃
58年度	〃	〃
59年度	〃	〃
60年度	〃	〃
61年度	〃	〃
62年度	〃	丸谷 建
63年度	〃	芝川又美
平成元年度	〃	〃
2年度	〃	〃
3年度	〃	広岡正信
4年度	〃	〃
5年度	〃	〃
6年度	〃	〃
7年度	〃	〃
8年度	〃	〃
9年度	〃	〃
10年度	〃	〃
11年度	〃	〃
12年度	〃	〃
13年度	〃	〃
14年度	〃	〃
15年度	〃	〃
16年度	〃	〃
17年度	〃	〃
18年度	〃	〃
19年度	〃	〃
20年度	〃	〃
21年度	〃	〃
22年度	〃	〃
23年度	〃	〃
24年度	〃	〃

第6章

芝川又美部長の部屋

芝川又美

このたび、定年で退職される芝川又美先生が長年、野球部部長としてご尽力されてきたなかでの万感の思いが綴られている章です。各学年の野球部ホームページで、その時々に感じられた事柄を綴られたものや、また卒業してゆく選手に「はなむけ」の言葉として書かれた心温まる文章、さらに、書きおろしの文章も含まれており、野球部をある意味で、側面からしっかりと支えてこられた人間の情熱が伝わる章となっています。じっくりと味わっていただきたいと思います。「芝川先生は、文章がおじょうずですね」とよく聞かれます。「あったりまえです。だって国語の先生ですから……」。

卒業生の皆さんへ

ご卒業おめでとうございます。野球部の伝統をしっかりと受け継ぎ、その歴史に新しい1ページを書き加えてくれたことに感謝いたします。

私は野球部の送別会で皆さんへのはなむけに「大きな古時計」を歌いました。去年はやった歌ということもありましたが、この歌の歌詞が、皆さんを送るのにとてもふさわしいと思ったからです。

わたしの気持ちのなかでは、古時計は高等部のグラウンドにあたります。昭和4年に関西学院が上ケ原に移転して以来、幾星霜にわたり、グラウンドは野球に取り組む若者たちを見守りつづけてきました。2番はこういう歌詞です。～♪なんでも知ってる古時計、おじいさんの時計。きれいな花嫁やってきた、その日も動いてた♪～。皆さんが高等部に入学して、初めて野球部に参加した日も、グラウンドはそこにありました。そして、大きく腕を広げて皆さんを出迎えました。～♪嬉しいことも悲しいことも、みんな知ってる時計さ♪～。グラウンドは、いやグラウンドだけが毎日皆さんを見ていました。監督のいない日はある、コーチの来ないときもある。グラウンドにいても、いつも皆さんを見ていることはできません。けれど歌の歌詞の通り、グラウンドはなんでも知っているのです。人にはわからない自分だけの満足や充実感、悔しさや挫折感、それらすべてを含み込んで皆さんは3年間の美しい物語を綴ってきました。

私、監督、コーチはその証人です。お父さん、お母さんもその証人です。けれど、グラウンドこそが皆さんの努力の一番の証人なのだと思います。皆さんの綴った物語は皆さんの宝です。この宝は、今後いろいろな形で皆さんの人生を支えてくれるでしょう。

どうぞまたグラウンドに戻ってきてください。私や広岡先生がもういないとしても、そこには皆さんのことはなんでも知っているグラウンドがあります。そこでボールを追いかけている後輩たちのなかに、あのころの皆さんがいるはずです。別れは寂しいですが、新しい場所で皆さんひとりひとりが健康に恵まれ、生き生きと活動してくれることを期待し、祈っています。

サラブレッドのこと

今年は本当に暑い夏でした。ある監督さんが「今年はグラウンドに立っているだけで練習や」とおっしゃっていましたが、まさしくその通りの夏でした。

宮本輝が、『優駿』という小説のなかで、サラブレッドはどのようにして生まれたかという話を書いています。遠い昔のアラブの話。馬たちは戦闘を告げるラッパが鳴ると、瞬時に集まるように訓練されていた。訓練の最後の仕上げ。すべての馬は厩舎に閉じ込められ、何日間も水を与えられず放っておかれた。ある日、やっと馬たちは厩舎から出され、川の流れの見える所で解き放たれた。当然ながら、渇き切った馬たちは一目散に川に向

かって走り出す。そこへ戦闘を告げるラッパが鳴りわたるのです。多くの馬は、それでも水飲みたさに川に向かって走りつづけるが、少数の馬だけは定められた場所へと戻ってくる。その少数のなかから偉大なサラブレッドの血筋は生まれたのだそうです。

大きな大切なもののために、自分の自然な欲望に背を向けることができるだろうかという問いが、ここにはあります。さあ、休憩。水だ、水だ、何も考えずに一目散に水を飲みに行く人はいませんか。その前にしなければならないことはないか。君が水を飲んでいるとき、誰かがそのせねばならぬことをしてくれているかも知れません。休みたい、だけど頑張る。投げ出したい、それでも踏みとどまる。思いきりバットを振りたい、けれどチームのために犠牲バントを決める。そんな私を育てる場所がクラブです。

いやと言うほど暑かったこの夏、グラウンドでは、きっと多くのサラブレッドの卵が生まれたことでしょう。

「夢を信じる」ということ

芥川賞作家で、のちに文化勲章を受章した尾崎一雄が、「虫のいろいろ」という小説のなかで、蜂に関するおもしろいエピソードを紹介しています。羽を科学的に分析してみると、理論上は自分の体重を支えて飛べるはずがないという、そういう種類の蜂がいるそうです。でも蜂ですから、当然飛んでいる。では、なぜ飛べるのか。それは、蜂が自分は飛べないなんてこれっぽっちも思っていないからだと、尾崎氏は書いています。つまり、蜂は自分が飛べると信じている、だから飛べるのだというのです。

過日、野球部の保護者の方と雑談をしておりました。息子に8月はどうしてるかしらねと何の気なしに言ったところ、甲子園にいるに決まってるやんかと、当たり前な顔で答えたそうです。そんなこと言うんですよ、あの子。……少し恥ずかしそうに、でも少し誇らしげに、お母様はそうおっしゃいました。甲子園はすべての高校球児の夢ですが、一途にその夢を信じ抜くことは実はとても難しい。けれど、高等部野球部にはしっかりと夢を信じている部員がいるのだ、私もうれしくそのお話を聞かせていただきました。

データや実績から客観的に判断すれば、高等部野球部が甲子園に出場する確率は低いと言えます。では、データや実績を超える力は何か、それこそが夢を信じる力なのだと私は思います。ひとりひとりがどこまで夢を信じ抜くことができるか。理論上の不可能を超えて飛翔する蜂のように、高等部野球部がデータのハンディを超えて甲子園へと飛翔することを期待しています。

「思いやり」ということ

ピッチャー大野－キャッチャー達川といえば、広島カープに一時代を画した黄金のバッテリーです。その達川さんが、あるインタビューで大野投手のことを「思いやりのあるピッチャー」と評していました。普通ピッチャーを評価するときは、球が速いとか、フォークが切れるとかいうものですが、そこに「思いやり」という言葉を持ってくるところが実に新鮮で、達川さんの大野投手への敬愛の気持ちがヒシヒシと感じられたものです。

先頭打者、ツー・スリー、フォアボール。次打者、ツー・スリー、三振。3番目、またツー・スリー、ヒット。これでは、守っている野手はたまりません。一球一球集中力を高めて、さあ来いという気持ちで守っているのに、それが全部肩すかしになるのですから。逆に、少ない投球数で打たせて取れば、守る方にはリズムが出るし、そのリズムが攻撃につながります。大野さんは、守備にリズムを作らせてやる投手でした。

つまり「思いやり」とは、一緒に野球をしている人のことを考える、一緒に野球をしている人がやりやすいよう配慮する、ということです。キャッチャーが身を挺して捕球しなければならないようなボールは投げない、それがピッチャーの思いやりです。ピッチャーの投げそこなったボールは何が何でも止めてやる、それがキャッチャーの思いやりというものでしょう。誰かが勝敗にかかわる大きなミスをしたとき、全員でそのミスを取り返そうと努力できるチームは思いやりのあるチームなのです。

野球は、投げる、打つ、走るという三つの要素から成り立ちますが、それら身体的要素に思いやりという心の要素を通わすことができれば、チームの力は確実にアップするに違いありません。

祈り

関西学院高等部はキリスト教を建学の精神とする学校ですから、日常のいろんな場面で祈りが捧げられています。祈りは、関西学院の歴史を貫いて流れる命の源です。

生徒たちも中学部からの者は6年間、高等部からの者は3年間の学校生活のなかで何度も祈る機会があります。食事の前とか終礼の終わりとか場面はさまざまですが、基本はやらされているわけで、自分の番が回ってきたから仕方なく祈るというのが実情と思います。

高等部の野球部は、夏の大会で負けたその翌日に旧チームとしての最後のミーティングを行い、新チームがスタートします。そのミーティングでは3年生がひとりひとり3年間の思い出をみんなの前で語ります。ある年、ひとりの生徒が次のような話をしました。

前の日、1点差を追いかける劣勢の終盤、チャンスで打席に立った彼は起死回生の同点タイムリーヒットを放ちました。そのことにふれ、彼は少し恥ずかしそうに、大切な秘密を打ち明けるようにこう言ったのです。「あのなあ、おれ、あのとき、バッターボックスに入る前にお祈りしてん」。

彼は中学部から来た生徒です。私は担任をした学年ですので彼のことはよく知っていましたが、真面目な優等生タイプではありません。祈りを頼んだら、え〜、という顔をしてしぶしぶ出てくるタイプです。その彼が、大事な大事な最後の打席の前に祈ったというのです。たとえ強制であっても、続けてきたことが知らず知らず自分のものになり、ふとした瞬間に自分を支える力になることがある。関西学院で学んだ祈りは、彼の中でそのように根づいていたのです。それは私にはとてもうれしい告白でした。

いま彼は、航空会社のパイロットをしています。機長として、多くの方の安全を担ってフライトをしています。そして恐らく彼は、フライトの前に、今日の空の旅が安全であることを祈ってからコックピットに向かっていることでしょう。

甲子園随感

2009年、高等部野球部は70年ぶりに夏の甲子園に出場しました。選手たちがグラウンドに足を踏み入れた瞬間球場を包み込んだすさまじいまでの熱気とどよめきは、今も私の体に残っています。あのときの甲子園球場は巨大な祭壇であり、そこに関西学院の魂が降臨した。大げさですが、そんな言い方でなければ、あの時の熱い一体感は説明できません。

運も実力のうちといいます。夏の大会の過密なスケジュールを考えれば、くじ運に恵まれないで優勝するのは至難の業です。しかしこの年の野球部は、くじ運とはまったく無縁に優勝しました。

大会の初戦は前年度秋季県大会ベスト4の三木北高校。この年の公立高校のなかでは、社、市尼に引けをとらない強いチームでした。続いて勝負強い川西緑台高校、そしてブロック決勝は東洋大姫路と並ぶ西兵庫の雄市川高校、初戦からまったく息をつく暇もない難敵が待ちかまえていました。ブロックを抜けてからはその都度の抽選となりますが、まず対戦したのが春季大会準優勝で春の選抜甲子園ベスト8の報徳学園。準々決勝では、前年度夏の準優勝校神戸弘陵学園、準決勝は前年度秋季大会準優勝の滝川第二高校、そして決勝では春季県大会の優勝校育英高校と対戦しました。くじ運の「く」の字もありません。あえて強い私学を選んで戦ったのかとさえ思えてしまいますが、文句のつけようのない兵庫県完全制覇でした。文字通り、この夏の関西学院高等部野球部は兵庫県最強のチームだったのだと思います。

画龍点睛 — 紙に描いた龍の絵に、最後に黒目を入れたとたん、龍は命を得て、雲を巻き上げながら空へ昇っていったという故事から生まれたことばです。2009年度の野球部甲子園出場を考えると、この四字熟語が思い浮かびます。

この年のチームは力はあったのですが、秋はベスト8で敗れ、春も初戦に最後の最後でサヨナラ負けを喫してしまい、もう一歩なのに何かが足りない、あと一押し決め切れない、そんな弱さを持っていました。

そのチームに転機が訪れます。5月のある練習試合でのこと、連れていっていた投手が底をついてしまい、やむを得ず苦肉の策でキャッチャーの山﨑君をマウンドに立たせました。

山﨑君は1年生の秋からマスクをかぶる押しも押されもせぬ正捕手です。マウンドに立つなど誰も想像したことはありません。あくまで緊急避難的な今回だけのはずの登板でした。

ところが、これがはまりました。山﨑を投手に置くことで、エースの新川が試合を作って山﨑が試合を締めくくるというチームの戦う形、マスコミ用語でいう勝利の方程式がこの練習試合を機にできあがったのです。

画龍点睛 — 投手山﨑という黒目を入れることによって、高等部野球部という龍は、雲を巻き上げて甲子園の空へかけ昇りました。日ごろの練習方法とか監督の采配とかとは別次元の、天の配剤とでも言うしかない偶発的な事柄によって何かが成し遂げられることがある、それが夏の甲子園が私に教えてくれたことです。

もう一つ付け加えたいことがあります。捕手山﨑がマウンドに立つということは、彼に代わって誰かがマスクをかぶらねばならないということです。しかし、幸いなことにこのチームには中塚輝君という素晴らしい捕手がいました。試合途中から山﨑がマウンドに立ち中塚がマスクをかぶる。山﨑－中塚のバッテリーで一戦一戦勝ち抜いてゆくなか、多くの野球関係者の方から「山﨑が途中からマウンドに立つのにもびっくりしたが、関学に山崎以外にもうひとり、あんないいキャッチャーがいたことにもっとびっくりした」という言葉を頂戴しました。山崎は多分あの年の兵庫県ナンバーワン捕手です。でも彼が抜けてもそこが少しも穴にならない。だから高等部野球部は甲子園に行くことができました。中塚君がいなければ、投手山崎は「画龍点睛」ではなく、「画に描いた餅」に終わっていたのです。

中塚君が立派に山崎君の代役を務めることができたのは、彼がひたむきに練習に励み、一つ一つの練習試合を通じて自分を磨いていったからです。しかし実は、それはすべての野球部員が行っています。彼の場合はたまたまその努力が目に見える形で結実しましたが、努力の大半はそのようには結実しません。努力の大半は目には見えないのです。だから、私は思います。中塚輝君は野球部員のすべての努力の象徴だったのだ、と。目には見えないけれど、努力している人がいっぱいいる。だからこそ、何かあったとき、その穴をカバーすることができる。どうせ試合に出ないからとか、どうせベンチに入らないとかいう理由で手は抜かない。今の立場で、今できることを一生懸命やる、みんなのその思いが一人の中塚輝を生む。もちろん、いつもそうなるわけではない。でもその努力を続けている限り、先に「天の配剤」という言葉を使いましたが、キリスト教的に言えば、神様の力が働いてこんな素晴らしいことが起こるのです。

高等部野球部甲子園出場の裏で起こった、ひとりの高等部OBのエピソードを紹介します。

彼は高等部では学友会の役員、大学では宗教総部で活躍しました。関西学院の精神を体現した素晴らしい人材でした。社会へ出てからも頑張っていましたが、不意に関西から姿を消し、それ以来誰も消息がわからなくなっていたのです。その間の事情は私は知りません。人には言えないいろんなことがあったのだと思います。2009年彼は

関西に戻ってきました。でも誰にも連絡を取らず、隠れるように生活していたようです。

彼は飲食店の駐車場係として働いていましたが、夏のある日、偶然に彼の恩師と言える関西学院の先生がその店を訪れました。ばったり顔を合わせてしまったその先生に、彼はお願いだから誰にも自分のことは言わないでほしいと頼みました。先生はそれを了承しつつも、次のようにおっしゃったそうです。「君のことは誰にも言わない。その代わり、君も知っているだろうがこの夏高等部の野球部が甲子園に出る。せめて後輩の応援に甲子園へ行け」、と。

8月12日、先生の言葉を守って彼は甲子園球場へと出かけました。自分だとばれないように思い切りガラの悪い格好をして。

白熱した好ゲーム、関学の勝利、そして「空の翼」。誰にも会わないように試合が終わったらすぐ球場を出よう、その最初の思いはどこへやら、彼は喜び、興奮し、周囲の人々と勝利の余韻にひたって時間を忘れました。ふとわれに返りあわてて出口へ行こうとしたとき、応援に来ていた後輩が彼を見つけました。「〇〇さんじゃないですか。おい、〇〇さんがいるぞ」、バラバラと友人たちが集まってきます。思いもよらない形で彼は友人たちと再会を果たしたのです。その後の細かいことは略しますが、彼はその場にいた先輩に勧められて教会へ通うようになります。礼拝に出席し、日曜学校の手伝いをし、教会の皆さんとのよい交わりに導かれて彼はその年のクリスマスに洗礼を受けました。私もその洗礼式に参列し、迷っていた一匹の羊が群れの中に戻ってきたという聖書の物語を、深い喜びをもって実感しました。

野球部の諸君は、甲子園という夢を追いかけて厳しい練習に耐え、自分を磨き、仲間を思いやり、全員の力で夢をつかみました。そして夢の舞台でも臆することなく堂々と戦い抜きました。もちろん、彼らはひとりのOBを助けるために甲子園を目指したのではありませんし、甲子園で戦ったのではありません。しかし野球部の甲子園出場がなければこの出来事はなかったわけですから、野球部の諸君は、間違いなくひとりのOBの人生を変えたと言えるしょう。

私の好きな讃美歌に次のような一節があります。

> **愛のわざは小さくても**
> **神のみ手が働いて**
> **悩みの多い世の人を**
> **明るく清くするでしょう**

野球部の諸君は、いま自分のいる場所で、いま自分にできる精一杯の努力をしました。それは小さなわざです。そこに神のみ手が働いて、私たちの想像もつかない形でひとりの方をイエス・キリストの救いへとお招きになりました。どんなに小さなことでも一生懸命がんばればよいのです。そうすれば、思いもかけないとき、思いもかけない形で、そこに神のみ手が働くことでしょう。甲子園が改めて私に教えてくれたことです。

全員野球

高等部野球部のモットーは「全員野球」です。「全員野球」、それは私にとっては聖書の「コリントの信徒への手紙Ⅰ」12章12節以下のパウロの言葉です。

パウロはキリスト教を世界的な宗教へと広めるのに大きな働きをした使徒ですが、彼は当時分裂が多くなかなかまとまれなかったコリント地方のキリスト教の仲間に宛てた手紙のなかで次のように語りました。

「体は一つの部分ではなく、多くの部分から成っています。足が、『わたしは手ではないから、体の一部ではない』と言ったところで、体の一部でなくなるでしょうか。『耳が、わたしは目ではないから、体の一部ではない』と言ったところで、体の一部でなくなるでしょうか。もし体全体が目だったら、どこで聞きますか。もし全体が耳だったら、どこでにおいをかぎますか。そこで神は、御自分の望みのままに、体に一つ一つの部分を置かれたのです。すべてが一つの部分になってしまったら、どこに体というものがあるでしょう。だから、多くの部分があっても、一つの体なのです。目が手に向かって『お前は要らない』とは言えず、また、頭が足に向かって『お前たちは要らない』とも言えません。それどころか、体の中でほかよりも弱く見える部分が、かえって必要なのです。神は見劣りのする部分をいっそう引き立たせて、体を組み立てられました。それで、体に分裂が起こらず、各部分が互いに配慮しあっています。一つの部分が苦しめば、すべての部分がともに苦しみ、一つの部分が、尊ばれれば、すべての部分がともに喜ぶのです。」

私たちのチームにはたくさんの部員がいます。運動能力の高い人、あまり高くない人。聞けばすぐ理解できる人、理解するのに時間がかかる人。リーダーシップのある人、控え目な人。それぞれが欠かすことのできない部分としてチームという一つの体を作っているのです。目には目の働き、手には手の働き、足には足の働き、それぞれが自分の役割を果たすことで、体は有機体としての命を保ちます。高等部野球部も同じです。たとえば試合、試合はプレーヤーだけではできません。グラウンド整備をする人、スコアをつける人、審判をする人、ボールボーイをする人、そのそれぞれの働きによって、試合は成り立ちます。試合で活躍できればそれに越したことはありませんが、試合に出る人だけが野球部の選手ではありません。「もし体全体が目だったら、どこで聞きますか」とパウロは語りますが、すべてが一つの部分になればもう体というものはなくなる。同様に試合に出ることだけが優先され、それが至上のことになると、チームはチームでなくなります。いろんな選手がいて、それぞれが自分の役割を果たすことでチームは有機体としての命をもつ、「全員野球」とはそういうことだと思うのです。

ある年、引退した野球部員が、夏休みの宿題で次のような内容の作文を書きました。

彼は中学時代はレギュラーでした。試合に出るのは当然だった。ミスをしても、引っ込められるようなことはなかった。ところが、高等部ではなかなか試合に出られない。たまに出ても、ここでいいところを見せなくてはとあせるので、余計にうまくゆかない。気持がなえて野球が嫌になったときに、いつも試合に出ていた中学時代のことを思い出した。自分は試合に出ることによって、ほかの人が試合に出る機会を奪っていたのだ。でもみんなは、その自分を一生懸命応援してくれていた。それに気づいたとき、申し訳なさと感謝の気持でいっぱいになり、これからは中学のチームメイトが自分にしてくれたことを自分が自分のチームメイトにしてゆこうと決心することができた。

そして最後に彼はこう記しています。「甲子園には行けなかったが、悔いはない。一生懸命戦っているメンバーの姿を見ることができただけで幸せだった。」「全員野球」は、このような一つ一つの思いが作り上げてゆくのだと思います。

すべての部員が必要とされるチーム。「お前は要らない」などという言葉は入り込む余地のないチーム。弱く見える部分がかえって必要とされるチーム。一人が苦しめばみんながともに苦しみ、一人が尊ばれればみんながともに喜ぶチーム。そんなチームでありたい、長い顧問生活を通じて、「コリントの信徒への手紙」のパウロの言葉はずっと私の心の指針でした。互いの尊重と共感、互いの思いやりと感謝を命とするチーム、きれいごとに過ぎるかもしれませんが、関西学院高等部野球部の存在意義はそこをおいてほかにはないと、私は信じています。

一人の部員のお母さまから、ご子息の卒業後しばらくしてお手紙をいただきました。

彼は中学時代野球をしておらず高等部入学後初めて野球をやり始めたので、体力的にも技術的にも周りについてゆくことは大変でした。でも野球が好きで、クラブ活動に喜びと充実感をもって取り組んでくれていました。お母さまはその彼の思いが理解できず、あるとき彼にこう言ったそうです。「グラウンドに行ってもあなたはちっとも試合に出ない。雑用ばかりしているあなたを見るのは嫌だから、お母さんはもうグラウンドには行かないわ」、と。すると彼はこう答えました。「お母さん、ちがうよ。僕らのチームは「全員野球」なんだ。それぞれ役割があって、みんなそれを一生懸命にやってるんだ」。

お母さまの手紙はこう結ばれていました。「息子の言っている「全員野球」の意味が、やっと私にもわかってきました」。このような言葉にふれるとき、時間のなかで何かが形作られてゆくことの素晴らしさをしみじみ思います。そして、野球部にかかわることのできた幸せを改めて感じずにはおられません。

保護者会 ——無償の献身——

関西学院高等部野球部保護者会の存在を抜きにして、高等部野球部を語ることはできません。野球部にとって保護者会の存在は本当に大きいのです。野球部の活動にはお金がかかりますが、その経費の大半は保護者会に支えられています。また公式戦、練習試合を問わず、いつもたくさんの保護者の方が会場で選手を応援、激励してくださいます。選手がけがをしたときなどは、応急の手当て、病院の問い合わせ、病院への搬送、お家への連絡、帰宅の段取りまでを、実に手際よく対応してくださるのです。それを通常は物心両面からの支援と言うのでしょう。しかし、高等部野球部保護者会がしてくださっていること、それは支援をはるかに超えた無償の献身だと私は思っています。

野球部のお父様のなかには単身赴任の方も複数いらっしゃいます。でもその方々が土日の試合会場へかならず姿を見せられるのです。知らなければ、違う土地にお住みだとは絶対思えないでしょう。それくらい自然に、当たり前の顔で、朝早くからグラウンドに来られています。すごいなと思います。でも、もし「すごいですね」と申し上げたら、きっとこうおっしゃるでしょう。「何がですか。息子が一生懸命頑張っているのだから、応援するのは当たり前じゃありませんか」、と。

夏の大会の試合は、大半が平日に行われます。お仕事をおもちの方はなかなか応援に来るのが難しい。だから夏の大会では、スーツ姿のお父様をよく見かけます。仕事を抜けてこられたのか、仕事に行く前に寄られたのか、どちらにせよ、時間の合間を縫って応援に駆けつけてくださっています。

あるお父様は、夏の大会中のすべての平日の試合に応援に来られました。さすがに私も心配になって、その方の奥様に「ご主人ずっと来てますけど大丈夫ですか」とお尋ねしましたら、奥様は「そのうちクビになると思います」と事もなげにおっしゃいました。いや、もちろんクビは冗談でしょう。でも、最後の最後まで息子に付き合ってやるんだという、ご夫婦そろってのその覚悟のみごとさ、覚悟の切れ味のよさに私は思わずうなりました。

あるお母様は、息子が高校3年生になったその4月にお仕事を辞められました。息子のすべての練習試合に付き合うためです。仕事をしていたら息子の追っかけはできないから、それが辞職の理由でした。迷いはなかったとおっしゃいます。高校野球は甲子園に出ない限り、いくら長くても7月いっぱいなのです。その限られた時間をすべて息子と共有する、おそらく母親にとってこんな幸せなことはないのでしょう。彼女は、すべての試合に付き添って真黒になって働いておられました。

ポイントは二つあります。一つは親であるということ。先に「無償の献身」という言葉を使いましたが、無償の献身ができるのは親であるからこそです。もう一つは、高校野球の時間が限られているということ。今この時しかない、その思いが保護者の皆さんをつき動かしています。そしてさらに大切なこと、それはひとりひとりの親の思いが組織としての保護者会に結び合わされているということ。思いが個々のものである限り、関心はわが息子だけであって、それはエゴになってしまう。しかしその思いが保護者会として共有されれば、たくさんの部員たちは私の息子たちになり、ひとりの部員は私たちの息子になります。保護者会の皆さんにとっては、どの部員も自分の息子なのです。先に四つの例をあげましたが、ご紹介したどの親御さんにとっても、それはもはやわが息子の話ではありません。親としての個別の情愛は野球部に対する情愛へと昇華され、すべての野球部員に注がれている。部員たちもそれはよくわかっていました。あのおっちゃんからも、あのおばちゃんからも、あり余るほど愛された。その思いが、彼らをさらに前へ、さらに前へと進ませたのです。はかり知れない時間とはかり知れない労力とはかり知れない費用負担を野球部のために捧げて、そしてなお何の見返りも求めない、そんな関西学院高等部野球部保護者会の皆さんの無償の献身に、私は感謝しても感謝しても感謝しきれません。

こう批判する方があるでしょう。「たかが学校のクラブ活動に、それはやり過ぎだ」「世話を焼き過ぎで、子供の自立を妨げている」「子どものクラブと社会人としての自分の仕事とどちらが大事なのか」等。その批判に、私は聖書の「ルカによる福音書」10章38節以下に記されたマルタとマリアのエピソードで答えたいと思います。

ある村に、マルタとマリアという姉妹がいた。その家をイエス・キリストが訪問された。さあ、たいへん、イエス様が私の家にいらっしゃった、どうやってもてなそうか。マルタはそのことで頭がいっぱいでてんてこ舞いになって働いていました。ところが、妹のマリアはと見ると、なんと彼女はイエス様の足もとに座ってじっとその言葉に聞き入っているではないか。マルタは頭にきました。私がこんなに一生懸命働いているのに、なんだあの子は。私だってイエスさまの話を聞きたい、でも私がそれをしたら、おもてなしはどうなってしまうのか。だからマルタはイエス様にこう言ってしまいます。「イエス様、妹が私だけにもてなしをさせているのを見て、何ともお思いになりませんか。妹に私を手伝うようにおっしゃってください」。するとイエスはこう答えられたのです。「マルタ、あなたは多くのことを思い悩んで心を乱している。しかし必要なことは多くはない。いや、ただ一つだけだ。そして、マリアはその良い方を選んだのだよ。彼女からそれを取り上げてはならない」。

二つのものを比べてどちらが必要かということではなくて、いまその人にとって何が必要かが大切なのです。イエス様の言葉を聞くことも、イエス様をおもてなしすることも、どちらも良いことです。それを比べてはいけない。ただ、いまマリアはどうしてもイエスの言葉が聞きたかった。彼女にはそれが必要だった。だからイエス様は、マリアは良い方を選んだとおっしゃったのでした。もしマルタがマリアに腹を立てたりせずに一生懸命おもてなしをしていれば、イエス様はやはり、マルタは良い方を選んだとおっしゃったはずです。

最後の夏、多くのお父様、お母様が今しかできないことを選びます。それは今どうしても必要なことであり、そのゆえに良いことであるのです。ほかにやることがあるだろう、と言う人はあるかも知れない。その人にはイエスの言葉をもう一度引用します。「必要なことは多くはない。いや、ただ一つだけだ」と。必要なことはたくさんある。でも私たちはそのなかからただ一つを選ぶのです。

「それを取り上げてはならない」というイエスの言葉でこのエピソードは結ばれます。「それを取り上げてはならない」、言い方を変えれば「それを大事に守りなさい」ということです。力強く響くイエスのこの言葉は、保護者会の無償の献身に対する全面的な肯定と私には思えます。

送りバント

現在は東北楽天イーグルスの監督をしている星野仙一さんが、中日ドラゴンズの監督をされていたときのエピソードです。星野さんと言えば阪神タイガース監督のイメージが強いかもしれませんが、それ以前は長く中日ドラゴンズの監督をされていました。

あるシーズンのことです。それまで快調に突っ走っていたチームの歯車が急に狂った。同じ選手たちが同じようにプレーをしているのに、それが噛み合わない、うまくゆかない、勝てない。そんな状態が続きました。その泥沼状態で、ドラゴンズ首脳陣は何をしたのか。試合のないある一日、ただひたすら送りバントの練習をしたのです。

バッティング練習はなし、守備練習もなし。レギュラーも、控え選手も、外国人選手も、投手陣も、ただ黙々とバントに取り組んだ。バントだけ練習しても試合に勝てるはずはありません。試合のなかで、もちろんそういうことがないとは言えないけれど、四番打者に送りバントをさせるのはやはりもったいないことです。では、なんのためのバント練習であったのか。

送りバントのことを犠牲バントといいます。犠牲とは自分を殺して他者を生かす行為です。つまり送りバントとは、チームのためであれば自分は犠牲になってもいいという覚悟の現れであり、その意味で送りバントはチームプレーとしての野球の原点にほかならないと言えます。バント練習を通してドラゴンズ首脳陣が意図したこと、それは知らず知らずのうちに「オレがオレが」になっていたチームに、もう一度野球の原点を見つめ直させることだったのです。そしてその年、中日ドラゴンズは激戦を制して、セントラルリーグのチャンピオンチームになりました。

高校野球では、送りバントのできないチームは勝てないと言われます。一つのアウトと引き換えにたった一つ塁が進むだけの地味な戦法に、なぜそう言われるほどの重要性があるのか。打たせれば、一塁二塁とか一塁三塁とかもっと可能性が開けるかもしれないのに。それでも高校野球の指導者は愚直に送りバントを選択する。それは、送りバントがチームプレーの原点だからです。チームのためなら自分は死んでもよい、その覚悟こそが真の強さを生むからなのです。

人はパンだけで生きるものではない

全国には障がい者の野球チームがいくつもあって、体に障がいをもった人たちが日常的に野球を楽しんでいます。車椅子から130キロの速球を投げる投手もいれば、隻腕からすごい打球を飛ばす打者もいる。レベルはとても高いのです。

野球部の元監督伊藤益朗さんは、ひと時期神戸の障がい者チームでコーチをされていました。その伊藤さんがあるとき、「障がいがあるからもう野球はできないと考えるか、普通の人に比べて体の特定の部分にハンディがあるだけと考えるか、要は考え方の問題。障がい者チームの人たちは、体にハンディがあることは野球ができない理由にはならないと考えている」と教えてくれました。

聖書に「荒れ野の誘惑」と呼ばれるエピソードがあります。イエス・キリストが荒れ野で断食の修業をしているのですが、そこに悪魔が現れる。お腹がペコペコのイエスに悪魔は、「もしあなたが神の子なら、この石にパンになるように命じてみろ」と言います。空腹に乗じて、自分の言うことをきくよう誘惑するわけです。その悪魔にイエスはこう答えました。「人はパンだけで生きるものではない。神の口から出る一つ一つの言葉で生きる」。たとえパンがなくとも、神様の言葉があれば私は生きてゆけると答えて、イエスは悪魔を退けられたのです。

「パンがなければ生きてゆけない」と思えば、人はどんな手段を使ってでもパンを手に入れようとするでしょう。そしてパンが手に入らなければ、もう終わりだと絶望するでしょう。でも、パンだけが大事なのではないと考えることができれば、人は自由に次のステップへ進むことができます。パンはもちろん大事だけれど、人はパンだけで生きるのではない。ここに人間の自由があります。肉体を超えた精神の自由があります。

このイエスの言葉を障がい者野球にあてはめれば、こう表現することができるでしょうか。「人は腕や足だけで野球をするのではない。人はグラウンドでボールを追いかけたいという、その思いで野球をする」のだと。野球が好き、ハンディがあっても野球がしたい、その思いさえあれば、義手でも車椅子でも野球はできるのです。

関西学院高等部野球部部長

芝川又美

38年を振り返って

2013年3月31日をもちまして、関西学院高等部野球部顧問を退任いたしました。1975年に顧問になり、振り返ってみればあっという間の38年間でしたが、無事その任をまっとうできたことはこの上ない喜びです。しかも春・夏ともに甲子園に出場することができ、本当に恵まれた顧問人生でした。その間私を導き、支えてくださいましたたくさんの皆様に、改めて深く感謝申し上げます。

またこのたび野球部の立派な記念誌が、神谷先生と私の退任に合わせる形で発行されました。本来であれば周年の記念として発行されるべきもので、それを私どもの退職に重ねていただくのはまことに心苦しいことですが、野球部、野球部OB会、野球部保護者会の皆様のそのお心遣いを本当にうれしく存じます。

38年間で、野球部を通じて何百人という高校生諸君に出会ったことになります。一番少ないときで、新チームの出発が12人でした。4月に新入生が入ってきたら全部で170人になった、この年が最多です。人数は変わりましたが、グラウンドの球児たちの姿は変わりません。そこにはいつも、真面目で、純粋で、まぶしいほどにひたむきな球児たちがいました。その姿に目の当たりに接し、彼らの笑顔と涙をわがこととして共有できる、それは私には何ものにも代えがたいかけがえのない日々でした。力不足ゆえの後悔はありま

芝川先生ご勇退の日の胴上げ

芝川先生・神谷先生のご退職送別会

3年生保護者と共に（ご勇退記念）

す。怠慢ゆえの自責はあります。けれども、野球部にかかわっていて嫌な思いをしたことは一度もありません。申し訳ないくらい幸せであったと思います。

38年のなかで、3シーズンだけ監督を務めました。そのときは、数学科の千星修三先生が部長をしてくださいました。野球とはまったくご縁のない先生で、私も監督としては素人ですから、高等部の恩師であった西尾康三先生に、「千星君が部長で芝川君が監督とはどんなチームだね」と笑われたものです。残りの年月はすべて部長として過ごしました。伊藤益朗さんと11年、丸谷健さんと1年、あとはずっと広岡正信先生とのコンビでした。伊藤さんからは、野球を愛するとはどういうことかを学びました。丸谷さんからは、部員と付き合うのに駆け引きはいらないということを学びました。広岡先生からは、行き当たりばったりに一生懸命やるだけでは駄目で、長期的な戦略をもってクラブを育てなければならないということを学びました。そして部長としての私は、とにかく現場を指揮する監督がやりやすいように、要らないことに気を遣うことがないようサポートする、それだけを心がけていたように思います。部員に対しては、気持ちよくクラブに取り組んでもらえるように、途中でやめることがないように環境を整える、それが部長としての私の役目だと思っていました。しかし非力のゆえになかなか思うようにはゆかず、結果としては監督に迷惑をかけ、部員につらい思いをさせることも多くありました。それについては、慙愧の念でいっぱいです。

部員の数が増えてきたということで、神谷邦彦先生が副部長として加わってくださり、そこから芝川、神谷、広岡の年寄り3人で20年間野球部のお世話をしてきました。3人とも「険」のない気質だったので、衝突することも反目しあうこともなく、穏やかで気持ちのよい20年でした。人間関係を「気持ちのよい」と表現できること自体が、どんなに恵まれていたかということです。

部長生活の最後に、部員たちが私を胴上げしてくれました。もちろん怖いのですけれども、空中に投げ上げられて落ちてきた体が、たくさんの手に受け止められてまた背中を押されて空中に戻ってゆくその感覚はとても心地よいものでした。ああ、このように自分はたくさんの手に受け止められ、支えられ、背中を押されて、長い年月をここまで歩んでくることができたのだと今さらながらに実感しました。ただ、ただ感謝です。

これからは一ファンとして関西学院高等部野球部を応援してゆきます。甲子園球場のアルプススタンドで「空の翼」を歌う日を夢みて。

2年生保護者と共に（ご勇退記念）

関西学院高等部野球部副部長

神谷邦彦

関西学院高等部の野球部の副部長として、1994年から19年間、広岡監督、芝川部長とともに、かかわってきました。野球部の人数が50人を超え、副部長が必要とのことで、広岡先生から声がかかり、喜んで引き受けました。広岡監督が着任する前、高等部の野球部は「お坊ちゃん野球」でした。夏の大会を当時の宗教主事の佐藤先生と見にいったときに、ライトゴロでアウトになるという場面を見て、「エ〜、そんな〜」と二人であきれたものでした。でも打った選手は一塁まで必死に走っていましたよ、もちろん。そんなチームが97年には春の選抜に出るというレベルにまで達したのは、広岡、芝川両氏のほか、選手たちやそのご両親の努力や応援などの賜物であったと思います。高等部野球部のお父さん、お母さん方の応援、支援には本当にありがたく思っています。保護者の組織は、幾多の試合の現場やネットでの報告を通してもうかがい知れるように、完成の域に達しています。素晴らしいことだと思います。

そして、3年前の2009年にクライマックス、夏の甲子園に兵庫県代表として出場できたのは大きな人生での喜びであったし、関西学院全体にとっても学院の歴史に大きな足跡を残すほどの特記すべきことでした。ポートアイランドのホテルで選手とともに14連泊をしました。選手たちが、朝、夕の食堂への集合、移動バスへの集合、いずれも15分前にはきちんと揃って、ピリッとした静寂さで待っている。その態度に感激したものです。こういうことができるのは高等部野球部

が先輩チームの伝統を受け継いだからにほかならないと確信しています。一朝一夕にできることではない。改めて高等部の野球部の伝統の素晴らしさを認識できたものです。振り返ってみると、あっと言う間でした。3人体制の初めのころに「3人ともがおじいさんになるまでこのままやるのかな〜」と冗談半分に言っていたのが現実になりました。芝川部長とともに、高等部での教員生活の最後の年になります。広岡、芝川両氏が野球部の重い部分を背負ってくださり、野球部のことで不愉快な思いをしたことは一度もありません。感謝です。

高等部の野球の試合を練習試合まで含めて19年間で何百試合と見てきました。試合中の、また試合前後のいろいろな場面が走馬灯のように流れます。すべていい思い出です。ありがとうございました。

14

あとがき

2010年1月末に野球部OB会の要請によって、その歩みが開始された「記念誌作成」の営みも、2013年3月末の芝川又美先生と神谷邦彦先生のご退職に合わせて、ようやく完了させることができました。本書成立のきっかけは、お二人の先生のご退職に際して何か記念になるものを残したい、という意味合いが第一の理由でした。野球部の部長と副部長というお立場は一般にはなかなか理解されにくいですが、任務の一つを具体例で紹介してみましょう。世間が休日の毎週末の土曜日と日曜日、選手たちは3グループに分かれて練習試合をするシステムになっており、監督、部長、副部長はコーチの方々とどこかの三つの野球グラウンドで、（たとえば事故やけが等が発生した場合に備えて）高等部野球部責任者としてその場に「存在する」ことが求められるのです。本来の教師という仕事と同時並行的に、ずっと今日まで毎週末、継続的に野球部のためにご奉仕していただいたことに対して、この場をお借りして深く御礼申し上げます。

本書冒頭では、兵庫県高等学校野球連盟理事長の笠間龍夫様、関西学院院長・高中部長のグルーベル先生、高等部長の石森圭一先生から高等部野球部に対して心温まるメッセージを賜り、本書にさらなる深まりと品格を与えていただいたことに対して深く感謝申し上げます。さらに本書作成に際しましては、とくに兵庫県高等学校野球連盟、朝日新聞社、毎日新聞社、神戸新聞社の関係者の皆様にも直接間接に、多大な尽力を賜りましたことも合わせて謝意を表したいと存じます。

さて足かけ3年の壮大なプロジェクトであり、当初はどのような内容のものになるか、具体的なイメージもわかないところからの出発でしたが、皆様のご協力によりまとめ役としては不十分な働きではありましたが、一冊の著作という形でこうして世に送り出すことができたことはまことにうれしいかぎりです。本書作成の過程で、実に多くの野球部をめぐる先輩方や後輩たち、関係の方々と交流が持てたことは編纂委員長にとって、極めて幸福な時間であったと言えるでしょう。幾度となく高等部職員室へ通っては写真や資料と首っ引きになりつつ、「ああでもない、こうでもない」と打ち合わせをさせていただきました。時には野球部以外の先生方も私たちのやりとりを近くで聞かれていて、「ところでその○○君は今でも元気にしてますか？」などと話に花が咲いたことも、今では懐かしい思い出となりました。

また関西学院大学出版会編集長の田村和彦氏と田中直哉氏には大変お世話になりました。とくに田中氏は本書企画当初の段階からご参加いただき、こちらの無理難題もすべて受け止めてここまで導いてくださったというのが正直な感想です。今回の内容は、一般的著作のよ

本書作成協力者一覧

有馬宏昌
松垣吉彦
大西忠治
五島浩
丸山博之
岡崎誠吾
東條恵司
松原敏文
本荘雅章
大森則良
皿谷敦
石塚充弘
西馬一平
立花司
中山貴人
佐井陽介
松岡祐弥
田嶋康次郎
前田竜
西尾公希
桒田智史
田中宏昴
贄川誠史
石井孝典
金丸拓
門田玄
圓尾優
石井智也
鈴木太陽
河合祐輝
新村亮太
勇俊広
河合大樹

うな文字だけの編集とは異なり、多くの写真や資料、各学年の記録等で構成されており、その分かなりの手間暇がかかることになりました。古い過去の新聞記事等はどこにも保存されておらず、オリジナル記事に遡る困難のなかで、ようやく近隣の図書館で当該のバックナンバーを探り当て、またそれに関する許諾を得るなど、多大の労力を要されましたことに対しても御礼申し上げます。

当初は近年の卒業生までの記録を掲載する予定で出発したのですが、編集が進むなか、大学で活躍している現役選手や、高等部野球部のコーチ等で奉仕してくれている大学生の姿を近くで見るにつれて、彼らの学年も本書に掲載できればという思いが次第に強まってきました。またそうなると今春、高等部を卒業する学年もそしてさらには新3年、2年生の現役選手の活躍も記録にとどめておきたいというように、掲載する学年が広がってきて結局、原稿締切りのぎりぎりまで調整が続き、それだけ関係の方々にお骨折りいただくことになってしまいました。現場の選手、保護者、そして指導者の方々の熱意に絆(ほだ)されたというところでしょうか。

おそらく「一高等学校の一運動部」が、非売品の「記念誌」ではなく、全国書店の棚に並ぶようなこのような著作を刊行したということは、あまりほかに類例が見られないと思われます。高校野球そのものの魅力と、その指導にかける熱意と教育力、またそれを受け止める選手や保護者、そしてそれら全体を支えるOB会組織や関西学院の支援等の有機的営みは、他の全国の高校野球関係者のみならず、学校教育としての部活動全般にかかわる方々にとっても、組織運営という側面からも大いに参考にしていただけるのではないでしょうか。

なお、本書制作に関しては、高等部野球部OB会および高等部野球部の熱いご支援とご理解により、多くの資金的援助を賜って完成に至ることができました。そのことに対してこの場をお借りして改めて深く、謝意を表したいと思います。また資料提供等、出版に関連して快くご協力いただいた、関西学院広報室および法人課、関西学院高等部、いぬづか写真館他にも御礼申し上げます。

最後になりましたが、多くの時間を割いて本書作成に携わっていただいた方々に厚く御礼申し上げます。こうした方々のご奉仕なしには本書はけっして完成していなかったからです。感謝をこめてお名前だけを記させていただきます。

関西学院高等部野球部記念誌編纂委員会
委員長　広岡義之（昭和51年高等部卒業）

関西学院高等部野球部年表（太平洋戦争以降）

昭和21年	全国高等学校野球選手権兵庫大会決勝＜0－4＞…芦屋中
昭和22年	全国高等学校野球選手権兵庫大会1回戦＜0－2＞…伊丹中

高等部

昭和23年	昭和23年に学制改革が行われ現在の六・三・三制が導入された。
	そのため中学3年生以下は、学年制限という名のもとに出場出来ず4年生以上でメンバーを組むことになった。
	しかし予選の学校名は中学で行われた。中と高が入り交じった複雑な時期であった。
	全国高等学校野球選手権兵庫大会3回戦＜1－2＞…三田中
昭和24年	全国高等学校野球選手権兵庫大会3回戦＜3－4＞…長田
昭和25年	全国高等学校野球選手権兵庫大会2回戦＜1－3＞…報徳
昭和26年	全国高等学校野球選手権兵庫大会2回戦＜1－5＞…育英
昭和27年	全国高等学校野球選手権兵庫大会2回戦＜2－4＞…市西宮
昭和28年	全国高等学校野球選手権兵庫大会1回戦山崎戦で酒谷孝雄投手ノーヒットノーラン達成＜3－0＞…山崎
	2回戦＜1－8＞…長田
昭和29年	全国高等学校野球選手権兵庫大会1回戦＜1－9＞…北条
昭和30年	全国高等学校野球選手権兵庫大会3回戦＜3－5＞…県伊丹
昭和31年	全国高等学校野球選手権兵庫大会1回戦＜0－5＞…報徳
昭和32年	全国高等学校野球選手権兵庫大会2回戦＜0－1＞…鳴尾
昭和33年	全国高等学校野球選手権兵庫大会1回戦＜6－8＞…六甲
昭和34年	全国高等学校野球選手権兵庫大会3回戦＜1－2＞…飾磨
昭和35年	全国高等学校野球選手権兵庫大会2回戦＜1－3＞…県西宮
	秋季県大準々決勝＜4－9＞…育英
昭和36年	春季県大会2回戦＜1－2＞…篠山鳳鳴
	全国高等学校野球選手権兵庫大会4回戦＜1－2＞…兵庫工
昭和37年	全国高等学校野球選手権兵庫大会準々決勝で＜2－7＞…滝川
昭和38年	春季県大会2回戦＜0－5＞…豊岡
	全国高等学校野球選手権兵庫大会4回戦＜0－2＞…報徳
	秋季県大会準々決勝＜1－5＞…滝川
昭和39年	春季県大会準決勝＜1－3＞…育英
	全国高等学校野球選手権兵庫大会3回戦＜2－3＞…尼崎北
昭和40年	全国高等学校野球選手権兵庫大会2回戦＜1－4＞…柏原
昭和41年	全国高等学校野球選手権兵庫大会4回戦＜1－3＞…三田
	秋季県大会3位
昭和42年	全国高等学校野球選手権兵庫大会2回戦＜3－5＞…明石商
昭和43年	全国高等学校野球選手権兵庫大会1回戦＜0－3＞…八鹿
昭和44年	全国高等学校野球選手権兵庫大会2回戦＜1－8＞…報徳
昭和45年	全国高等学校野球選手権兵庫大会準々決勝＜1－4＞…洲本
昭和46年	全国高等学校野球選手権兵庫大会4回戦私神港戦で山中正雄投手ノーヒットノーラン達成＜2－0＞…私神港
	準々決勝＜1－10＞…山崎
昭和47年	全国高等学校野球選手権兵庫大会3回戦＜1－2＞…洲本実
昭和48年	全国高等学校野球選手権兵庫大会1回戦＜5－9＞…明石商
昭和49年	全国高等学校野球選手権兵庫大会1回戦＜2－3＞…赤穂
昭和50年	全国高等学校野球選手権兵庫大会2回戦＜1－4＞…市川
昭和51年	全国高等学校野球選手権兵庫大会1回戦＜5－10＞…津名
昭和52年	全国高等学校野球選手権兵庫大会2回戦＜3－7＞…尼崎産
	秋季県大会1回戦＜1－8＞…姫路南
昭和53年	全国高等学校野球選手権兵庫大会2回戦＜3－4＞…武庫工

	秋季県大会2回戦＜0－9＞…東洋大姫路
昭和54年	全国高等学校野球選手権兵庫大会4回戦＜3－6＞…村野工
昭和55年	全国高等学校野球選手権兵庫大会3回戦＜0－1＞…東灘
	秋季県大会1回戦＜1－3＞…赤穂
昭和56年	春季県大会2回戦＜2－9＞…東洋大姫路
	全国高等学校野球選手権兵庫大会3回戦＜0－6＞…尼崎工
	秋季県大会1回戦＜2－3＞…篠山鳳鳴
昭和57年	春季県大会3回戦＜3－8＞…市川
	全国高等学校野球選手権兵庫大会5回戦＜3－5＞…村野工
昭和58年	春季県大会2回戦＜1－7＞…滝川
	全国高等学校野球選手権兵庫大会4回戦＜3－4＞…尼崎小田
昭和59年	全国高等学校野球選手権兵庫大会1回戦＜0－2＞…姫路西
	秋季県大会1回戦＜2－3＞…津名
昭和60年	全国高等学校野球選手権兵庫大会2回戦＜0－3＞…三田
昭和61年	春季県大会準々決勝＜0－3＞…社
	全国高等学校野球選手権兵庫大会3回戦＜6－7＞…加古川北
昭和62年	全国高等学校野球選手権兵庫大会2回戦＜4－5＞…相生産
昭和63年	全国高等学校野球選手権記念兵庫大会3回戦＜3－5＞…神戸弘陵
	秋季県大会2回戦＜4－5＞…明石
平成元年	春季県大会決勝＜2－3＞…滝川第二
	全国高等学校野球選手権兵庫大会準々決勝＜2－3＞…神港学園
平成2年	全国高等学校野球選手権兵庫大会2回戦＜2－6＞…相生産
平成3年	全国高等学校野球選手権兵庫大会2回戦＜3－10＞…武庫荘
	秋季県大会2回戦＜0－7＞…飾磨
平成4年	全国高等学校野球選手権兵庫大会1回戦＜2－3＞…尼崎稲園
平成5年	春季県大会2回戦＜0－4＞…神戸弘陵
	全国高等学校野球選手権兵庫大会4回戦＜1－10＞…加古川南
	秋季県大会3位決定戦＜0－9＞…神港学園
平成6年	春季県大会2回戦＜0－7＞…姫路工
	全国高等学校野球選手権兵庫大会5回戦＜2－3＞…市神港
	秋季県大会1回戦＜2－3＞…東洋大姫路
平成7年	全国高等学校野球選手権兵庫大会2回戦＜0－8＞…神港学園
	秋季県大会1回戦＜9－10＞…尼崎北
平成8年	春季県大会準々決勝＜5－8＞…報徳
	全国高等学校野球選手権兵庫大会準々決勝＜6－8＞…報徳
	秋季県大会3回戦＜4－6＞…市川
平成9年	全国高等学校野球選手権兵庫大会準々決勝＜3－7＞…神港学園
	秋季県大会3位
	近畿大会出場、準々決勝＜7－8＞京都成章に惜敗するものの選抜出場を確定
平成10年	63年ぶりに選抜に出場、高鍋高に惜敗＜2－4＞…高鍋
	春季県大会2回戦＜1－6＞…姫路工
	全国高等学校野球選手権記念東兵庫大会2回戦＜5－6＞…川西北陵
	秋季県大会3回戦＜2－9＞…育英
平成11年	春季県大会準々決勝＜3－6＞…神港学園
	全国高等学校野球選手権兵庫大会5回戦＜1－4＞…報徳
平成12年	春季県大会西阪神決勝＜7－12（7回コールドゲーム）＞…仁川
	全国高等学校野球選手権兵庫大会決勝＜0－11＞…育英
	秋季県大会2回戦＜0－8（7回コールドゲーム）＞…神戸国際大附
平成13年	春季県大会西阪神決勝＜2－6＞…仁川
	全国高等学校野球選手権兵庫大会5回戦＜4－9＞…神戸国際大附
	秋季県大会西阪神決勝＜1－9（8回コールドゲーム）＞…仁川
	秋季県大会1回戦＜2－4＞…村野工
平成14年	春季県大会西阪神優勝
	春季県大会2回戦＜2－6＞…社
	全国高等学校野球選手権兵庫大会3回戦＜2－6＞…福崎

	秋季県大会西阪神決勝＜2－5＞…仁川
	秋季県大会2回戦再試合＜2－4＞…津名
平成15年	春季県大会西阪神優勝
	春季県大会2回戦＜4－5＞…東洋大姫路
	全国高等学校野球選手権兵庫大会準々決勝＜5－9＞…育英
	秋季県大会西阪神敗者復代表決定戦優勝
	秋季県大会2回戦＜2－10（7回コールドゲーム）＞…報徳
平成16年	春季県大会西阪神優勝
	春季県大会決勝戦＜2－5＞…滝川第二
	近畿春季高校野球大会1回戦＜4－6＞…南部（和歌山）
	全国高等学校野球選手権兵庫大会準々決勝＜2－4＞…市尼崎
	秋季県大会西阪神敗者復代表決定戦優勝
	秋季県大会2回戦＜0－7＞…明石南
平成17年	春季県大会西阪神決勝戦＜4－7＞…仁川
	全国高等学校野球選手権兵庫大会5回戦＜1－11（6回コールドゲーム）＞…洲本
	秋季県大会西阪神優勝
	秋季県大会3回戦＜8－13＞…神港学園
平成18年	春季県大会西阪神準決勝＜6－8＞…県西宮
	全国高等学校野球選手権兵庫大会3回戦＜2－4＞…東洋大姫路
	秋季県大会西阪神優勝
	秋季県大会1回戦＜2－4＞…龍野
平成19年	春季県大会西阪神優勝
	春季県大会2回戦＜2－4＞…神港学園
	全国高等学校野球選手権兵庫大会準決勝＜1－8＞…報徳学園
	秋季県大会西阪神決勝＜3－9＞…県西宮
	秋季県大会準々決勝＜2－3＞…神戸弘陵
平成20年	春季県大会西阪神優勝
	春季県大会2回戦＜1－3＞…加古川北
	全国高等学校野球選手権記念東兵庫大会4回戦＜2－8＞…伊丹西
	秋季県大会西阪神優勝
	秋季県大会準々決勝＜2－5＞…滝川第二
平成21年	春季県大会西阪神優勝
	春季県大会2回戦＜4－5＞…東洋大姫路
	全国高等学校野球選手権兵庫大会優勝70年ぶりの夏制覇甲子園出場
	甲子園全国大会2回戦＜4－5＞…中京大中京
	秋季県大会推薦出場2回戦＜4－11＞…社
平成22年	春季県大会西阪神優勝
	春季県大会2回戦＜0－4＞…神戸国際大附
	全国高等学校野球選手権兵庫大会5回戦＜1－2＞…市川
	秋季県大会西阪神優勝
	秋季県大会3回戦＜1－5＞…加古川北
平成23年	春季県大会西阪神優勝
	春季県大会2回戦＜3－6＞…市川
	全国高等学校野球選手権兵庫大会3回戦＜3－4＞…姫路飾西
	秋季県大会西阪神優勝
	秋季県大会決勝戦＜1－3＞…報徳学園
	準優勝、近畿大会出場
	秋季近畿大会1回戦＜0－7＞…大阪桐蔭
平成24年	春季県大会西阪神優勝
	春季県大会2回戦＜0－4＞…淡路
	全国高等学校野球選手権兵庫大会準決勝＜1－7＞…加古川北
	秋季県大会西阪神優勝
	秋季県大会準決勝＜4－8＞…報徳学園
	3位決定戦、北条に＜1－0＞で勝ち3位、近畿大会出場
	秋季近畿大会1回戦＜0－1＞履正社

参考文献	夢、甲子園	関西学院高等部野球部、1998（平成10）年
	関西学院野球部100年史	関西学院硬式野球部OB会、1999（平成11）年
	“夏”勝利をのぞみ	関西学院高等部野球部、2009（平成21）年
	兵庫県高校野球史第八巻	平成11年〜平成20年・財団法人兵庫県高等学校野球連盟、2009（平成21）年

資料提供
制作協力

学校法人関西学院 広報室
関西学院高等部
いぬづか写真館
朝日新聞社
神戸新聞社
報知新聞社
毎日新聞社
スポーツニッポン新聞社
日刊スポーツ新聞社
ベースボール・マガジン社
神戸新聞総合出版センター
白夜書房

これが関西学院高等部野球部だ！
1998年8月から2012年11月までの歩み

2013年7月10日 初版一刷発行

編者 関西学院高等部野球部記念誌編纂委員会
発行 関西学院高等部野球部
関西学院高等部野球部OB会
発売 関西学院大学出版会
〒662-0891 兵庫県西宮市上ケ原一番町1-155
tel 0798-53-7002 fax 0798-53-9592
http://kwansei.ac.jp/press
印刷 大和出版印刷株式会社
装幀・造本 清水 薫

ISBN 978-4-86283-137-8
乱丁・落丁本はお取り替えいたします